原上草

乔治·何克的故事

马克·埃尔文·托马斯　著

李琳熙　译

人民出版社

目　录

　　乔治·何克出生于 110 年前，去世时年仅三十岁。在中国饱受战争蹂躏的二十世纪三四十年代，他成为了一位颇具传奇色彩的家国英雄。在中国，有关何克的往事直到今天仍然备受重视，而在他自己的国家，人们对他却不甚了解。

　　1988 年，来自新西兰的路易·艾黎去世不久后，我作为何克家人的代表，前往中国参加一系列盛况空前的纪念活动。我开始意识到舅舅在那段历史中的重要意义，并深受触动。艾黎是中国工业合作社的联合创始人，而何克是艾黎在这个组织中的亲密合作者。何克先是作为工合的宣传人员，为西方报刊撰写文章并筹集资金；后来致力于在工合组织内部发展职业教育，目的是让年轻一代成为中外技术人员之间的联络人，以消解那些不容小觑的文化差异和显而易见的语言障碍。

　　后来，我意识到这些盛况空前、引人注目的纪念活动不仅是为了纪念艾黎，也是为纪念我的舅舅乔治·何克。

　　那年我在中国期间，有人问我是否愿意在甘肃电视台制作的电视剧中扮演我的舅舅，我欣然应允，并在同年晚些时候回到中国，参与了为期三个月的拍摄。何克的姐姐罗斯玛丽（Rosemary）鼓励我做自己。她告诉我，我在很多方面都很像她弟弟。罗斯玛丽还把何克的所有信件和手稿都给了我，我热切地读完了这些文字，也更加深刻地将自己代入了即将扮演的角色。

由此，在深入了解舅舅的经历之后，我开始给他立传，最终于 2017 年将其在英国出版。现在，这本传记已被译成中文，在北京出版，希望能使中国读者更好地了解这位家国英雄。2025 年正值乔治·何克诞辰 110 周年，中英两国都将举办一系列活动，重温他留给我们的回忆。

马克·埃尔文·托马斯

（Mark Aylwin Thomas）

2024 年 12 月

自 1988 年春天起，我们开始了彻底令人惊叹的一周，从人民大会堂的纪念会议开始，接着是宴会和演讲，我们这些外国客人得到了贵宾级待遇。与会嘉宾包括来自新西兰政府及其驻北京大使馆的代表团，来自新西兰和澳大利亚的中国友好协会的代表团，国际促进中国工业合作社委员会的成员，以及新西兰新闻界的一个代表团。我们向西北飞了三小时，掠过河北、山西和陕西省上空，抵达甘肃省省会兰州。在那里我们收到了不少问候，也参与了不少会议、宴会和演讲。现在，我们将乘坐专列沿着古老的丝绸之路一路向北，到达张掖、山丹这些古老的绿洲城镇；山丹是 43 年前我舅舅乔治·何克逝世的地方。

一对庞大的蒸汽车头拖曳着我们的专列，穿过白雪皑皑的山口，穿过戈壁，进入河西走廊，行驶在内蒙古广阔的草原和青藏高原的群山之间。在长达 14 个小时的旅途中，我终于在繁忙的日程中有了一些思考和反思的时间。我回想起一个栩栩如生的梦，是我大概五六岁时做的。多年以来，我多次回想起那个梦境，在为这次前往中国之旅做准备时，想起得尤为频繁。在梦中，我一直在寻找我舅舅的墓地。在我脑海中，那些画面仍然历历在目：一个被阳光晒得干干爽爽的山坡，被群山环抱着，在高海拔的阳光下熠熠生辉。那里有一方简单的墓碑，立在一条小溪旁，周围有几棵小树为它遮阳。

当我坐在车厢窗口等待早餐时，确实看到很多暴露在太阳下的山坡，但看不到任何水源，只有稀疏的植被，例如盐蒿和芨芨草。清晨，阳光照耀着黄土丘陵和岩石山峦，呈现出鬼斧神工的颜色和姿态。我经常看到干涸的河床，它们靠近铁路的路基，可以看到河岸上布设了完美的砖石工程进行加固，它们沿着河岸的外曲线伸入河中，用来在山洪暴发时对抗水流的力量，这是为了铁路路堤不被冲毁而采取的措施。

在这次旅行之前的几个月，我又做了一个梦。我梦见自己在一部电影中扮演我的舅舅，出演他在中国的生活。我醒来时想，要真能这样，该多么奇妙啊！但我当然对此付之一笑，一个狂野的梦境，实现的几率寥寥。当真的有人邀请我去拍电影时，我简直不敢相信自己的耳朵，毫不犹豫地接受了。当时，我正坐在床上啜饮着一杯绿茶，因为中国北方的空气极度干燥、灰尘又多，喝茶是防止脱水的最佳方式，我的私人导游兼助理叶欢（音译Ye Huan）兴奋地冲进我的隔间。

"我和你说，托马斯先生，"他说，"你的好运气来了。你想再回中国待几个月吗？"

"当然好啊，但这怎么可能呢？"我惊讶道。

"这趟火车上有几个电影公司的人。这些天来他们一直在打听你，想找你拍个电影，"叶欢对我解释道，"你去见见他们吧！"

那一年的晚些时候，我回到中国，花了大约三个月的时间拍摄了一部六集电视短剧，演的角色就是我舅舅。

回忆中的乔治·何克

"能真正融入中国人民生活的外国友人不多,乔治·何克便是其中之一。尽管同事和朋友称他为'洋秘书',但他们从不把他当成外国人,因为他们从来没有在任何方面觉得他像个外来者。他确实树立了一种新的传教士典范。"这是卢广绵(西方朋友和同事称他为 K. M. Lu)在我舅舅去世后不久写下的话。

"乔治去世的消息仍然让我震惊。这就像早期传教士的故事重演一般——对乔治的身边人来说,他是备受需要的、不可替代的角色,可他就这样离去了。对我来说要紧的是找到一些人接过他的班,并继承他的精神。"香港圣公会大主教罗纳尔德·霍尔(Ronald Hall)这样写道。

承袭以上言论,大主教和国会议员乔治·伍兹(George Woods)大人一起写信给《新闻纪事报》(*News Chronicle*),于是该报在 1945 年 9 月 14 日刊登了这样的呼吁:

我们需要六位甘愿冒生命危险的人

我们急需六位勇敢的年轻人去往中国,为那里的工业合作社工作。他们是去接一个人的班,那人名叫乔治·何克,终年 30 岁,他是一名才华横溢的牛津毕业生。他一人干了六人的工作,最近在中国西北的山丹逝世,死于破伤风,那里距离重庆有 1500 英里之遥,很难得到医疗救援。

如果你们甘冒和他同样的风险——罹患疾病,忍受不适的生活,只能吃中国食物、学中国话,可以立即联系伦敦维多利亚街 34 号英中发展协会秘书处,贡献一份自己的力量。

　　乔治·何克曾和路易·艾黎（Rewi Alley，他提供了中国工业合作社运动灵感来源）共事，并担任山丹培黎学校的校长，该校致力于培养初级技术人员。

　　学校的名字取自一位美国传教士，他为中国引入了一套系统，帮助中国实现工业化。

　　这位传奇的年轻英国人以中国人的身份生活着，在他们能找到的任何地方——可能是洞穴、古老的寺庙，也可能是用帆布盖顶的路边洼地，与男孩们分享食物，并建立学校。

　　若没准备好承担相关风险，请您慎重考虑。

　　报道发出后，获得了强烈的反响。有好几百个年轻人愿意献出他们的生命，山丹计划得以继续发展。以我舅舅名义进行的捐款从遥远的国家纷至沓来。其中一笔捐款来自美国俄勒冈州，捐款者希望能用它来开办一家小型医疗中心，以挽救更多生命。这个建议，连同一些别的建议，都得到了落实。在捐款的帮助下，学校建立了一个诊所，有两张病床的病房、一个药房和一个临床实验室。1947 年，一位来自新西兰的年轻医生和他的妻子——鲍勃和芭芭拉·斯宾塞（Bob and Barbara Spencer）也前往山丹，用英格兰和威尔士女性合作社公会慷慨捐赠的一笔资金建了一家医院。斯宾塞夫妇在山丹度过了三年，创造了不少奇迹。他们的故事记载在芭芭拉·斯宾塞所著的《中国的沙漠医院》一书中。

　　1945 年 8 月，路易·艾黎写道："尽管有各种各样的人在召唤我，但我将尽我所能留在这里继续工作。如果我不留下，尽我所能把这项最基础的工作做好，乔治永远不会原谅我。"

　　路易·艾黎是一位新西兰人，于 1987 年 12 月 27 日在北京去世。他在中国生活了 60 年，那时，他刚过完 90 岁生日。作为我家庭的代表，我前往中国，参加了这场纪念路易·艾黎生平和工作的活动。长期以来，艾黎是中国首屈一指的外籍居民，也是一位备受尊敬和尊重的绅士。随着那一周各种活动逐渐推进，我们越发清晰地意识到，我们不只是在纪念一个人，而是两个人。第二个人是乔治·何克，也就是我的舅舅，他于 1945 年 7 月去世，去世时年仅 30 岁。他在中国度过了七年，做了数不尽的事。在那一周的讲话中，他的名字一直被反复提及，我开始意识到，就像对路易·艾黎一样，中国人民也同样珍重地怀念着何克。

写作中，我参考了乔治·何克的家人、朋友对他的回忆，关于他如何度过童年、少年时光，如何作为牛津大学年轻的毕业生，毕业后旋即赴中国访问，一去不复还。我将追随乔治·何克的脚步，途经美国前往远东。本书的主要内容也将根据乔治·何克自己的信件和相关著作展开。

—— 第一章 ——————————— 家，学校和牛津

"我的儿子并没有死在 1945 年 7 月 22 日那天，"乔治·何克的母亲曾写道，"他只是穿越了死亡之门，迈向了无限可能的生活。"1915 年 1 月 26 日，乔治·何克在哈彭登赫特福德郡莱顿路的红山墙出生，他的父母名叫凯瑟琳和罗伯特·何克（Kathleen and Robert Hogg）。罗伯特是一位成功的定制裁缝，和他的兄弟在伦敦汉诺威广场做生意，家中孩子六个，乔治·何克是最小的那个。一头光环似的卷发，犹如一朵淡金色的云，喜欢戴哥哥的板球帽，穿他的黑色校服背心，即便这身衣服在他身上又滑稽又不合身——这是家人们对乔治·何克最初的记忆。

乔治·何克在四岁时就否认了死亡。有一天，他正骄傲地分发自己的画作，他的一个哥哥取笑道："我猜，你会希望我们在你死后把它们裱起来挂墙上，是不是?"对此，乔治·何克惊讶地回答："我永远不会死，斯蒂芬!我的身体变老变破之后，我将前往上帝的国度，而他会敞开大门。他早就准备好把我放进一个新的身体里了。"另一次，大人听到他对姐姐说："如果天堂还不如人间好，罗斯玛丽，我会求上帝让我回来的。"

乔治·何克有幸拥有格拉迪斯·欧文（Gladys Owen，昵称索尼 Soney）做他的保姆和第一任家庭教师。这位女士后来与乔治·何克的姨妈们穆里

尔·莱斯特（Muriel Lester）和多丽丝·莱斯特（Doris Lester）一道，在伦敦东区中心地带的金斯利大楼定居点共事。在伦敦工作几年后，她决定将生命奉献给印度的"不可接触者"，为国际唯爱社（Fellowship of Reconciliation）工作。乔治·何克六岁时，索尼开始按照由海伦·帕克赫斯特（Helen Parkhurst）创建的道尔顿实验室计划教育他，这一理念沿用蒙特梭利的方法，让他在小小年纪就开始独立思考问题。那年，埃米尔·库埃（Émile Coué）正在推广自我暗示的方法。某个清晨，索尼被乔治·何克弄醒了，他在对床上的小泰迪熊说话："现在，小蒂姆，你最大的缺点是什么？"短暂的停顿后，她听到："哦，是爱炫耀！好吧，小蒂姆，睡觉之前，醒来之后，你得对自己说：'在每一天，每一个方面，我都变得越来越不那么爱炫耀了。'"

快十岁时，乔治·何克表现出了对文字的敏感。他的父亲曾大声朗读丁尼生（Tennyson）的《鹰》，然后问："乔治，你会怎么形容鹰呢？"经过片刻的思考，他回答："一轮凶猛的光晕呼啸而过。"

不久之后，乔治·何克的父母决定将他送去瑞士的一所国际学校，这所学校坐落在日内瓦湖畔的格朗市，在国际唯爱社的启发下创建，遵循蒙特梭利教育法。那时，罗斯玛丽即将返回学校开始第二学年，她恳求父母让她带上自己的小弟弟。学校的目标是打破年龄、性别、阶级和国籍的壁垒，所有职工与孩子们共同分担家务，厨师是唯一非专业教师出身的老师，她教授意大利语——她的母语。园丁也和大家一起用餐，孩子们得像对其他人一样地服务他。学校纪律风气宽松，比如，有一次午餐时间，出纳敲了敲玻璃杯来引起同学们的注意，说道："今晚午夜宴会想要零用钱的，午餐后来我办公室。"那次宴会自然没有办成——要是大家提前都知道有这么一场午夜宴会，那它还有什么乐趣呢？还有一次，当午夜宴会即将进入高潮时，一位教师探头进门，祝大家"好胃口！"在学校周会上，男女学生可以自由地批评教师，甚至校长，并对他们认为不公平或错误的事情各抒己见。以上一切无疑影响了乔治·何克日后的工作。

在他们离开前，罗斯玛丽就像任何一个稚气未脱的女学生一样，开始描述并抱怨学校里的某个人，但母亲打断了她，说这样做不公平，不应该因此影响乔治·何克的看法，她应该让他自己判断。在离开前夜，乔治·何克的母亲坐在他的床边，试图让他做好一夜间脱离家规的准备："我和索尼将不再对你耳提面命。你必须学会倾听内心的声音。如果你习惯于倾听它，日积月累，它总会告诉你什么是对的。"

接下来的一周，从瑞士寄来了两封信。罗斯玛丽写道："乔治内心的声音挺奏效，昨天他听从它的召唤，自己洗了裤子和背心。"乔治·何克则报告："我从我自己的角度观察了'那位小姐'，我也认为她是个徒有其表的蠢货。"

为期一年的海外学习解放了乔治·何克的思想。回国后，11岁的乔治·何克作为走读生就读于哈彭登的圣乔治学校（St. George's School），这是一所男女混校，他的三个哥哥先后毕业于此，为他树立了榜样，这意味着乔治·何克需要多加努力才能迎头赶上。他成为了一个普普通通的英国学生，按照他这个年纪应有的样子，迈入了正常的成长阶段。

另外有两家人住在哈彭登公地的对面，两家的孩子都与何克家的孩子年龄相仿。亨特一家（The Hunters）共有六个子女，家中父亲在罗马尼亚油田工作，大部分时间不在国内，他们家成为年幼的何克四兄妹的第二个家。在整个学校内，他们和亨特家的四个大孩子都算是最好的朋友。亨特家总是挤满了年轻人，包括来自马路对面孤儿院的常客。在俄国革命期间，亨特一家匆匆离去，留下所有的家产。那趟艰险的旅途中，他们家最小的儿子出生在一辆卡车上。亨特夫人几乎对所有人都敞开家门。她是位杰出的女性，遵从一种基督教的生活方式，非常务实，给何克家的孩子留下了深刻的印象。这与他们自己家的环境大不相同，对他们来说，亨特夫人的言行举止比一家人经历的所有传教和教堂活动更有意义。

1928 年，罗伯特·何克从山墙尾的希尔达·索尔兹伯里（Hilda Salisbury）夫人那里购买了一块地，就在沿着红山墙的路边。他在那块地上建了一栋房子，屋舍不大，但非常漂亮，大家叫它"行路居"（Wayfarings）。那时，何克家的几个大孩子——加里（Gary）、芭芭拉（Barbara，我的母亲）和丹尼尔（Daniel，昵称丹尔）都已长大成人，飞出家门，走向世界。

周日的早晨，罗斯玛丽和乔治·何克本该和哥哥斯蒂芬（Stephen）一起参加学校礼拜堂的活动——斯蒂芬是唱诗班的一员，但两个孩子经常偷偷溜去亨特家。因为知道母亲会在午餐时询问布道的所有细节，他们之间会互相串好口供，斯蒂芬从不泄密。有一次，为了让母亲满意，乔治·何克在传达"重要信息"时，又对事先商量好的故事添油加醋，编得妙趣横生，乃至详细地"复述"了那篇并不存在的布道。斯蒂芬一如既往地展现出了惊人的自制力，他抑制住了乐不可支的心情，没有让自己在午餐时笑得呛到。

尼尔森家（The Nelsons）是何克一家的第二个"家外之家"。尼尔森家有个女孩，名叫玛芙，和乔治·何克是同班同学。玛芙的大名叫温妮弗雷德·尼尔森（Winifred Nelson），她回忆道，大约在九岁的时候，她第一次在哈彭登公地上遇到了乔治·何克，他和他哥哥斯蒂芬都在。玛芙很好奇，何克家几个年纪较大的孩子们她都认识，是她哥哥罗伯特（Robert）和姐姐西西莉（Cicely）的朋友。经过乔治·何克一番介绍，玛芙回家后兴冲冲地宣布："原来还有一个何克呢——年纪更小，名字怪怪的——听上去像海王星（Neptune）还是什么。"从那以后，尼尔森先生总叫乔治·何克"海王星"，因为尼尔森先生坚称这个男孩不喜欢别人叫他"猪猪"。在罗斯玛丽的记忆中，尼尔森一家是个非常欢乐的家庭，"父母好客，但从不管头管脚"。在尼尔森家，每个人都有一个昵称。乔治·何克几乎总是叫尼尔森夫人"阿拉伯"（Arab），偶尔叫她的名字"梅"，这似乎让他俩都觉得有趣极了，这成了他们之间的独家笑话，不允许别人分享。为什么叫她"阿拉伯"？因为尼尔森夫人的日常帮工和传奇人物 T. E. 劳伦斯拥有同样的姓氏！

乔治·何克是玛芙的两个哥哥 RP 和波什（Bosh）的好友，他们叫他"猪猪"。周末和假期的大部分时光，他都在他们家度过。他们经常一起在尼尔森家组织板球、网球、触式橄榄球和非正式的曲棍球比赛，乐趣颇多。女孩们会加入其中，甚至会一起打橄榄球。通常，热热闹闹地打完比赛之后，他们会在附近的班蒂咖啡馆大吃一顿，晚上则一起听听唱片，欢声笑语地打牌。在玛芙的回忆中，乔治·何克歌声悦耳，幽默过人，但性格中有非常严肃、认真、深思熟虑的一面。在圣乔治学校的最后一年，她和乔治·何克一起当选了学生会男女主席，五年前，他们的姐姐和哥哥西西莉·尼尔森和斯蒂芬·何克也曾就任这一职位。

遵循家族传统，乔治·何克也成为了橄榄球十五人队的队长。他六年级时的老师写道：

> 我非常清楚他的潜力，因为在他身上，我看到了尚未发掘的力量以及高尚的目标感。他极为谦逊，怀有真正的谦卑。虽然安静低调，但他无疑是班级里的主心骨。我观察到，他离开后的几年里，新一届的级长们也展现出他的性格特质，这源于他们无意识中的模仿，这点令人欣慰，因为他的影响力依旧存在。同样地，他在橄榄球比赛中展现出的特点是：即使在最艰难的比赛中，他似乎总有尚未发掘的力量以解决燃眉之急。

这则校刊上的报道进一步说明了他显而易见、令人钦佩的品质，但他偶尔也会失去"高尚的目标感"。有一次，作为五年级的级长，他和几个同样爱搞恶作剧的朋友"借走"了法语老师特里小姐（Miss Terry）的一辆小车，在深夜偷偷开了几英里，去往乔治侦察队的露营地，把所有帐篷弄倒后盖在毫无戒备的露营者身上。第二天，这个恶作剧在学校引发轩然大波。校长塞西尔·格兰特（Cecil Grant）严厉地惩罚了这些肇事者，并停了好几周他们级长的工作。"猪猪"非常羞愧，玛芙从他那里得知了这次恶作剧的所有细节。"他非常正直，一般不参与罗杰和大卫的恶作剧，"玛芙回忆道，"尽管乔治·何克也觉得罗杰和大卫的行为怪有意思的，但他还是兢兢业业、表现出色。他十分善良、温柔，又非常体贴。"罗杰·亨特（Roger Hunter）和乔治·何克是同班同学，他们的另一个好友大卫·普罗克特（David Proctor，昵称迪皮），也和他们一个班。就读期间，他们一直三人成行、形影不离。在迪皮的回忆中，乔治·何克"少言寡语，极为克己。他说话前似乎总是仔细思考他要说的内容。虽只有寥寥数语，但是很有意义"。

跟随他三位兄弟的脚步，乔治·何克入读了牛津大学瓦德姆学院，他不仅加入了瓦德姆学院的第一橄榄球队，还在第二年被选为橄榄球俱乐部的秘书。到了1937年，他还成了院队队长，延续了他兄弟们曾担任此职的传统。除此之外，他还经常代表牛津大学"灰猎犬"橄榄球俱乐部出战，并随队巡回比赛。瓦德姆的院长莫里斯·鲍拉（Maurice Bowra）这样评价他："乔治性格坚韧，心中有远见，知道自己的目标在哪，要做什么。"

每到假期，乔治·何克都会带着一点儿零钱，前往欧洲各国，踏上冒险之旅。1935年，他在一个德国的大学生朋友家住了几周。这位朋友的父亲是纳粹党成员，还是一位颇有影响力的地主。他带着乔治·何克四处逛了逛，向他展示了他们所谓的"为改进民众生活"所做的工作。乔治·何克对此自然有一肚子话要讲，随之，他们进行了一番热烈的讨论。

1936 年夏天，乔治·何克身上只带了四英镑，就和一位罗德学者（Rhodes Scholar）为伴，开始了一段穿越中欧和东南欧的搭便车之旅。他们去到科隆和柏林，去往德累斯顿，沿途了解到了一些有趣的信息，包括德国境内一些事件和观点。从德累斯顿动身后，他们又搭便车前往德捷边境和苏台德地区，再经过奥西格和布拉格，几乎什么交通工具都搭，问遍了形形色色的人。他们的路线穿越波希米亚，抵达奥地利；接着沿着塞格德公路前往匈牙利，再到达特兰西瓦尼亚的阿拉德；最后来到波兰的高塔特拉地区和克拉科夫。

但那时是牛津大学的最后一学年，乔治·何克必须返校准备，而他的旅伴决定前往苏联。乔治·何克告别了他，独自踏上了归程。有一次，他抵达了一个小镇，但时间已经太晚，他只能住进救济院里，那是一次特别的经历：乔治·何克被迫脱光衣服，赤身裸体地在床铺间的过道上行走，救济院的人纷纷抬头好奇地看着他，这让他有点尴尬。

几天后，乔治·何克搭便车回到家，心潮澎湃。这次旅行让他深深意识到了欧洲的分裂和纷争，在他目之所及，贫困比比皆是，民众愤懑不满，就像山雨欲来前呼啸的风声。

　　乔治·何克于 1937 年从牛津大学毕业，取得了现代大学科（modern greats）的学位，包括哲学、政治学和经济学（PPE）。当时，他的姨妈穆里尔·莱斯特（知名和平主义者，曾冒险将记录了南京大屠杀的"马吉影像"胶片带到日本。——译者注）正计划着又一次与唯爱社相关的环球之旅。有一天，当乔治·何克在花园里帮助母亲除草时，一家人讨论了他有没有可能加入姨妈的旅行。这可是一个绝佳的机会，几年前，他的哥哥丹尔曾随姨妈首次造访印度，会见了圣雄甘地（Mahatma Gandhi），但那是在他去牛津上大学之前，所以当时并没考虑未来就业的问题。乔治·何克能推迟就业吗？又该如何解决资金问题呢？何克一家在送所有孩子上完学后就几乎没什么余钱了，但这样的机会错过就不再有。一家人除完杂草，打理好花坛，其间的困难被一一克服，最后，他们做出了决定：未来自有安排，这次经历会为他未来的工作增光添彩，无论以什么样的形式。乔治·何克决定用上他小时候获得的一小笔遗产，幸运的话，这足以让他前往远东，但从今往后，他就得自谋生计了。

　　穆里尔姨妈非常高兴有这么一位志趣相投的旅伴，但还是问了他是否有足够的钱支付越洋以及跨国的路费，毕竟这趟旅途要从大西洋沿岸乘

3500英里的火车到太平洋沿岸。"我的钱够买一张到上海的单程票，还能剩下点儿，"他回答，"在这之后，我要从印度回家，得想办法赚来这部分路费，在美国么，我就搭搭便车。"

事情就这么定了下来，他们将在九月份搭乘"皇后玛丽号"出发。那段时间乔治·何克沉迷于刚刚出版的《飘》，他陷在扶手椅中，读得津津有味，有人喊他才能回过神来，都快忘了自己即将离家从哈彭登出发开车前往南安普顿。他肯定比表现出来的还要兴奋——在码头时，他跳下司机座，家人也跟着下车，但他的哥哥很快跳回车里，因为车子正缓缓地向海里滑去，乔治·何克竟忘了拉手刹！

在美国，他收到了无数的邀请。他站在路边，伸出拇指就能搭乘上汽车或卡车，他以这种方式到了这个国家偏远的北部，也深入了南方。要从多个角度了解美国和美国人民，搭便车是一个好方法。乔治·何克沉醉于卡车上漫长、迅捷的夜行；他和各种人一起吃饭；在任何可能的地方过夜：一位热心肠的警察曾在某晚借给他一间牢房。他偶尔也会和姨妈在她朋友的家中聚会。人们都很乐意为他在睡眠门廊、露营地或车库中找个角落休息，因为似乎他每融入一个群体，总能使其增色不少。乔治·何克这个年轻人不仅充满活力、健健康康、爱唱爱笑，喜欢融洽的交谈；他似乎还带有一种圆融自洽的感觉，让其他人感到平静和自信。有一次，乔治·何克遇到一位老钢琴家，她从不肯在别人面前表演，但热爱弹琴。乔治·何克请她弹一遍他那天早上无意间听到的莫扎特奏鸣曲，这让她很吃惊。她发现自己竟可以把它弹下来，既不觉紧张，也无须致歉。乔治·何克拥有敏锐的洞察力，这使他成为一名一针见血的评论家。"在他面前，"穆里尔曾写道，"一个人以前从未被发觉的笨拙、荒谬或小气的行为总是变得显而易见；我不知道怎么做到的，因为他从不指责你，也从不暗示你犯了错。"是他摆脱了自我主义的束缚，因此能够用一种平静的自信感染身边人吗?

他经常发现，需要和司机"破冰"才能够使他信任搭便车的人。"前面那座桥，看到了吗?"一次，一个司机问他，"我就是在那儿毙了我接的上一个乘客——他拿出枪来搞了些把戏。"以下是乔治·何克对自己旅行的描述，他将其写成了一篇题为《一个英国人去了美国》的文章:

> 一个"新国家"意味着什么?混凝土建筑、汽车和奴隶解放，没错，但它也包括破旧的小屋、流浪汉和"尚未老去的年轻人"的自豪感。要真正了解美国生活对比强烈的方方面面，最好的方法就是搭便车旅行。懒汉和生意人、医生和销售员、牙医和工人、卡车司机和学龄儿童;白人或黑人、非犹太人或犹太人、醉汉或清醒者，都走在路上。时不时地，他们都愿意接纳一个看起来干净体面的人。如果搭车到乡下才发现自己的司机喝醉了，这多么煞风景!这个时候，你就不得不在醉驾和长途跋涉间作出选择了。与之相反，经历了艰难的一天后，要是被六位年轻漂亮的女士带回波士顿的住处，或者挤进一辆老福特车——车里载了一群高中生，对足球高谈阔论，这又是多么迷人!如果你厌倦了上层社会，想找一位粗线条的现实主义者聊聊，就去光顾通宵咖啡馆或加油站，你会遇到一些友好的卡车司机。如果你想讨论经济学或当前的贸易萧条，你能在任何一个商业旅馆找到四处奔波的销售员;如果你想碰碰运气，就站在路边，对着每一辆看起来可能让你搭乘的车晃动拇指。水泥路那么长，司机需要有人陪着才能安全驾驶，所以这是件双赢的好事儿。

> 在美国，个人经历可以无比丰富多样。在田纳西山谷，一个人主动停下来让我搭车。他脸涨得通红、满头大汗，把帽子往额

头后面推，急于找人倒苦水。命运很爱和他开玩笑，这些倒霉事儿竟一连串地发生在他身上，都轮不到别人，这让他满心愤懑。他忘不了早上撞倒的小女孩的脸（我亲眼所见他车上留下的撞痕）；他给了医院医生300美元（其实他在这场事故中不担责任，但女孩的家人拿不出钱），这几乎是他所有的钱，现在他的钱连回家都不够；他给车上了保险，但那恰好是另一辆车，而非这一辆车；他妻子病了，不能叫她担心。他接下来该怎么办？好吧，三年前他辞去了纽约的政府工作，那时他有37000美元的积蓄。他用这些钱投资了一个夜总会、两个加油站、一个佐治亚州的农场和自己在印第安纳州的房产。现在，他估摸着这些钱全得填进去了，资产只剩下了唯一一栋房子，他打算试着在纽约重操旧业。

在密苏里州，我结交了另一个朋友，他的生活也过得颇有趣味。早年间，他是一名副警长。一天晚上，警长和他的手下在追捕一名犯人。警长自己也不记得忘带了什么。经过几个小时的搜寻，警犬在河岸的洼地上发现了他们的目标。那是一个令人神经紧绷的时刻："举起手来！"领头的警长大喊，然后他才发现自己到底忘了带什么。好在灯光晃得那人睁不开眼睛，没有发现警长竟忘了带枪。后来我们这位副警长摇身一变，成了专抓超速驾驶的警察。单位给他派了自用车，发了套制服，并告知"交通全归他管"。不幸的是，他很有道德观念，笃信人要"活得实诚"，不愿为了赚那两美元的佣金到处给别人罚款。因此，他只能对那些鲁莽的司机苦口婆心地说教。有一天，他拦下了一辆赶着仿佛要下地狱的车。他一靠近车，就发现后座上一支冲锋枪对准了他，是来自圣路易斯的黑帮！他是单枪匹马地把他们抓了起来，还是偷偷对着车轮胎扎了一下？真实的故事更有人情味。他对他们解释道，他唯一挂心的是他们的安全，如果继续开那样快，他们几个中总有人会受伤。然后他回到总部，对此小心翼翼，守口如瓶。如今我的朋友已经结婚，干着一份连他自己都觉得实诚的工作，并为此自豪——他成了一名销售员。他接了订单，我就帮他在车后面把东西整理好，再搬进去：一个闹钟，三套茶具，五个小托盘，还有一把雨伞——他的生活就这么细水长流，平安又稳当。

谁愿意做长途卡车司机呢！在美国，这些人常常不得不连开个两三天，昼夜不息，觉都没得睡。咖啡和香烟对他们犹如家常便饭。然而没有人比他们更快活，也许是持续的颠簸能预防慢性消化不良和肝脏问题。他们最担心的就是枕着方向盘睡着，搭便车的人就借此机会提供陪聊服务。尽管在发动机的轰鸣声中聊天有些难度，特别是这些司机听不太惯英国口音，但是我总会蜷缩在角落里尽量驱走身上的瞌睡虫，因为我也要保持司机清醒，否则我俩都会丧命。确实，以50到60英里的时速在路上呼啸而过，高高地坐着，看着这些怪物被司机掌控，突出的肌肉灵巧地操纵着每个动作，充满力量感，真是令人无比兴奋。车上有两根变速杆，组合起来能为司机提供九个前进挡和两个倒车挡的选择。每开50英里，或者更短的距离，我们就会停下来喝咖啡，找个伴。这群大男人有些跨坐在圆凳上，有些则进进出出，他们自由交换着这一路的信息、友好的笑话，甚至搭便车的人。也许司机们会在离开前跳一两场舞，才不管现在是哪时哪刻。我记得有一个路边咖啡馆的女服务员，裹了一身鲜红的丝绸裙，凹凸有致。在一天中的任何时候，她都够让普通男人喝一壶了，但我的这位司机呢，清早七点，他就伴随着老虎机闹哄哄的声响与她一道翩翩起舞，把这当成了早餐前的开胃菜了！

我对卡车司机偏爱有加，也许是因为他们帮我脱离了两个非常尴尬的境地。第一次是在阿肯色州，那地方对搭车者来说可糟糕透顶。其他州虽然也有法律禁止搭便车，但没有哪个州执行得那么严。甚至有两个男孩把想搭车去的地方写在一张小小的海报上，在下面安静地坐着等，就连这样也被逮捕了。那次，凌晨四点，我被放在密苏里—阿肯色州界线上。除了一家咖啡馆，几个加油站，那里什么也没有。天气极冷，狂风大作，又大又圆、印有"埃索"（Esso）字样的金属牌在风中哐啷作响，徒增凄凉之感。我沿路走着，感觉自己冻僵了，仿佛真的来到了世界末日。但在咖啡馆里，我遇到一个快活的家伙，他正从托莱多驾驶一对连在一起的货车前往孟菲斯；我只需要向他展示我的证件（护照？足够了！），我们就离开了那个可怕的地方。另有一次，我从波士顿前往华盛顿，在黄昏时分抵达纽约，并打算夜间横穿纽约。我从乔治·华盛顿大桥上过了哈德逊河，曲曲绕绕地走了一阵儿，最终被困在新泽西纽瓦克工业区的一座外环高架桥上。高架的人行道仅能供一人通过，但我的背包就有人行道那么宽。呼啸而过的卡车本来对我是个利好因素，现在却变得危险了，它们突出的车厢有可能把我压扁在高架桥的水泥墙面上，而且对面来车的灯光那么晃眼，司机可能根本看不见有行人在走。当我走到高架的另一端时，噩梦般的情况终于好转了，我拦下了一个开往巴尔的摩的卡车司机，他非常友好。这个家伙来自印第安纳州，活得快乐又简单。我便和他聊了聊纽约，他说，纽约变得简直让他不乐意去了，那里的人太多，把他推来搡去的。

对搭便车的人来说，研究一下人性还是很重要的。为了说服犹豫不决的司机为他们停车，搭车者已经总结出许多不同的技巧。当然，有一些幸运儿在任何情况下总能让别人为他们停车，但大多数搭车人在一定程度上还是得发挥技巧，为自己创造有利条件。就我个人而言，我喜欢站在某个障碍物远侧约三十码处，确保司机隔着段距离就能注意到我，然后退后一点，尽量摆出一副无所谓、开开心心的样子。当一个人有足够的钱果腹，甚至付得起公交车费时，即便他们被人戏弄也能保持心平气和——有些司机会故意减速，让你跟着车跑，再一脚油门扬长而去，留下一片烟尘。但对那些饥一顿饱一顿的穷苦人来说，下一顿饭要等到他回到大陆另一端的家时才能吃得上，他们这边的情况就大不相同了。他们穷困潦倒、垂头丧气，即使在不再需要搭车的时候，他们的手臂和拇指依旧机械地摇摆着，往路边一站，就像一截伛偻的旧灯柱。他们越是绝望，越是无望脱离泥淖。美国的公路边不乏追随庄稼迁徙的家庭、无家可归的年轻人、寻找工作的老人和寻找丈夫的老妇人。他们的倒霉故事往往是捏造出来的，但真相，尽管不那么戏剧化，却远比故事更残酷。

在美国，拓荒时代的遗留影响仍然非常明显。那种豪迈爽气、不拘小节的精神正是拓荒时代的遗物，因为那时拓荒者必须互相帮助，否则就活不下去。同时，美国人也怀有一种身处丛林般的谨慎，这种谨慎令他们更信任自己的力量和脑筋，而不是法律和公众舆论。司机们是愿意停车搭人的，这一事实证明了拓荒精神的延续，而在多数情况下他们会小心谨慎、携带枪械，这又表明了丛林精神的存在。一次，有个面色苍白、神情冷峻的男人为我停下车。他是一名牙医。他上周杀了一个人，显然不是撞死的，也不是通过牙医的手段，而是拿枪打穿了他的脑袋。有人搭了他的车，逼他交出钱包，大摇大摆地下车就走。这位牙医当即从车座侧袋中掏出一把枪，从后面把他击毙了。"你说是意外？狗屁！"当我问他时，他这么答道，"如果没杀掉他，我才叫失望呢。"也许他只是编出这个故事来吓唬我，但从他讲故事的方式，对于那人恩将仇报的愤慨，以及他回想起自己行动时脸上的表情来看，这是可信的。对自己的义举，他既感到扬眉吐气，又觉得良心难安。即便他口口声声说着为民除害，但当他发现那劫匪浑身上下只带了一根棍子，那一刻，他可能更多的是良心难安，而非扬眉吐气吧！

美国特别的环境将注定孕育出不少搭车者，但如今频频有人利用司机们的古道热肠犯罪，这使得搭车者变得像私生子一样不受欢迎，人们也越来越不乐于助人了。就这样，整整三个月，只有两名女士为我停车，其中一位的车上带了只巨大的狗（以至于我没敢上车），所以这其实不作数。但毕竟，遇到坏人的几率也没那么大。一位来自马萨诸塞州的钢铁工人在下班回家的路上载了我一程，他告诉我，不管白天黑夜，他都会停车接人。"如果你命中有此一劫，就注定在劫难逃，"他说，"你啥也做不了。"为了印证自己的说法，他告诉我，有一次他开着他的 T 型福特车（Model T），三个持枪歹徒就跳上了车，连个招呼都不打。他在歹徒的命令下继续开车，心想前方不远就有一个兵营，他打算来个急转弯，将他们交代给那里。在尝试这个困难动作之前，他失望地发现歹徒已经跳车逃走了，来也匆匆，去也匆匆。

在许多流浪汉的笔下，美国监狱以好客而闻名，于是我决定在南部亲身体验一下。在佐治亚州的萨凡纳和梅肯之间的路上，一位好心的司机捎了我一程。到他家的时候，夜幕已经降临，他对我殷勤备至，先是带我去一个加油站，帮我找到了搭夜车的机会，又带我去了警察局，推荐了那边的警察，说他们会很乐意照顾我。整个晚上，我都坐在加油站的一个箱子上，边读书边喝可口可乐。到了十点钟，我还没有拦到车来接我，所以回到了警察局。警察们在一个水泥牢房里为我收拾了一个铁笼子，里面床垫、铺位和被子都很干净。狱卒开玩笑地说："你希望什么时候被放出来？"第二个晚上就没那么愉快了。在佐治亚—亚拉巴马州界的一个小镇上，我跟两名警察聊天，告诉他们我前一晚的经历，他们邀请我试试他们的监狱。他们用无线电警车把我送过去（对于广播中传出的音调平平的紧急信息，他们无动于衷），然后把我交给了警官。他是个非常令人感到恐怖的人——右手断了，接了一根钢管，用它钉钉子都不需要锤子。房间里光秃秃的，有几个人围着火炉站着，他们频频地吐痰，动作相当熟练。过了一会儿，警官说："如果你比我还着急，人行道就在外边，请自便。"我当时想立即逃走，但自尊心让我留在原地。他的脸和他的钢管手臂一样硬；眼睛是蓝色的——我是说，如果你能看到它们，他脸颊凹陷，下巴长得像爱尔兰人。这次，他把我引到一个肮脏的牢房里，那里有一堆发霉的毯子。我对他说"晚安"，他报以这样的回答："四点起床，我们不给任何人提供食物，记牢了。"但第二天早上，我发现有时人们并不像初次照面时那么强硬——他让我睡到六点，然后开自己的车带我上路。

对我，以及对帮助过我的美国人而言，进行一番比较，找出我所在之处和我成长之地的联系和差异，带来了不少乐趣。语言（也就是英语）是我们之间的一个主要联系，但我说的话经常让他们听不懂。一个新英格兰的医生曾为我停车，他正赶路去看望一个远方的病人。"你今天开了挺远的路吧？"我试图搭话。"你说啥？"他回答。"你开了挺远的路吧？"我重复。"我听不清。"我重复了三次，他才回答："是的，可不是吗？"然后他继续开车，我俩都沉默了。尽管可能语言不通，但这类沉默寡言的人显然是两国所共有的。一个带我去纽约州北部的卡车司机时不时地重复着，他听上去难以置信："天哪！但你看上去明明就是个美国大学生嘛！"

一听"英国人"三个字，一般美国人脑海中浮现的第一个词是"自负"。在我看来，这种想法是出于误解。当一个英国人去美国时，他会对美国人自我表达的方式望而生畏，并因此摆出一副比平常更自矜的态度。与此同时，英国人重视教养，爱摆出一副"古老"文明的派头，也让美国人望而生畏，且英国人还想让美国人时刻记住自己是"新来的"，这也让他们打心底里讨厌英国人。对美国街头巷尾的人来说，牛津大学就是"贵族、高顶礼帽和晨礼服"的代名词，所以当被问到在哪里就读时，如果我想要把谈话友好地进行下去，每报一次学校的名字，我都要补充道"其实它并没有听起来那么糟糕"。一些出乎意料的情况往往能带来友好的氛围。在亚拉巴马州一个简陋的路边咖啡馆里，一群看起来邋里邋遢的人聚集在房间中央，一个面容尖刻的女人隔几分钟就吐一小滴口水穿过炉子上的洞，那感觉就像一个学龄儿童故意耍他刚学的新把戏。他们似乎天生什么都不喜欢，所以当我发现英国人在这里竟然还挺受欢迎时大吃一惊，同时也松了一口气。原来，这是因为汤米·法尔（Tommy Farr，他们把这人当作英国佬）几乎打败了"那个该死的黑鬼乔·路易斯（Joe Louis），他就是从这附近来的。真希望他能干掉他！"这也算一种扭曲的地方自豪感吧！

无论何时，一切皆有可能，这是搭便车的一大乐趣。有一天早上，当我还在得克萨斯州时……

距离和姨妈一起从旧金山出发的日子只剩下两周时，乔治·何克还在得克萨斯州的平原上，离旧金山还有很长一段距离。他发现那里的司机不太情愿让人搭车。一辆又一辆车飞驰掠过，司机似乎都很高兴能摆脱城里对车速的限制——但在城里，车速虽慢，却不许拦车。一辆车在前方 100 码处减速，乔治·何克刚开始有点担忧，但随即松了口气，搭上了车。汽车疾驰，车内一片寂静。半小时后，司机问道："你要去哪儿啊？"乔治·何克回答："我要和我姨妈一起去日本和中国。"又开了 50 到 60 英里，司机开始试探这位满口英腔的流浪汉，用一种随意的口气说道："我也要去中国。我和一个英国女人一起走，她叫穆里尔·莱斯特。"

"哦，这就是我刚刚说的，我的姨妈！"于是，莱西博士（Dr Lacy）和妻子带着乔治·何克，行驶了整整 1600 英里抵达了旧金山。

第三章

密西西比合作社

要论乔治·何克在美国最大的收获，或许是他在密西西比州的合作农场所度过的时光。在那里，一项勇敢的创举正如火如荼地展开。无论是黑人还是白人，上下几代佃农都曾过着悲惨的生活：总是欠着地主一屁股债，许多人既不会读，也不会写，更不会记录自己欠下的账目。但现在，这个合作农场给佃农们带来了自由——他们建造防雨的小屋，种植水果和蔬菜供自己食用，在地主的田里种棉花供自己纺织。这给乔治·何克留下了深刻的印象。他把第一次接触合作社的经历写下来，发表在《日本时报与邮报》（*The Japan Times & Mail*）1938 年 2 月 20 日的星期天版：

> 佃农既不会记账，也没有账本；这些对他们毫无用处。年关将近，他只能拿到薄薄一张纸片，写着黑色和红色数字。对此，他无法置评，只能回到家中找他妻子去，沮丧、绝望、心灰意冷。他年复一年辛辛苦苦地工作，活像个奴隶——但他又得到了什么？只不过是薄薄的一张纸片，写着密密麻麻的数字，或黑色，或红色。又是一年的辛苦劳作在等着他，也许明年会好些吧？有那么一瞬，他心底浮现出一丝希望，但这希望不会持久，他心知未来是无望的。一种巨大的孤独和绝望笼罩着他，他坐下来，双手被

繁重的体力活磨得粗大，他用这样一双手擦去眼泪，眼睛紧盯着门口的棉花茎。

这是一位南方牧师对美国心脏地带的描写——那里有近200万个家庭、1000万人过着这样的日子，而美国还是世界上最富有的国家。

美国内战后，不仅南方的繁荣土崩瓦解，而且随着奴隶解放，孕育出这种繁荣的运作模式也随风而逝。美国必须找到一种新的体系，将被解放的无产奴隶和身无分文的地主联合起来。在这种情况下，佃农制度被首次引入，如今，美国六成以上的棉花生产都采用这一制度。种植园主提供土地和设备，佃农提供劳动力，年底时，收益按既定的比例分配。但与此同时，佃农也得生活，所以种植者以高利率向他们出租最基本的生活资料。这些租金，还有种植园主理应提供的许多其他服务产生的费用，都要从佃农的作物收益中扣除。无论是作物销售还是贷款和费用支出，一切明细都由种植者掌控；在许多情况下，即使佃农识字，也无权过问账目。就算是累死累活干了一年，佃农往往还是负债累累；如此一来，按照法律，他们还要被迫再多干一年。在这个体系下，南方并未恢复昔日的繁荣；而来自南美、中国、印度、埃及和苏联的竞争接踵而至、不断加剧，再加上全球普遍实行关税，对出口产业造成打击，美国的状况愈发糟糕。直到今天，近三分之二的佃农阶层由贫穷的白人组成。混杂的种族是阻碍这些人进行自我解放运动的首要因素。没有团结，他们几乎无法取得成果。利用一个种族群体对抗另一个，使两者都身陷贫困——这就是种植园主阶层的策略。

自内战结束后，黑人在南方从未拥有过任何政治权利。而在这个名义上人人平等的国家中，一些手段在阻止黑人获得权利的同时，也剥夺了较贫困的白人阶层的权利。春天时，白人佃农即使很想参与选举，也无力支付投票税，因为还没到结算工钱的时候，此时他们往往口袋空空、一贫如洗。也许恐惧是使佃农阶层沉默的最终原因：他们恐惧暴力，而暴力有时候会假借法律之名横行。大约有200万个家庭、1000万个个体分布在一个与日本本土差不多大的地区，正经历着贫穷、种族分裂，而且被压迫到了政治灭绝的边缘。

几年前，美国上下对于这些"被遗忘的人"产生了浓厚的兴趣，努力为他们组建农民联盟（Farmers Union）以进行斗争，并通过媒体报道使这类斗争为人所知。可是，像以往一样，他们的努力遭到暴力和驱逐，但这一次，有两件事情对他们有利：黑人和白人佃农首次联合组织起来，而且赢得了美国其他州的公众舆论。勇敢且有质询精神的人们开始走访受佃农制影响的地区，亲自了解那里的情况。舍伍德·埃迪博士（Dr Sherwood Eddy）和曾在日本京都担任传教士的山姆·富兰克林（Sam Franklin）一起开展过一次这样的考察。但他们常常遭到冷拒，不少人让他们赶紧滚蛋、少管闲事；然而，富兰克林先生选择与被驱逐的家庭一起在路边扎营。最终，因为对一位利用权力强迫佃农在自家农场劳动的警长刨根问底，他和埃迪博士遭到了监禁。后来，这位警长因为劳役偿债被定罪；但也许正是因为那次入狱，富兰克林先生最终决定积极参与，尽力帮助这些人。有两件事是当务之急：首先，必须立即为最需要的人提供救济；其次，必须找到某种方法，持久地改进整个棉花生产系统。富兰克林先生不是那种认为"所有穷人都是天使，所有雇主都是恶棍"的狂热分子。在这个衰败的产业中，地主和工人同样受制于僵化的体系。如果不对这一体系进行重组，种植园主即使有心，也无力给佃农带来有效的帮助。

也许可以从另一个角度证明这种改变的必要性。在南方，有多重因素交织在一起，而其他国家的前车之鉴是，这些因素的叠加特别容易滋生法西斯主义政府。首先是经济上的不安全因素，其次是为达到目的使用暴力的传统，还有普遍意义上对暴力手段的漠不关心——这滋生于 1889 年至 1929 年间的 3700 起私刑。其次是来自种植园主阶层的领导人，他们受过教育，自我感觉优越。还有无知、偏执的贫穷白人，也自认为高人一等。在世界上每一个独裁政权中，这样的人构成了下层官僚。最后，存在一个被视为替罪羊的种族；即使南方的宗教看上去相当"超脱世俗"，依然如教科书般起到了法西斯领导人希望转移人们视线、不再关注当下的作用。

为解决这些困难，富兰克林先生的答案是：合作农场。这些农场日后可能会扩展成一个农场链。在这场冒险之中，困难并不仅仅出于经济因素。坚定的个人主义一直是重要的美国精神之一。但这次尝试要涉及一部分黑人种族，这一族群从未培养出责任感，而责任感对成功的合作是至关重要的。作为一个整体，佃农阶级受到的规训是仅仅关注当下，关注这一年的收成。对大多数人来说，当下意味着总结过去，展望未来；但佃农可不是这个心态。他们将毫不犹豫地靠撒谎和欺骗摆脱过去的义务，或抵押上自己的整个未来以求改善现状。唯一重要的就是当下，其他的一切似乎都虚无缥缈、无关紧要。如何让这些人拥有建设生活的意识，获得有助于自身成长的东西，并在这个过程中培养他们的品格？解决这些问题是富兰克林先生主要任务之一，为此，他正在作出尝试。旧的佃农制体系下，一个人和一头骡子合力耕种一块棉花地，而富兰克林先生则不分白人和黑人，将32个家庭联合成了一个富有生产力的社区。社区的作业面积已从一块棉花地扩展到密西西比州克拉克斯代尔附近超过2000英亩的农场，使用现代科学方法种植多种作物。

虽然农场的领导来自上层，但随着合作会议和选举委员会信心渐增，下层的领导权正在逐步增长。农场在年初决定种植何种作物，并对利润进行评估。预期利润的六分之五以每周工资的形式发给农民；根据工作的价值，由他们自己在合作会议上确定每人应收工资的比例。年底时，加上或扣除实际利润与预期利润之间的差额，留待发放的六分之一利润也会给到农民手上。

在这个生产者组织之外，还有一个消费者合作商店。这家商店会按照买家全年购买额的比例，把利润重新分配给农民。

今年，除了这两个组织外，社区还将启动一个信用合作社，变得越来越自给自足。

目前，社区已经建造了二十多座房屋，还建了一个用于周六社交活动、周日礼拜和各种会议的大型社区中心。有了一个诊所，配有访问医生和全职护士，有一个黑人白人混校的幼儿园和一所主日学校。还有一个"好邻居"（Good Neighbour）组织分发二手衣物，并帮助有特殊需求的人。

鉴于农场目前初见成效，生产者和消费者组织之间必须有个区分。商店也生意兴隆。当下，由于法律原因，只有农场成员才能取得会员资格，但人们希望在不久的将来，商店能向公众开放，届时它可能成为该地区的主要商店。但作为一个生产单位，农场正在经历一段困难时期。棉花价格不好，政府的限制计划对这个特殊农场的打击很大。面对这样的情况，佐治亚大学的一位专业农学家建议农场对农业政策进行大幅调整。这么做一方面是为了在这个过渡期间维持生计，另一方面也是为了使合作社成为一个更好的经济单位。舍伍德·艾迪博士和富兰克林先生已经前往乡村，筹措资金来购买第二个农场，这个新农场和原来的农场很近，且根据政府法规，其位置更加有利。这两个农场在好几个方面是互补的，能减少社区开支，并为更多家庭提供住所、保障安全。截至去年十二月，他们已经筹集了 12000 美元用于购买这块新土地，而这一款项预计总共需要 36000 美元。

富兰克林先生任务艰巨。他既要为整个农场做出更大范围的规划，又要聆听每位成员的牢骚，还要担任农场的牧师，同时也要巡回全国，激发人们对他工作的兴趣。而对于（黑人）这个被塑造得既疑神疑鬼又自私自利的种族，他必须对其灌输相互信任、理想主义的精神。成功需要极大的耐心、爱心和信念感，富兰克林先生拥有这些品质，但这个社区也需要来自外部的援助。合作农场犹如一滴微小的水珠，如果无法在早期阶段获得帮助并成长为一个更大、自给自足能力更强的生产单位，就可能在周围保守主义的压力下蒸发殆尽。

　　两周后，一行人在 1937 年圣诞节当天离开旧金山，然后抵达横滨，来自东京的贺川博士（Dr Kagawa）接待了他们。过去二十年来，贺川博士一直在日本发展合作社运动。他带乔治·何克参观了他创立的合作社银行、餐厅、市场园区和农场。甚至还有一个合作社当铺和一家合作社医院。上述一切引发了乔治·何克的无限遐想。贺川博士意识到他对此兴趣浓厚，便邀请乔治·何克多待一段时间，好好研究这个运动。穆里尔姨妈则因为行程紧凑，继续前往中国，去上海会见她唯爱社的朋友。

　　借此机会，乔治·何克增进了对日本人的了解。他发现，普通民众竟然真的相信他们的国家是为了"把中国从土匪、军阀和国民党的压迫中解放出来"而战。对于有关中国成功抵抗和日本帝国主义罪行的报告，他们表示难以置信。他们敦促乔治·何克从中国回来后，告诉他们在中国的亲身见闻。

　　12 月 30 日，乔治·何克从日本神户写信回家：

　　　　恐怕距离我上次写信已经过了很长时间。上次寄信回家还是在旧金山，不是吗？嗯，我们乘坐一艘名叫"杜美总统号"（President Doumer）的法国船，横渡了太平洋，旅程也就普普通通吧。在这种船上，住三等舱就挺舒服的了。我们先是注射了伤寒疫苗，又时不时遇到极其糟糕的海况，所以多次卧床不起。姨妈写了一篇关于"和平的前提"的文章，我写了自己搭便车的经历，稍后会寄给你们。

檀香山棒极了。那里有个家伙夏天去过呢。他带我们去美丽温暖的海里游泳。浅水下面是珊瑚，反射出明亮的翡翠色，周围是高高的绿色山脉，与我在美国看到的尘土飞扬、岩石嶙峋的山脉截然不同。

我们在船上遇到了不少刺激的事情，一个愚蠢的年轻军官在内海要塞区拍摄胶片电影，被日本人用望远镜发现了。他们追上了船，在那人正要下船时赶到，并用扩音喇叭冲他大喊大叫，要求他上船。紧接着发生了一场大骚动，因为他们想逮捕这帮军官，由于那里是法国领土，他们没法这么做，因此不得不把领事从神户叫来，那时候我们正在锚地上等着吃饭呢。

姨妈认为她在日本不受欢迎，但也收到了邀请，我们发现高层们认为邀请我们有利于维持英日关系。这里反英的情绪非常强烈。据说（我们听别人说）光是看杂志的话，很难分得清日本这场战争到底是和英国打还是和中国打。他们对美国的观感反倒是挺好的。这挺奇怪，因为美国的反日情绪高涨，我认为甚至超过了英国。对此，有各种不同的解释：在中国，英国是日本的主要竞争对手；据说英国支援中国海军，导致了成千上万日本人丧生；就干预战争而言，美国的立场也远强于英国，因为后者分身乏术；日美贸易比日英贸易更重要；此外，还可能涉及对香港的一些打算。重要的是，要记住，无论是一切反英的情绪，还是对美国的友好态度，都是由政府操纵的，政府完全掌控着新闻、广播（接收外国电台的收音机是非法的）和邮件。要想实现民主，日本人还不具有足够的批判性，态度也不够客观。虽然法西斯政变已然落败，但另一方面，平民政府大权旁落，人们相信军控政府的喉舌。我发现日本与德国有不少可比之处。不过在我看来，若把两国真正在思考的那群人进行比较，日本人比德国人更容易轻信。不过，他们也可能是无奈妥协、虚张声势。轻信当局和害怕承担后果之间并不泾渭分明。他们不一定是担心自己，而是害怕如果一个人被"彻底压制"，其未来和潜在的利益会荡然无存。另一个问题是，日本人与西方人不同，他们对战争并不具有幻灭感——到目前为止，他们打的都是胜仗，商业上也大获成功。

东京几条街道同时悬挂着三个国家的旗帜——德国、日本和意大利，作为新年的装饰！

贺川博士是一位伟大的合作社领导者。我们参观了东京贫民区的一个合作社食品工厂，这里每天提供65000份营养餐，每人一日三餐的成本是28日元（大约32便士），不仅营养全面，而且质量上乘！这是合作社的第二个工厂。现在他们正在建设第三个工厂，提供更高价位的餐食。目前他们忙于为新年烘烤压缩米糕。这些热腾腾的餐食会被装罐送到三英里范围内的家庭、工厂、商店等地，还有合作社储蓄银行和当铺、农场合作社、医院、诊所等。贺川博士认为只有国际合作社才是世界和平的基础。他被邀请担任1939年即将在海牙举行的一次会议的主席。他说，在意大利、德国和奥地利，合作社虽然强大，但仍只是一个地下组织。

姨妈后天就要离开日本，前往上海。贺川博士邀请我留下做客，多了解一些合作社和日本的情况。我非常喜欢他。他是一个好人，为人幽默风趣，懂得悯恤他人。他参与了很多事情，要把脑筋花在太多不同的地方，这使得他发现落实每一个小计划都是难的。正因如此，很多人叫他梦想家——尽管他的想法不乏道理。还有人指责他结婚，但我想这不能怪他，可怜的人；当然，自结婚以来，他的生活变得不那么丰富多彩，尽管他的妻子是个优秀的人，工作时几乎像他一样努力。

消费者合作社就像你们平常看到的商店，理论上，它就是一群人一致同意按照每个人在商店花费的金额比例分配利润，同时以商店的名义保留一定数量的存款。合作社还有许多其他系统，但消费者合作社基本上是最成功的一个。生产者合作社更难管理：现代生产不但需要高明老练的领导，还需要员工在其领导下有纪律地执行单调的任务；由于设备昂贵，浪费掉任何时间都代价高昂。因此，民主的讨论过程和工作在生产者合作社都施展不开。

合作社农场的运作方式是这样的：先评估当年的利润，再按照民主会议上确定的比例在成员间分配，六分之五作为工资，然后在年底分配剩余的部分——这样的模式可以说是真正的"给民主一个机会"，为那些只关心切身事务的贫困人民服务，而且并不能指望这一模式对复杂的政治问题做出判断。成员们管理自己的小农场，乐在其中；而这些农场又组成了农场联盟，加入到诸如矿工、造船工、棉农组成的各个联盟中。最终，呈现在你面前的是一个类似于国家议会的合作社代表组织。与此同时，还有一个类似的消费者合作社组织，协调供需需要两者合作进行。

从2月到6月，也许我有机会在中国找到一个教职，但现在处于战时所以不好说。我预计在这里待一个月左右，然后在中国找个工作，直到夏天。

今天我在神户的朝鲜人居住区，目之所及都是糟糕透顶的贫民窟：人们一窝蜂地住在破落得不成样子的房子里——那房子看起来就像是木头和垃圾随便堆成的。

1938 年 1 月 8 日，一周后：

这是我搭车旅行故事的一个版本，我把它寄去了美国。我打算为英国写另一个版本——一旦了解了版权的相关事宜，我会做一些修改。我还在考虑写一些关于日本的其他故事，但还没有非常明确的想法。这里的状况甚是奇怪。人们对听到的事情深信不疑，并为此自豪，而我们清楚这些信息的源头受谁操控的。（这里）对英国的报道非常激进。主流报刊上刊登了三篇长达四栏的连载文章，主题是在他们看来英国才是某一"事件"的主谋，而蒋介石只是伦敦和莫斯科操纵的傀儡。他们声称自己的目的是"拯救中国和亚洲脱离英国的影响"。其中一篇文章公开声称，我所在的地方（日本）和你们所在的地方（英国）之间可能爆发冲突。

在奈良的一座山顶佛寺里，我目睹了一件非常诡异的事情。这座寺庙被一个观景平台所环绕。人们抓起一捆祈祷棒，每一根上都有一句祈祷，然后围着平台一圈圈疾步快走。每跑完一圈，就把一根祈祷棒丢进寺庙提供的袋子里。老妇人步履蹒跚，年轻人大步流星，狂热地推开挡道的人。围着平台边走边念祷文也是可以的。寺庙提供了长椅，供大家放置外套，以便准备祷告。不过没有热水澡洗！这可是种非常健康的宗教活动——我在那儿的时候，天气冷得都结了霜。

　　我花了很多时间阅读关于日本的书籍，还有赫胥黎的《目的与手段》，我认为这是一本非常好的书。日本餐馆不急着赶客人走，所以我可以坐在那里边吃边读。在离开美国之后，能获得便宜的食物和各种东西真是种福气！

　　我想知道家乡近况如何——自从我离开南安普顿以来，我还没看到一份英国报纸！甚至没有弄清楚哪个队赢了大学橄榄球比赛。

　　我猜你们眼下在进行一些冬季运动吧？我想我在这里也可能会去玩玩。我将借宿在一个朋友家，那里离滑雪场不远。

　　如果完全不会说一个国家的语言，就真的很难了解那里的人民。我以前从未遇到过这种情况——之前总是有人会讲德语或法语。

1938 年 2 月 1 日，来自京都：

　　我一直拖着没写信，因为我以为可能很快就能收到几封信，听到你们的消息。但看来你们的信似乎还没寄到，所以你们得等着我一次性回复一堆信件了——它们一定在某个地方堆积如山，等着我呢。我还没有收到 12 月 1 日（那时我刚到美国）之后寄来的任何东西！

　　我在东京停留了大约两周，然后来到京都，和穆里尔姨妈的一些朋友住在一起，其中有一个年轻的美国人娶了一个在美国出生的日本女孩。他们是顶好的人，我过得很愉快。我已经演讲了三次，每次的内容都是大杂烩——讲美国，讲牛津教育体系，也讲抵制运动；而在星期天晚上，我讲了我在美国密西西比州参观过的合作农场，如果你们还记得的话。经营那个农场的人曾经在日本做过传教士，所以人们非常感兴趣。至少还要讲两场这种"大杂烩"，明天我要到一所女子学校谈些事情，下个星期天我将在这里的联合教堂布道（但我告诉他们那不会是一场布道）——还是关于合作农场。所以我变成了一个相当不错的公众演说家！下周末我将离开这里，循着穆里尔姨妈的方向，向南方前进。

这里有你们能想象到的最美丽的乡村风光。到处都是弯曲的松树和柏树，有些时候看起来千奇百怪，有些时候则造型别致。今天，我的房东，一个美国小伙子，还有我，三人骑自行车钻进了深山，进入乡村的核心地带。我们到达了一个掩映在山中的小村庄……

乔治·何克命名为《另一个日本——乡野一日》的这篇文章讲述了他与真正的日本人的一次邂逅：

我的房东是日本的一位城市传教士，每周都要去不同的地方。虽然我不是传教士，但自从五个月前离开英国以来，也没能在一个地方连续待上几天。但当他提议为了肝脏健康去乡下走走时，我欣然同意。考虑到两个人只能相互作伴，三个人则更添乐趣，我们又拉上了一个朋友。就这样，我们骑着自行车从京都沿河出发，带着花生和薄荷糖。其中一辆自行车的载货架上绑着一大包午餐。

新的一天开始了！我们出城的时候蹬着自行车和有轨电车赛跑，但现在正下着雪，冷得很，所以大家未免有些强颜欢笑。但我们出城后，天气就转晴了；经历了几次这样的天气骤变后，我们逐渐习惯了落雪，只留意到云开见日时，那阳光如鲜花盛放般美丽。

　　不久，我们抵达了一个村庄；穿过泥泞的小路（但房子看起来干净，且很多都是新的），我们来到了名叫"上贺茂"（Kamigamo）的神社。那儿有个大鸟居（Torii，即门），从它优雅的曲线向外望去，我们看到远处有个一模一样的鸟居与之相对，被轻柔飘舞的雪花晕染得轮廓模糊。我们跳下自行车，推着车走过这段路。这里的树木，就像日本别处的树木一样，吸引了我的注意。无论是虬曲怪诞，还是雅致精细，它们总有些引人注目之处；每一棵树似乎都是单独种植、精心打理的。从鸟居上新漆的赭色和金色涂料来看，这一定是皇家神社；来到神社的正面，我们看到溪流上横跨过一座专供天皇使用的精致矮桥，之前的猜测得到了证实。在神社前，一位母亲在虔诚地拍手并躬身。这是给她背上的婴儿做早教呢！在她身边，一个小女孩也在严肃地做着同样的动作。我们目送他们离开，母亲穿着高高的"下驮"（geta，即木屐，一种高底的、类似拖鞋的凉鞋，用以保持脚部离地），但步伐轻盈，小女孩在她身边小跑。我想知道，母亲背上的空间如此狭小，这个婴儿是否会感到局促。但无论如何，他暖暖和和的，这点毋庸置疑，因为母亲为他挡住了风，还有许多层衣服将他紧紧裹住。我也对他们的宗教感到好奇，日本人自小就浸润其中，与之紧密相连，对日后的生活产生了深远的影响。

　　然后就是这一天中最艰难的时刻。山坡对骑自行车来说太过陡峭，我们又是迎着风，有时雪花还会飘进眼睛，自行车的轮子陷进松软的泥土里。我们心里想着，好在马上就要回去了，以此为自己加油打气。偶尔遇到摇摇晃晃的牛拉着化肥车，我们就猛地冲刺，憋住气，直到骑至牛车的上风处。在日本，鼻子灵的人很难完全沉浸在视觉之美中，因为嗅觉总把他们拉回现实。

毕竟我们是为了身体健康才出的门，也没必要过度锻炼，所以我们经常停下来欣赏风景，吃点花生开开胃，为午餐做铺垫。我们沿河骑行，溪流从下方经过，但由于道路弯曲，路线时常偏离河岸；两岸崇山峻岭、郁郁葱葱。有一次我们俯瞰山谷，在天空初晴的时刻看到河流在阳光下闪闪发光，对面的山坡长满松树、白雪皑皑，天空中云卷云舒。我们对比了日本与各自祖国的风光：虽然在英国或美国也不乏如此美景，或者说不乏风格迥异也不分伯仲的景致，只是必须长途跋涉才能一睹芳容；而在日本，这样的景色随处可见。我们就此达成共识；因此，尽管民族自豪感得到了满足，但我们真的认为总体来说还是日本的景色更胜一筹！

我们准备在库莫加哈托村（Kumogahato，意为"云之田野"）用午餐，在到达村落之前，我们又看到了阳光下的美景。穿出树林，我们突然来到一个从道路上陡然升起的光秃秃的斜坡。松树树干像火柴一样横七竖八地散落着，像是准备要沿着山坡滑到河里去。它们已经被剥去了树皮，树液外渗，每一根树干都像穿了件黄色的外套，衬得它们在泥土上格外醒目。其后是浅绿色的树叶，再往后是深绿色的再生林。在河边，两个伐木工人围着篝火，抽着长烟斗。

这个村庄本身就像一座纪念碑，象征着日本人的毅力、节俭和与生俱来的艺术天赋。他们必须把山坡刨平、规整成田地，必须把横冲直撞的山泉水控制住，引导到灌溉渠道中，必须建造墙壁挡住掉落的石头。人们把房屋建在崎岖的岩架上，或者在山边造出一方天地；如果还剩下几英尺的空间，还可以建一个美丽的花园装点。在英国、美国甚至瑞士，这样的土地能派上什么用场呢？它最多会被留下来供野生动植物生长；更多情况下则是被用来倾倒罐头和废品。在日本，什么都不能浪费。家庭聚餐时，日本人通常会在饭后将茶或热水倒入饭碗中。把碗泡干净后，每个人会喝下自己的那份泡碗汤。

经过高强度的骑行，当到达库莫加哈托村时，我们都渴得不行，想找个茶馆来吃我们的三明治；但显然这个村庄没有茶馆。我的房东是个点子很多的人，而且他还担任过探险队领队。尽管他说有寺庙的地方就有茶，但我们去寺庙看了一眼，还是悻悻而归，最后他找到了一家友好的农舍。我们欢快地停好自行车，脱下鞋子。进入房子，我们的第一印象是：烟雾蒙蒙、漆黑一团。然而，当眼睛渐渐适应了昏暗，我们就可以环顾四周了。房子建在山坡上，尽管出于通风的考虑，在窗户上方留出了一排缝隙，但山坡挡在窗户后面，还是遮住了大部分光线。屋子中央有一个开放的火堆，让我想起了在瑞士山区小屋中看到的许多壁炉。烟雾通过竹制天花板上的孔洞钻到阁楼，厚厚的竹柱现在被烟雾熏黑了；然而，竹柱上一定还有水汽残存，因为尽管光线有限，还是能看到它们在闪闪发光。

这户人家共有 11 口人，但只有奶奶、母亲和婴儿在家。今天是 2 月 1 日。所有的男人都去了村里的学校，开始庆祝春节，但自从明治维新以来，日本已不再使用中国农历了。在这个月的第一天，家里的女人们会在米锅上放一个装了新鲜的"萨卡基"（即榊，一种常青树）枝的花瓶。每个月的初一和十五都要践行这样的习俗，来祈求稻荷神，这样饭能更快地烧好。屋里几乎没有其他家具，但火上悬挂着一个大架子，如果需要，可以把锅悬挂在火焰上；墙上还挂着几件衣服。地板是用干净的草垫铺成的；墙壁下面是漆过的，上面是暗蓝色的饰面。一盏电灯挂在角落，看起来格格不入，显然只在紧要情况下才会使用。

奶奶已经 77 岁了，是一个非常快活的老太太。她告诉我们，自己最近已经干不了田里的活儿了。然而，待客的重担落在她身上，因为妈妈有点害羞，或者单纯是因为忙于照顾孩子。奶奶无可指摘地完成了身为女主人的任务；她把一个大锅在火上煮沸，然后从锅里把开水舀进茶壶。尽管有些迟疑，妈妈和宝宝还是尝了几个我们带的三明治。老奶奶因为胃不好拒绝了，但当看到三明治的种类竟然有那么多，她越发惊讶，当我们向她解释成分时，她的惊讶转变成了家庭主妇的好奇。为表慷慨，她不甘示弱，给我们呈上了新烤的"卡加米麻吉"（"镜饼"，由捣碎的米糊制成，专门用于新年庆典），这些饼子在火里烤过，奶奶还给了我们两小碗糖和泡菜。无须担心烤制过程不卫生，因为壁炉收拾得一尘不染；这里没有人会想到往炉子里扔任何脏东西。奶奶告诉我们要把泡菜和麻吉（也就是饼）一起吃，否则她对后果可不负责任。我吃掉了自己的那一份饼，除了饼中间夹生的部分，但其他人不得不偷偷用很多纸巾把不吃的部分包起来。午餐后，我们一杯接一杯地喝茶，一拖再拖，还是到了宝宝午睡的时间了。尽管宝宝和地板之间只隔着薄薄一层褥子，但这是一个非常温暖的床，宝宝身上盖着被子，被子里还有一只小木炭炉，炉外套了一个木框，防止与被子接触。暖烘烘的炉子靠近宝宝的脚，可他的头却暴露在冷冰冰的空气中，我想知道这会不会导致头部供血不足。也许这种带宝宝的方式并不为西方母亲所熟悉。然而，为了方便我拍张照片，宝宝刚上床不久就不得不再次被抱出来。本来，宝宝不在我也能拍，但妈妈不愿意。我们告诉奶奶要在曝光时间内保持静止，但奶奶看着相机太出神了，以至于她没有意识到自己的膝盖上有两只小脚在摇摆呢。最后，当我们准备离开时，感觉到自己真的被当作朋友接受了，一家人很舍不得我们。奶奶告诉我们，我们是她家招待的第一批外国人，我们为此感到荣幸。我们跪着互相鞠躬，直到额头触及地面；奶奶非得亲自送我们出门，仪式完备、礼数周全。宝宝是唯一一个置身事外的人，但他也十分放松，甚至咬了几口三明治。我们留下了大约半打三明治、一些薄荷糖和一块巧克力蛋糕，我们可以想象男人们会如何大快朵颐地享用我们留下的这些异国食品！我们还留了一块日元，把它小心翼翼地用一张纸包起来，以免伤害任何人的感情。

雪下大了，下山时，我们朝着回家的方向骑着，被飞舞的雪花弄得视线模糊。然而，这一切都很有趣，在农舍中暖了身子、交了朋友之后，无论发生什么我们都不太在乎了。事实上，这一天的刺激还没有完全结束。乡村道路崎岖不平，下坡的骑行颠簸坎坷，其中一辆自行车的车架松动了。幸运的是没出事故，但这意味着我们中的一个人不得不坐在车后方载物的钢架上，给不堪重负的车架减减负，这让他感到非常不舒服。看到我们的人一定很惊讶："这些疯狂的外国人在雪中骑自行车寻欢作乐就罢了，怎么都不肯老老实实待在坐垫上？"

再次舒适地坐在家里，手里拿着报纸，我想到，如果要对日本军政府实施有效的抵制，我们今天遇到的这些简单善良的人难免首当其冲受到伤害：孰为战也？是为战也。那座孤独的山村只有八十七名居民，其中，已有十名年轻人应征入伍，三人已经阵亡。

2月中旬，他写信回家：

明天我会动身前往上海。我很高兴（去中国前）先在这里见到了他们。

日本人曾经也过春节，但中国农历在 1868 年被日本废止，可是当地人还是选择在当天按照旧习俗庆祝，而非庆祝新历的新年。我还去了奈良——日本的古都之一，那里到处都是古老的庙宇、神社和石灯笼。在枝桠交错的蜿蜒小径上，那天晚上统共有五千盏这样的石灯笼被点亮。

前天呢，我们去滑了雪，那真是爽极了，可惜只去了一天。我感觉活力满满，一个人爬上了山，然后发现自己忘了下山时该怎么滑。所以，直到我脑海中又浮现起之前学过的滑雪技巧，我都相当恐惧。当然，我坐在几块石头上回想了好一会儿。我猜你们都像往常一样去了瑞士，那儿可是贵族的滑雪场。

我们和房东的几位朋友一起在滑雪的地方住了一晚。他们是非常棒的美国年轻人。他们家里没有足够的空间让我过夜，所以把我送到了一对来自威尔士的年轻夫妇那里，夫妻两人在镇里教书。再次见到家乡人真好。当只剩下我们几个时，我问了问他们对美国人的看法。"嗯，他们有时候有点专横。"另一方面，美国人认为英国人太安静了。问题是，美国人等不及英国人先开口，所以他们不得不打开话匣子以避免沉默。每当看到英国人在谈话中保持沉着内敛，而美国人则在社交时混得如鱼得水、风生水起，真是非常有意思。美国人对英国人的看法似乎千篇一律。当然他们也是遇到了一些奇人怪事。例如，有一对美国夫妇住在一个风景秀丽的景区，那里位置偏僻，偶有游客到访。他们是镇上唯一的外国人。每当有游客出现时，当地人都会通知那位美国妇女，让她前去接待，充当导游的角色，甚至请游客吃精致的茶点，好让他们感到宾至如归。有一天，有消息说一群英国妇女到了车站。所以那位美国妇女当仁不让地去接她们。她到了车站，发现她们都站在车站周围，看起来很不知所措，于是她找到了领队，问："我能为您做点什么吗？"对方不回答。所以她重复了一遍，这次得到了傲慢的回复："我们一切都好，谢谢。"

在前往上海的船上，乔治·何克写了一篇文章，试图借此分析他在这七周内所见的日本国内的复杂冲突，他将这篇文章命名为《日本人民和"中国事务"》：

国家通过多种不同的形式实现对民众意见的掌控。日本目前正在进行一场庞大的现代战争，她拥有最严格的审查制度和最成功的信息隔离机制。

在很大程度上，是日本的历史背景造就了这种民族意志超乎寻常的团结。"士气，是由正确的教条、象征符号和过度简化的情感制造的"；在德国，你必须在人民中创造民族一致性，但在日本，一致性已经存在，只需要引导。天皇的象征和民族主义的教条已经足够完善，而且这个民族没有西方"批判性忠诚"的传统，因而情感上的过度简化很容易被接受；在日本，忠诚意味着信赖你所知的一切；信赖是身而为人的一部分责任，也是值得骄傲的事情。

无疑，皇室是中央一统的关键因素。它本质上是一个机构，自公元前660年以来，对各个天皇的宗教性崇拜延绵不绝，人民还保留着对皇室的敬意；为了不破坏个体的象征意义，皇权被分割、削弱，最终湮灭于机构之中。矛盾的是，尽管人民普遍意义上毫无疑问地忠于天皇，但他们知道他并不是一个行动自由的个体。而唯一没有意识到这一事实的，正是那群在当时控制着天皇的人（即幕僚）。历史上，天皇很长时间来一直受控于幕府，直到明治维新后，其地位才显著提升。但是"才出虎口，又入狼窝"。天皇能击败德川家族取得胜利，是在南方的萨摩（Satsuma）和长州（Choso）两大家族的助力下才得以实现；作为回报，两大家族成为了皇家军队的核心力量，这些部队独立于政府运作，直接向天皇汇报。结果就是幕府实际上依旧存在，而且现在打上了天皇的旗号，披上了圣洁的外衣。问题是，人民对天皇完全忠诚，这是否会导致他们反对那些军队？民众明知天皇受控于他们。至少，目前为止，民族主义提供的精神力量外加民众对战争具有救世主性质的坚信暂且排除了此种可能：在这个国家，人们无法想象天皇与他的导师（军事领导者）会意见相左。

尽管在很大程度上，日本的民族主义教条是舶来品，但依旧具有一些本土特色。1853年，佩里准将（Commodore Perry）的坚船利炮粗暴地将这个国度从睡梦中唤醒，常有人将当前日本的侵略精神追溯至这一事件。与这一联系相关的是东方对"时间"这一观念众所周知的漠视。在日本，人们普遍遵从佛教中的形而上学，认为现象世界的本质是邪恶的，这使以时间先后顺序排列的历史（编年史）变得无关紧要。基于此，再加上佩里将强权政治与西方文明加以绑定，使得日本无法理解那时特别是自 1918 年以来，西方可能尝试过的、任何形式的政治改革。日本的民族主义根植于 19 世纪的欧洲模式和古老武士道传统中对个人忠诚的强调。在与中国（1894—1895 年）和俄国（1904—1905 年）的战争中取得胜利让日本获得了精神滋养——这两个国家在领土规模上都远超日本；自身的小国身份和英美带有歧视色彩的排日法案更是火上浇油。最后，如果有人对日本选择的路线明智与否还抱有任何怀疑，欧洲法西斯意识形态的兴起和随之而来的民主国家实践的强化则打消了此种顾虑。日本从未体会过失败的沮丧，甚至连国内也尚未经历过长时间的战争困难时期，因而没有像西方那样普遍产生幻灭感。

在这种情况下，通过夸张、煽情的陈述，很容易就能激发民众的理想主义。这场战争被描绘为一场拯救中国，进而拯救日本，最终拯救整个亚洲的运动。这场战争将使亚太地区免受共产主义、西方统治，以及以蒋介石为中心、无良压迫民众的集团的影响。为了一己私利，这个集团至少与以上两大势力的其中之一勾结。舆论尤其强调共产主义是个巨大的威胁，可能会危及天皇的安全。第二个甚嚣尘上的观点是，英国和苏联会对日本在东方的利益造成威胁；日本认为美国至少在 1938 年 1 月之前不会有所作为，当时在新加坡举行了英美防御演习，这意味着两国海军存在军事合作的可能。最后，蒋宋孙三大家族将一个贫穷、分裂的民族卷入战争，这一观念也很容易为日本民众所接受——除了占比二百五十分之一的基督教少数派和为数更少的知识分子群体外，他们对中国一无所知。人们普遍认为，贫穷无知的中国人民为反日宣传所骗，日本本应是他们的友邻，因此，必须强迫中国人民采取合作态度。当然了，日本民众对本国政府在中国的恐怖行径一无所知；也不能指望他们凭借过往的经验有所推测。

因此，这种对日本"神圣使命"的普遍信仰可归因于日本沿袭的传统、现代欧洲的历史背景、岛国得天独厚的地理隔离，以及一种纯主观的心理，这些都让日本人民无法设身处地去理解他人的立场。除此之外还有恐惧，对家庭或机构的恐惧导致大多数知道真相的人无法公开发表反对意见。除了以领袖、家庭或国家的名义之外，通过自我牺牲来践行理想，这种心态对日本人来说是陌生的。16世纪末至1637年间，日本基督徒的殉道行为虽然非常高尚，但却导致了基督教在日本的覆灭。在当前的危机下，基督徒仍处于不同阶段的幻灭中，几乎普遍采取妥协态度；他们担心基督教会被国家化，乃至被解散。然而，就像1914年至1918年西方各地的教会一样，在日本，妥协也不过就是祈祷战争胜利。

也许我描绘的画面过于悲观。但就算日本已经是世界上统一程度最高的国家，越来越多的不满和恐惧正在滋生；不管他们认为战争多么"正义"，日本可能是"人心不足蛇吞象"。自战事伊始，日本国民的生活成本已上涨了30%，而且可能会进一步上涨。过去的三年动荡不安。观念的变化、1936年2月26日事件中各团体的冲突、西方狂热派（Westomania）和西方恐惧派（Westophobia）之间的矛盾、保留日本文化精华同时又不抗拒西方文化的优秀成分的困难，都滋生出一种不甚清晰但普遍存在的不满。然而，与这种不满相伴相生的是一种信念——人们不仅认为日本的侵略战

争是"正确的"，而且认为她是被迫做出了"英勇牺牲"，何罪之
有；而且发动战争符合一个拥有"崇高原则"的国家的身份。在这
些信念被破坏之前，不满和忠诚之间并不冲突，而是相辅相成的。
归国的士兵可能会破坏这些信念，由此，日本不准士兵回国。无
论是极端的经济困境，还是持续的言而无信，例如南京的陷落将
结束战争这一说法，都可能带来同样的效果。也许，抵制行动最
终会唤起出于理性的不满，取代盲目的忠诚，尽管目前看来情况
恰恰相反。无论出于何种原因，当幻灭降临时，它将对高岭之花
一般的政治意识产生毁灭性的打击。

在这里也许应该引入一些中国的内部动荡和中日冲突的历史背景。

清朝覆灭后，军阀割据，相互争权夺利，掌控了中国大部分的疆域。
1912 年，孙中山先生宣布成立了共和国，并在他的领导下，国民党这一政
党虽然发展缓慢，但为实现中国的统一带来了希望。孙中山很快将总统职位
让给了袁世凯，袁世凯统治至 1916 年，自此之后，中国就陷入了政治混乱。
中国共产党于 1921 年成立，毛泽东是其创始成员之一，他们与国民党结成
了紧密的联盟。

孙中山于 1925 年不幸去世后，蒋介石一度成为了国民党的领袖，但国
民党和共产党却分别宣称，自己才是孙中山理想的真正继承者。民族、民
权、民生，即三民主义原则，已经广为人们所接受，而对共产党的支持也与
日俱增。孙中山的遗孀宋庆龄支持共产党，而她的妹妹、蒋介石的妻子宋美
龄则坚定地支持她的丈夫。1926 年，国民党和共产党似乎还在联手推翻北
京政府（北洋政府），但到了 1927 年，蒋介石转而在上海等地对共产党发动
了军事行动，在几天内屠杀了数千人，并杀害了几位共产党领导人。自此分

裂为两条路线，毫无疑问，其中一条路线由毛泽东领导，致力于农村革命，在江西建立了革命根据地。在那里，他们将土地重新分配给农民，并以自己的红军为基础建立了一个自给自足的基地。

与此同时，一位强大的军阀，因其本性仁慈而被称为"基督将军"的冯玉祥，站在了蒋介石这一边。他们计划夺取由奉系军阀张作霖控制的北京。张作霖的军队向北撤退到定州，在那里再次对抗北伐军。最终，奉军战败，但这些战斗给周围的乡村带来了巨大的损失。

最终，北京被攻下。至1929年初，中国大部分地区名义上已统一。国民政府定新都于南京，北京更名为"北平"，意为"北方和平"。蒋介石被宣布为国民政府主席，冯玉祥担任行政院副院长。然而，和平的统一并不长久。军阀部队并未解散，在全国范围内引发了一系列冲突；局势不稳定，为日本的侵略计划创造了理想环境。接下来，蒋介石将注意力转向了共产党，从1930年到1934年，他对共产党采取了多达五次的军事"围剿"行动。到1934年，红军遭遇重大挫折，在这个危急的时刻，有大约八万红军从中央革命根据地突破重围，开始了长征，开辟了一条穿越多个省份、通往西北的曲折路线。因为被蒋介石的部队无情地追击"围剿"，一年后，长征的人马只剩不到十分之一，但他们到达了多山的陕西省——一个安全地带，并在延安建立了新根据地。他们史诗般的旅程引发了中国人民无限遐想。

在日本军国主义者的心中，征服中国是征服世界的第一步，但为了征服中国，他们首先必须占领中国东北。许多中国内部的冲突很可能是由日本策划的；但确凿无疑的是，他们利用了1931年的局势，在沈阳制造了一起事故，借口说是维护日本在东北铁路系统的利益，以武力进行干预。日本此前多次阻止了苏联入侵东北，并正逐渐控制东北丰富的煤炭和铁矿，这些是日本极度缺乏的资源。这一事件被称为九一八事变。日本在沈阳的铁路上谋划了一场小型爆炸，诬赖说是中国军队所为。日本的关东军原本被派往辽东半岛南部，保护日本铁路和航运利益，现在则被调动北上以控制煤炭和铁矿供应。很快，他们几乎占领了整个东北。中国向国际联盟求助，但双方都无力阻拦日本对东北的接管。即将卸任的美国总统赫伯特·胡佛（Herbert Hoover）尽管呼吁对日本实施制裁，但他对本次危机不感兴趣；而即将上任的罗斯福总统（Franklin Roosevelt）则忙于对付迫在眉睫的大萧条。

1932 年 3 月，日本在东北建立了傀儡政权，称之为"满洲国"。他们任命了清朝的末代皇帝溥仪为伪满洲国执政。现在，日本几乎占据了长城以北所有的中国领土。但伪满洲国的"合法性"只得到日本、意大利、德国和梵蒂冈的承认。

西安事变是另一个重大事件。显然，蒋介石对共产党太过关注，以至于在日本侵略的当下削弱了国家团结，很明显，日本人正在利用这种分裂。蒋介石命令部下不得攻击日本人，转而对付共产党，这令他们感到极度沮丧。一些人拒绝作战，甚至有高级军官与共产党进行非正式的停火谈判。要求结束内战、团结一致、保卫国家的呼声开始席卷全国。

蒋介石感到震惊，随即前往他的反共指挥部——西安。1936 年 12 月，他遭遇张学良、杨虎城的"兵谏"，被迫面对现实。共产党介入调解，提议如果蒋介石能停止内战，一致抗日，他们将接受蒋介石为国家领袖。长期以来，东北完全由日本控制，但现在，即使在许多长城以南的地区，日本的军队也能随意活动。1937 年 7 月 7 日晚，日本军队在北京附近的卢沟桥进行实地演习。一名日本士兵走开了，显然是去方便。但他的同伴后来声称他被绑架。以此为由，日军与中国军队发生了冲突，然后轰炸了附近的宛平城。日本从东北派来了增援部队，并准备攻击北京。

中国再次向国际联盟求助，后者于是召开会议，考虑对日本实施国际制裁，或至少明确谴责这种无端侵略。在无数次会议中，所有对日本采取集体国际措施的决议均被否决，大多数情况下只有新西兰和苏联支持。美国正是自顾不暇的时候，他们的船只还得继续向日本提供石油和钢铁。对美国人而言，生意就是生意。

1937 年 7 月，日本在北平附近集结了八个师、数百架飞机。中国第二十九军撤退到南苑，并奉命在受到攻击时进行抵抗。7 月 27 日，日本飞机编队对第二十九军进行了持续 24 小时的狂轰滥炸，并配有重炮支持。中国军队主要是步兵，没有空军也没有坦克，几乎完全没有炮兵，更没有接受过机械化战争的训练，缺乏经验。虽然他们英勇地战斗，但仍有成千上万的士兵牺牲。第二天，该地区生灵涂炭，士兵、骡子和马横尸遍野。因为中国军队医护不足，所以伤员得不到很好的照顾。一段时间后，几家北平的医院派出工作队，到南苑的废墟中尽可能多地展开救援。北平南部地区出现了大范围的恐慌，因为华北平原现在对日本门户大开，成为日本的攻击目标。然而，侵略者又在上海周围开辟了新的战线，还向西把战线推进到了绥远。

日本立马就向南大举进攻。当世界的目光聚焦到上海，这座正在遭受无情轰炸的城市时，日本人正沿着京汉铁路向南推进。中国人又在保定以北的战线上进行了抵抗。依旧是陆军冲锋陷阵，但他们无法与训练有素、装备精良的敌人相抗衡。到 1937 年底，日本军队占领了南京。在接下来的几个月，那里发生了一场举世震惊的暴行，史称"南京大屠杀"。一些历史学家称，仅在两个月内，就有三十多万人被屠杀，据报道，还有数千名妇女被强奸。尽管如此，美国仍继续向日本供应石油和钢铁。

　　1938 年 2 月底，乔治·何克与他的姨妈在上海相聚，他亲眼目睹了那里骇人听闻的情形。与他刚刚道别的日本人截然不同，日本军队焚烧了周围的村庄，并用刺刀杀死农民，导致城市里到处都是饥肠辘辘、无家可归的民众。他们不得不眼睁睁地看着身边人挨饿受冻，直至死亡，除非屈服于日本人，帮助他们收集废铁制造炸弹，用来杀害中国内地的其他民众。上海曾是中国的主要工业都市，如今却成了一片断壁残垣，人们流落街头，夜间盖着报纸御寒。在国际租界的住宅里，穆里尔和乔治·何克能看到河对岸，那一带如今无人居住，但在不久之前还是一个欣欣向荣的城市。穆里尔此前三次造访上海时，曾见过那里快乐、熙攘的样子——狭窄的街道两侧排列着一栋栋小房子，住着商人、工匠及他们的家人，每家每户都像一群和和气气、勤劳忙碌的蜜蜂。如今，这里成了一片不毛之地。成群的工人站在桥上，靠着租界的那一侧，凝视着曾经的家园。房子支离破碎，不是掀了屋顶，就是倒了墙。房子里面空空荡荡，只有死去的士兵和成群结队的狗——这些狗像狼一样，吃得油光水滑，胆子也变得很大。有一次，它们发现了一片尚未涉足的区域，街上散落着死去的中国士兵，他们躺着，维持着当初倒下的姿势，手臂张开，双手松弛，表情平静。

日本哨兵持枪站岗，枪上带着刺刀，只允许那些持有盖章卡片的人通过，并要求他们脱帽并躬身行礼。成千上万的中国平民被迫涌进了难民营。访问一个营地时，乔治·何克一行人发现一个空间里竟挤了 122 户家庭。一个中国家庭通常包括祖孙三代。他们随身携带了所有的家当，大多只是铺盖。地板上每一寸空间都占满了。许多营地只提供米饭——长此以往很容易导致营养不良，甚至死亡。

不仅是平民在挨饿。穆里尔和乔治·何克还参观了医院，那里挤满了因忍饥挨饿、伤痕累累而奄奄一息的中国士兵。

上海的日本士兵让人想起了北爱尔兰的黑棕部队（Black and Tans）。他们很孤独，知道自己被人憎恨，也渴望回家。如果有人用他们的语言问候"早上好"，或者在他们回答问题后用日语说一声"谢谢"，他们会非常高兴。同样，他们也对形势感到迷惑不解。他们会向记者们询问："有什么新闻吗？我们很快就能回家了吗？"

看到日本对平民实行饥饿政策，一个有良知的人怎能一边震惊愤慨，一边无所作为呢？毕竟，英国军队也做了不少这样的事，以至于大家对此见怪不怪了：在布尔战争（Boer War）期间，英国曾发布政策，要摧毁布尔农民的家园，并将他们全部关进集中营，那里的死亡率可是很高的。

乔治·何克决定在中国多待一段时间，去了解当地的民生疾苦。毕竟，他曾向日本朋友承诺，会亲眼见证中国正在发生的事情，然后带着真相回到日本。即便口袋里只剩下几英镑，他还是兜兜转转前往了国民政府的战时首都——武汉，在那里，他能够从内部了解中国。

他下一封家信是在 1938 年 3 月 9 日，乘坐"诹访丸号"（Suwa Maru）前往香港时写下的：

> 我昨天离开了上海。那里挤满了翻腾的人群——难民儿童会

跟着你走上一英里，只为了讨个硬币，口中不断重复着"没有爸爸，没有妈妈，没有威士忌苏打"，直到你用钱打发他们；街边摊位上卖着各种东西，从钢笔到炸鳗鱼；乞丐平躺在人行道上，满身疮痍，不住哀嚎；一群一群的妇女带着孩子，所有人都在机械地哭着，但眼泪是真情实感的，在他们的边上，却是拥挤嬉笑的人群。我遇到了一些不错的人，但过了第一周，发觉真的有点无聊。

我很遗憾我和姨妈现在只能分开旅行——她是个好人！在上海没什么事情可做——姨妈提到的假肢正在其他地方制作；那里挤满了难民传教士，他们非常乐意并急切地做任何可以做的事。姨妈给了我一张10英镑支票，是你们寄的。在收到你最近的那封来信后，她似乎并不完全清楚你们给我寄钱是怎么回事儿。她认为是你们想让我能够留在中国，并做一些无偿的工作，因为这里虽然有不少人手，却没有钱付给我；如果是这样的话，很好。非常感谢，我会写信告诉你我是怎么用这些钱的。如果不是，那么它最好是你打算借给我的贷款的一部分。

这艘船开往香港，我乘坐的是三等舱——这是一艘日本船——我很没原则地选择了它，但确实没有找到其他价格合理的船。在我的舱室里有两个印度人、一个德国人、一个苏格兰人和一个日本人。这挺有趣的，舱室又大又干净，就一点不好：他们早上起来头一件事就是抽烟！

我还没有放弃走陆路去印度的想法。我想他们正在从中国修建通往缅甸的新铁路，还会有通往法属印度支那（中南半岛）的道路。自从日本人封闭了海岸线，那里正在成为进入中国的"正门"。当日本人最终在华北和沿海地区站稳脚跟时，可能会发现他们得到的并没有那么多，因为所有的贸易都会从"后门"悄悄溜走——或者我应该说，新的"正门"。但如果我在中国找到一些有价值的事情做，我会在这里待久一点，因为这里可能是目前世界上最有趣的地方之一。

除了前几天爸爸寄来的一封信之外，我还没有收到其他邮件，非常感谢——你们一从克朗斯（Crans）回来就给我写信。

马麦酱这件事干得漂亮！是"阿拉伯"帮你们搞定的吗？前几天我收到了尼尔森家族的一封信。我想半吨应该能治愈相当多的人了！你采访过市长先生吗？

中国菜真的非常丰盛！一道接一道的菜肴端上桌，而且每道菜只用尝一点点。这对预防消化不良来说效果颇佳，但在其他方面就不那么令人满意了——我更喜欢少食多餐。前几天，在得克萨斯州让我搭车的那位好人，莱西博士，为我们举办了一场中国宴会。

乔治·何克于 1938 年 3 月 20 日刚到达汉口，便用阿姆斯特丹范里库姆兄弟有限公司（Van Reekum Bros.）商业抬头的信纸给家里写信，信中写道：

我现在是一名商人啦，这是我的公司！我在香港待了一段时间，然后返回这里。我认为这里现在真的是世界上最有趣的地方。我一直住在一个美国人的家里，他是美国圣公会的洛根·鲁茨主教（Bishop Logan Roots），姨妈穆里尔对他略有耳闻，我们其他几个朋友和他走得很近。他是个很好的人。他家里还住着两位年轻的传教士、一位女记者、一位波兰人，还有一位美国女作家艾格尼丝·史沫特莱（Agnes Smedley），她曾经和八路军（红军）一起四处奔波，还有主教的女儿弗朗西斯（Frances），她大约 24 岁，

非常能干，前不久领导了一次前往陕甘宁边区的探险。据她和她
所有的同行者称，那是一个无比神奇的地方，艰苦的条件和共同
的敌人将他们紧密联系在一起，共产主义精神被发挥到了极致。
你不必担心我会变得好战。

昨晚我们在主教的家里举办了一个派对。身为主教，他可是
非常活跃。我们唱歌，一个家伙用小号吹奏爵士乐，主教的女儿
伴奏，相当精彩。我们发现能凑出一个相当不错的四重唱，打算
去医院探望伤员时为他们表演。

我现在找到了一个可以长住的地方。在离开英格兰后，我几
乎没有好好打开过几次行李，一直从一个地方搬到另一个地方，
有一个真正能落脚的地方将会很棒。我住在一个属于新教路德宗
传教团（Lutheran Mission）的传教士大院内，和几个年轻人共住
一所房子；那里非常不错——有一个网球场，而且距市区不远。我
要买辆自行车，大约十分钟就能骑到市里。我想我还能找到一份
教英语的工作，每天几个小时，教苏联大使馆的那些人。和他们
有交集会非常有趣，而且我赚的钱足以支付自己的中文课程。我
的工资应该刚好能覆盖房租和生活支出。哦，忘了告诉你关于工
作的事情。我在去汉口的火车上和一个年轻的中国人聊起来。他
一个人坐在头等车厢里，所以你们看看，通过认识他可以立即获
得的好处可是不少！那里比起我的三等舱铺位舒服多了，硬邦邦
的，坐起来地方都不够。好吧，我发现他是为他的公司从上海来
汉口卖纸张的，结果他想招一个秘书。并不是因为他真的有很多
工作要秘书来做，而是为了给潜在的客户留下公司很有钱的印象。
我得到了这份工作。他下榻在一家上流酒店，我每天早上九点过

来，待到中午。下午我可以随意决定是回去，或是坐在那里等候访客，读读书或者做自己的事情：学习、写作等等。如果想实打实地做生意，这份工作是不错的体验，也锻炼了我开小差"神游天际"的本领。

我可以随时去主教家里，和那些经常来拜访他的有趣人物打打照面。他是蒋介石的顾问，与之关系密切。

我还有时间学习语言，这样我旅行时就不会总是被抓起来。我到这里和在台湾都被抓起来过：并不是真正的逮捕，而是被要求跟着某个人去警察局接受审查！

我尝试在这里的大学找一份教书的工作，但没成功，因为学期已经过半了。但他们认为下学期可能会需要老师教哲学或经济学，这将是一个绝佳的机会。现在中国的情况看起来生机勃勃，而日本最终会成为最大的输家。这也说得通。主教说中国有五千万流离失所的人。为了解决这个问题，一帮人在开展农业和其他领域的规划。尤其是前几天和我们一起吃晚餐的贝尔·巴克（Pearl Buck）的丈夫约翰（John）。今天午餐有一个人会来，人们管他叫"基督将军"。有传言说，他曾用水管为他的军队施洗！

这里的报纸非常本土化，也就是说，它们只关注中国的事情。我想知道你们是否愿意订阅《新政治家》（New Statesman）或《卫报周刊》（Guardian Weekly），然后寄给我。恐怕你们写的信得通过香港寄空邮到中国，因为我非常不确定有没有从这里去往香港的火车，邮件可能根本就寄不出去。当然，报纸可以用普通邮寄，希望一切顺利。

我们要在周六到医院去唱歌，八路军的卡车会来接我们！

在 1937—1938 年的统一战线期间，鲁茨主教成为了八路军的坚定支持者，正是在他家里，乔治·何克结识了诸如美国记者埃德加·斯诺（Edgar Snow）和海伦·福斯特·斯诺（Helen Foster Snow）、艾格尼丝·史沫特莱、约翰·福斯特（John Foster）、埃文斯·卡尔逊（Evans Carlson）和路易·艾黎（Rewi Alley）等人。他开始深入了解中国，并意识到中国西北是中国文明的摇篮，不仅在过去的几千年是如此，或许在当下仍是如此。正如他在他的书《我看到一个新的中国》（*I See a New China*）的前言中所写：

> 中国西北被誉为中华文明的摇篮，它曾作为民族矛盾与政治斗争的舞台而闻名于世。由于日本人对中国沿海城市的侵略，中国的经济中心被迫转移到偏僻的内陆地区，西北地区最近才得以开放。这里是一个重要的军事战略基地，游击队和青年学生一直在教育人民要为新生活而斗争。这里，受西方文明影响的现代生活和延续了几十个世纪的古老生活并存，现代文明的种子也试图在此生长。基于上述原因，西北是我考察新的中国诞生的理想之地，这里是中华民族的脊梁。在这里我们可以看到中国人民惊人的创造力。

那些探访过"红色中国"的人热情高涨，引起了乔治·何克的无限遐想，因此，在八路军驻西安办事处和汉口的艾格尼丝·史沫特莱的帮助下，他开始计划前往西北地区，那里是游击队抵抗的堡垒，特别是延安：自 1935 年 10 月中央红军长征到达陕北以来，毛泽东就把总部设在延安的群山中。1938 年 5 月，乔治·何克从汉口写信回家：

> 此次旅行的赞助者是艾格尼丝·史沫特莱。我想我之前提到过她。她高高个子，相貌严肃，留着伊顿式短发，大约 40 岁。她热情地支持着中国（而非苏联）的共产主义者，曾在"白色恐怖"

时期被围追堵截。在西安事变时，她就在西安，并认为这是法西斯的阴谋，于是她一整天都在酒店房间焚烧那些珍贵的文件，结果发现正是她的朋友们在进行政变！她是一个真正的革命家。令人惊讶的是，无论那些革命者信不信基督教，他们有很多共同之处。她几乎把每一分钱都捐给了她钟爱的事业，为它们筹集了成千上万的美元，但没有一分钱是留给自己的。在外国人眼里，她是个共产主义者，所以他们不愿与她打交道。她不能在红军中获得一席之地，因为他们不接受任何除医生之外的外国人。然而，因为外界知道她与红军有联系，她甚至无法在苏联大使馆找到工作，因为大使馆担心这会破坏他们和其他领事馆、大使馆之间的关系。经历重重困难，她从美国官员处获得了自己的新护照，却在交付时被中国特工偷走——这些特工获得了中国政府的正式许可；如果日本人来了，如果无法以其他方式加以接近，他们无疑会雇佣黑帮谋杀她。没有护照，她无法通过陆路离开，也没有钱去美国。因为她在战争期间曾与印度民族主义者并肩而战，英国也不会让她进入印度。但也许情况没有听起来这么糟糕，等时机到了，吉人自有天相。

在同一批家信中，能看出他的想法逐渐成形的迹象：

我还拿不准下学期的工作到底怎么样。我拿不定主意。你们看，如果出现了与救援工作有关的事情，或者在西北教书的机会，那样对我来说更好。问题是，在离开这里之前，我可能需要把整件事情定下来。

三周后他写道：

　　我在大学找到了一份工作，薪水不高，但足以支付生活费用。我非常期待这份九月开始的工作。在那之前，我必须备三门课，分别关于英国历史、西方历史和经济史，具体日期尚未确定。

那段时间，战局也发生了有趣的转变：

　　我想你们肯定为中国前几天对日本本土的首次空袭感到兴奋，他们投下的是传单而不是炸弹。我认为这相当不错。日本人民无疑开始对他们的政府产生怀疑，这将有助于打破他们的幻想。

到了 6 月初，去延安的北上之旅马上就要开始了。

　　情况看起来没有几天前我写信时那么好……从西安到成都和从这里到重庆的道路肯定是畅通的；也就是说不在日本占领之下，所以无论你在报纸上读到什么，都不需要感到焦虑。我有点不想离开这里，留下我的朋友们去面对像去年南京发生的那种事情，但我确实想看看八路军那边发生了什么，如果我不尽快动身，就可能去不了了。此外，我在这里没有固定的工作，因为我能在大学教书的前提是：日本人没有打到这里。当然，一切可能都会有所好转，我会回到这里来，按照原计划教书，但我觉得可能会事与愿违。这里的报纸仍然还是一副波澜不惊的调子……在我即将前往的地方，有不少友谊联盟和红十字会医生，所以我可能会找到工作，去帮助他们，或从事与难民计划有关的工作。从这里到西安，全程乘火车大约两天，只需花费十六先令。

乔治·何克、斯蒂芬·何克和母亲在哈彭登红山墙的花园里

乔治·何克、斯蒂芬·何克在红山墙的花园里与父亲一起喝茶

学生时代的
乔治·何克

1936 年暑假在
匈牙利搭车

1936年2月，和朋友一起造访日本乡下的云田村

1938 年，乔治·何克、艾格尼丝·史沫特莱和朋友们在汉口

延安之旅

整整四天，而不是原定的两天，一列疏散列车才抵达了城墙巍峨、历史厚重的十三朝古都西安。国民党决定将从武汉迁都重庆，并把西安作为一个据点。乔治·何克在《曼彻斯特卫报》上发表了以下文章：

当地流言四起，说中国政府开始撤离武汉；日本人将包围这座城市，在不久后开始无差别轰炸，并且在城市上空投放毒气；为了防御，中国政府将破坏堤坝，将低洼处的居民弃之不顾等其他情况。无论如何，对于那些希望在西北安新家的人来说，是时候采取行动了：传言称郑州已经沦陷。是时候打包行囊、捆紧绳索了；是时候变卖家当、带上孩子、卷起铺盖了；是时候离开了。

疲惫的难民从火车上向外望去，目睹它缓缓穿越平坦的原野。他们似乎在想着："这里没什么能挡住日本人了。"每到一个车站，就有更多的人挤上车，挤到连一寸空间都不剩。地板上铺满了行李，行李上又坐满了人。深夜，一张微笑的脸浮现窗户外面，然后是一个男人的身体，紧接着是一个又一个的箱子、包裹、铺盖卷儿，每新扔进来一样东西，他都紧张地笑着，连声说"不要紧，不要紧"。好像要不要紧是他说了算似的！起初我拒绝合作，因为我一直认为，如果你为座位买了票，就应该捍卫自己的权利。但过了一会儿，我想，这可能不适用于战时的中国，当他开始把自己家的几口人——从没有牙的婆婆到尖叫的婴儿，也从窗户塞进来时，我开始热情地帮助他搁行李。最后，他尝试把一个老太太拉进隔间。一只小巧的"三寸金莲"在空中拼命地划拉着，试图找到一个落脚点。我尝试得体地用双手握住这个小东西，轻轻地引导其落座。虽然这让我有点不适，但如此一来能够帮助这位夫人妥善安放她最珍贵，但也最无用的财产，也是值得了！

清晨四点半，火车驶入郑州站。一切都匆忙而喧嚣。但这样繁忙的景象并不是属于火车站人来人往、步履匆匆的那种欣欣向荣。车站本身似乎带着一种匆忙逃难的氛围。办公楼空荡荡的，荒无人烟；没人来搬行李，也没人来检票。唯一安静不动的是平台上躺着的士兵——精疲力尽，抑或是伤痕累累。

一群黑影正消失在铁轨上，我必须赶紧跟上他们。一个小男孩出现了，帮我搬行李，并向我保证去西安的火车在前面的轨道上等着。果然，走了十分钟以后，我们来到了一列长长的火车前，两辆火车头正不耐烦地冒着蒸汽。火车周围是一片熙熙攘攘的人群。就像蚂蚁爬过一条死蛇，他们有的蜂拥至火车之上，有的试图穿过火车，有的则在火车下爬行；像蚂蚁一样，他们在两倍于自己体重的重担下蹒跚行走。每节车厢的顶部都成了营地；食物和体弱的乘客通过篮子和绳索来回升降。整列火车就像一队小马车组成的长队，如同老式主日学校要去郊游一般。油漆刷过的、绿棕相间的伞为这幅图景增添了色彩。在货车底部绑着许多士兵和他们的步枪，和弹簧、支架、发电机、蒸汽制动器混在一起；一个动作做错了，或者一个结没打牢，他们就可能从车轮中间滚下来，掉到下面的铁轨上。我效仿昨晚遇到的那位先生，挑了一个窗户，竭尽全力把我的东西和我自己塞进去。大多数座位上都坐着士兵，他们还占据了两侧宽大的行李架。难民和他们的行李则占据了大部分地板，但我还是腾出了一个位置放我的包，然后爬到包上面。

在某个车站，一个梳洗整齐、身着丝绸长袍的学者走进火车。学者阶层仍不失威望，于是他讨到了一个位置，但别人给得不情不愿，他必须谄媚地微笑着，来讨好给他座位的士兵及其同伴。曾几何时，学者是中国最受尊敬的阶层，士兵根本没有地位。但时至今日，情况已大不相同了。

一位面色清瘦的士兵坐在我身边，在乘客中间讨一些食物残渣。然后他从座位下面唤出一条小棕狗，狗吃了东西，感激地摇了摇尾巴，又消失了。然后他伸手到行李架上取下一个盖着的篮子，拿出一只会唱歌的鸟，鸟儿坐在他手上，啁啾着吃它的早餐——面包屑。他把鸟放回去，看上去从宠物主人又变回了士兵。

第二个夜晚，我们睡得极不安稳。外面下着倾盆大雨，车厢内拥挤不堪，从火车顶部不断涌进来一些人，让空间更拥挤了。在一个乡村车站，一碗清水和早晨清新的空气很快由内而外地洗去了尘土。到了上午，我们抵达了洛阳。你可以在火盆边等着，花半便士买一碗煮好的米饭和蛋汤，花一便士买到十二个熟透的桃子，或者从站台上衣着鲜艳的小贩那里购买煮熟的鸡蛋、茶和卫生状况不佳的面包。然后，空袭警报猛然响起。我们从窗户跳下去，看到已有三架日本飞机在城市上空盘旋，防空炮弹在它们周围爆炸。铁路线旁边已经挖好了简陋的壕沟，及时从火车上跳下的人都扑进了壕沟。火车顶上的那些士兵就只能任由空中的机枪手摆布了。我很高兴能够躲在一堆人下面。当我们面朝下躺着，深深呼吸着潮湿泥土的气味时，炸弹在车站爆炸了。然后，我们能听到一个低沉的声音不断逼近我们，直到停留在头顶上方。他们会试图轰炸火车和铁路吗？火车上众多的士兵会引来他们用机枪扫射吗？那几秒钟让人紧张得无以复加，等那声音过去了，我们才小心翼翼地转过头去，看着他们飞走。回到车站，我们发现铁路完好无损。但在不远处冒起了一股浓烟——这意味着有不少人或无家可归，或横死他乡，或对这些触不可及、威力无边的天外来客产生了一股麻木的仇恨。

现在，火车快速地向西行驶，离开了笼罩在日本威胁下的土地。乡村的景色让人想起西班牙的比利牛斯山脚下。山丘和房屋是灰褐色的；干燥的梯田地里种着稀疏的小麦、土豆和芜菁。这里的农民饲养驴和骡子，而不是水牛和家牛；河床呈现出浅绿和棕色，意味着那里是甘美、丰饶的水稻田；群山呈几何状，变幻映射出紫色、绿色和棕色，与平原的单调形成鲜明对比。

到达车站时，有消息称他们途经的郑州现在被包围了，且火车将不再途经洛阳。以下是乔治·何克为《曼彻斯特卫报》撰写的另一篇文章，描述了他前往延安的旅程：

卡车载着我们一路向北，行驶九百英里后，就从西安抵达了陕甘宁边区的延安，一路上有不少浪漫的故事。车内堆满了货物和行李，有一对新婚夫妇、新郎的妹妹、两个逃跑的年轻女孩、一名迁徙的学生、一群红十字会战地护士，以及其他几个有趣的人物，但我不知道他们是谁。两名逃跑的女孩儿，一个像男孩一样结实，另一个则苗条纤细——她们因为日本人的进犯而逃离，目前正前往延安加入学生军。她们形影不离，眼里闪烁着青春的理想主义，怀有满腔的救国热情——但一身肥大的绿色制服掩盖了她们的魅力。后来，我在延安看到了工作中的红十字会护士。当地条件十分原始，没有她们在城市时惯有的消遣方式。她们也一定是因为爱国主义来到此地，尽管不太明显。我们穿过一个遍布着巨大土丘的平原——那些都是古代的陵墓，越过因雨水变红的河流。后来，我们行至山区，每一次爬坡都像是在赌博，卡车速度逐渐减慢，发出的声音从轰鸣变为和地面之间的摩擦声，然后转为愤怒的咆哮声，挡轮块胆战心惊地抵在后轮后面，以防车子滑落。刀劈斧凿的山谷，锯齿状的天际线，浅绿色和铁锈红的几何状田地，梯田匀称地节节上升，直至高原地带，使整个场景呈现出一种所有黄土地区共有的、脱离现实的对称感。

第三天下午，轮胎完全报废，司机也彻底放弃了。我们必须徒步50英里到延安，但这为近距离观察乡村生活提供了一个很好的机会。路边有家小客栈，是用泥和稻草造的，有席顶门廊，我可以坐在客栈外面，观察那些举止怪异、面容憔悴的人们——这里的主要作物是麻，人们日常以面条充饥，孩子们赤身裸体，在尘土中玩耍。我也可以离开大路，去近距离看看古老的废弃寺庙。这些寺庙里有木架支撑的石膏雕像，它们被排列成一种类似于宫廷里的样式。有一次我爬上一座山，去看一座美丽的寺庙，起初它看起来是废弃的，但里面还住着两位老人，一个65岁，一个72岁，都是守庙人。我用中文问："八路军，好不好？"你甚至不消听他们回答，两人已经咧着嘴笑了起来，露出光秃秃的牙床。

路上有不少人。军用卡车来来去去。有马队运载着当地生产的火柴，准备卖到西安去。独轮车队推着供应给延安的面粉，带出一片尘土飞扬。有时会经过一位高贵的女士，舒适地坐在驴背上的驮垫上，带着她的婴儿去走亲戚。迁徙的学生和志愿加入八路军的人徒步前往延安，身无分文，身上只带了牙刷、锡杯和毛巾。

一天傍晚，五点左右，我们突然进入了城市外围的活动区。这里的景象很容易让人联想到周六晚上伦敦公园的情景。宽阔的游行场地上正在进行激烈的篮球和足球比赛；裁判的哨声刺耳，欢乐的人群在旁边围观。紧张的业余骑手在路边上上下下，轮流骑马。茶水和面条的摊位平添节日气氛，摊主们不收我的茶水钱；他们一开始管我叫"朋友"，但很快就升级成为"同志"。

第二天早上，我去到延安的窑洞里，通过翻译和当地的政府官员聊了聊，逐渐了解了自当地与陕甘宁边区政府合作以来"红色中国"的变化。尽管边区的法律与中国其他地区相同，但当地官员自豪地声称，法律在这里得到了更好的执行，这里更民主一些。地方经济不再需要自给自足，因为地方工业在廉价进口商品的冲击下日渐衰弱。尽管当地工业式微，延安显然对于因抵抗日本而展开的民族团结非常自豪。在地下凉爽的环境中，我啜饮着茶，在翻译停下的间隙眺望河对岸窑洞密布的山脉。

延安的学生和牛津大学一样多，总共有4000名男生和1000名女生，他们来自抗日军政大学、陕北公学和艺术学院，此外还有成千上万的学生分布在这一带的星罗棋布的各个组织中。学生们大多住在松软山坡上开凿的窑洞里，有些是他们自己凿的，有些是前人凿的；他们每年发两套制服，每天两顿小米饭，还有每周七分钱（¾便士）的津贴，用于支付烹饪燃料、盐、蔬菜和其他生活必需品。他们生活艰苦，但教师、政府官员、军队领导人和他们同吃同住。他们士气高涨，给整个城市带来了一种美好向上的精神和信心满满的欢乐。

几封关于延安经历的家书透露出更多信息。1938年6月24日，他写道：

我现在处于"红色中国"的中心。但现在这里并不是特别"红"，因为一切都为"反日"这一目标服务，而这场运动无疑是全国的动力中心。抗战以来，尽管已经选举出了一些官员，但还没开过苏维埃大会；工会没有参与阶级斗争，因为各阶级之间已经形成了抗日统一战线；相反，他们有时还会在雇主和员工之间调和，但工会主要关注的是政治和军事事务，并培训人们了解战争的目标和前因。以前的红军大学现在叫作"抗日大学"，当地生产的一种非常便宜的香烟被称为"抗日香烟"，艺术和戏剧的主题也是"抗日"。

战争预计将持续10到20年，对战后时期的规划不多。尽管目前抗日情绪高涨，但人们显然没有忘记，他们仇恨的对象是日本军国主义而不是日本人民，错的是日本政府而非日本人民。边区政府的目标是该地区的每个人都能说几句日语，这样当日本士兵投降时，大家可以解释这里会优待俘虏，而且是以朋友的身份。镇上已经有了教授日语的学校，还有六名日本战俘；他们自己住在一处，可以在城市里自由地走动，没有人看守。他们受过教育，可以阅读。但他们并不快乐，在这种情况下，他们怎么可能快乐呢，不是吗？

延安镇位于一个山谷中，延伸至谷地两侧，距离西安北部有三百英里。我们乘坐红十字会的卡车，花了六天时间抵达了这里。轮胎状况不大乐观，又是爆胎，又是扎孔，我们不得不徒步了大约五十英里。这里有壮观的黄土地，松软的土壤被水流一切割，就形成了鬼斧神工的几何图形。人们认为这些黄土原本是由蒙古高原吹来的尘土。成千上万年以来，人们一直生活在从这种松软的半泥半石的山体中挖凿出的窑洞里，直到今天仍是如此。在延安当地，政府办公室、工会总部、医院、大学和许多其他重要场所，以及普通住宅，都设在冬暖夏凉的窑洞里！从其中一个窑洞向外看，你可以透过"城市的屋顶"，看到山谷对面的山丘也有一排排层次分明的窑洞，呈蜂窝状。周围的山上还有许多非常美丽的古老寺庙。最令人惊讶的是印刷厂——它每周要印刷好几份报纸，许多书籍和一些小册子。它位于几个叫作"佛洞"的巨大窑洞中；刚进去的时候非常昏暗。当你的眼睛适应了光线，会最先看到窑洞末端有一个高耸、巨大的佛像凝望着前方，仿佛在苦思冥想。其之下是匆忙的印刷工，成捆的纸张，还有巨大的、嘎嘎作响的印刷机器。

在延安期间，乔治·何克会见并采访了毛泽东、周恩来、聂荣臻、朱德、马海德博士（George Hatem）等人。大约一周后，7 月 3 日，仍是在延安，他又写道：

延安这地方住着真不错，尤其是现在，这里有为期一周的大型庆典活动，从 6 月 1 日到 7 日，是为了庆祝中国共产党成立 17

周年并铭记抗日战争的爆发，这个不可马虎的日子，他们对此期待已久。第一天有艺术学校表演的精彩戏剧。他们创作了一部现代中国歌剧，有几位歌手很出色。故事伊始是其乐融融的一家。唱了几首歌之后，一位哭泣的女士进了场，原来她是从战区逃来的难民，唱着悲伤的歌曲，怀念她失散的孩子和丈夫。整个村子，包括一个后来被揭穿是日本特工的叛徒恶棍，都来听她唱歌，对她满怀同情，并邀请她在自己家住下。接下来，落难在外的丈夫也凑巧出现，并带来了新的故事。与此同时，那个最初幸福的家庭中的男主人也渐渐地（非常缓慢！按照东方戏剧的方式）被激发出坚定的决心。在最后一幕，叙事突然变得相当快。首先，在意味着战争临近的各种声响中，流落在外的儿子出现，与母亲唱着团聚的歌曲。然后大家在夜间打着火把，四处搜寻身份暴露的叛徒；最后，公鸡鸣叫，钟声敲响，在男主人公欢乐而骄傲的注视下，女主人公拿起她的长矛加入民兵！

大约有8000名学生仅靠小米和宣传为生。这是一种相当好的宣传，然而，这并不是基于仇恨。整套机制针对的都是日本帝国主义，而日本人民被视为潜在的朋友和同盟。令人惊奇的是，来自中国各地以及新加坡、马尼拉、新西兰和夏威夷的各个阶层的学生和年轻人都被吸引到这里。例如，有两位女士之前就是电影明星！只有大约十分之一的学生是共产主义信仰者，或者更少。他们之所以到这里来，主要是因为在西安事变之前，与国民党作战的红军已经声名鹊起；当时，红军发明了游击战术，现在普遍认为这种战术是对抗日军的唯一方式。

如果你们不是和平主义者，几乎找不到比这更理想的地方。

如果你们是和平主义者，我就不知道该说什么了。你们那些"战争导致法西斯主义"之类的大多数论点在这里可行不通。相反，如果事态按照这些人的意愿发展，这场战争将进一步将人民引向民主。他们的理想是由一个个小规模的去中心化单元组成，成员既是士兵，又是农民；他们意识到民主的重要性，并致力于通过出其不意的攻击策略来打破日本的军事防线。

正统的共产主义者可能会败兴而归——这里没有共产主义工业或农业，甚至没有共产主义形式的苏维埃政府。一切都围绕着民族主义的最高目的（我认为是没有仇恨）和如何阻止日本的侵略。然而，共产主义精神依然存在。政府官员和军队首领的薪水比学生或医院里的病人都少。事实上，我都不该称其为薪水，只是些津贴罢了。所有公共服务人员、学生和士兵都穿着边区政府提供的制服，吃边区政府提供的小米。那些有私房钱的人（例如有的学生父母比较富裕）最多只能在周日穿一穿彩色衬衫，或者有额外的东西吃，但这些吃的也会和同桌的人共享。

毕竟，现在快到雨季了，我没有时间去参观我们捐助的难民营。对此我深感抱歉，但也认为那里一切都好。

等到达西安后，我将空邮到武汉问问我工作的事情，然后视情况前往武汉或重庆。我可能会在6月7日左右离开此地。这里有一位不错的瑞士医生，是国际联盟的人，他将与我同行。

因为对中国及其深层的复杂文化了解尚浅，乔治·何克意识到自己还很稚嫩，因此，他限制自己仅仅以最简单的形式写作。基于在延安的所见所学，乔治·何克写了一个短篇故事表达中国人对日本士兵的态度，该故事在当年发表于《曼彻斯特卫报》，题为《战俘归来》：

二等兵福田记得，他的军官常常说："中国士兵不留俘虏；如果你被抓，他们会将你折磨至死，毫不留情。"于是，他在作为掩体的土丘后面蹲得更低了。他，还有其他五名士兵从一百人的伏击队伍中幸存下来，正在疯狂地战斗；一方面，他们天生勇敢，另一方面，他们也这么想："我们怎么都是个死：被子弹打死总比被折磨死好。"但他们停下来倾听了一会儿。包围他们的中国士兵正齐声呼喊着什么，那声音听起来很耳熟。"放下你的武器，"他们异口同声地说着日语，发音古怪，但他们能听懂。然后是："中国和日本的士兵是兄弟，我们共同的敌人只有日本军国主义者。"二等兵福田和他的同伴们一边装填步枪，一边对望了一眼。"狡猾的中国人接下来又会搞什么把戏？"其中一个人叫道。但不知怎的，中国士兵呼喊的口号竟渗透进了他们的心里，被俘的那一刻，他们并没有留下子弹来结束自己的生命，尽管他们原本打算这么做。

他们花了几天时间向西前进，穿过山西光秃秃的褐色山脉。初来乍到，二等兵福田对这些笑容可掬、言行友好的八路军感到惊讶，放松下来后，他终于有机会第一千次怀念起家乡九州岛上青翠的草地、碧绿的松树、肥沃的梯田和圆润的山丘。这里的山脉奇形怪状，仿佛危机四伏；它们伫立在规则的几何形基座上，像是人造的，上面顶着奇异的狮身人面像或畸形的不祥偶像。它们既干燥又贫瘠，农民辛辛苦苦从山的两侧开凿出梯田，但那里似乎除了石头之外什么都不产。

到达延安后不久，福田彻底开了眼。首先，这个地方到处都是从军的学生，有男有女，从中国各地或海外来到这一隅。他们穿着简单的棉制服，就像日本贫困学校的学生一样，吃着最粗粝的食物，睡在简陋的窑洞里。然而他们看上去很快乐，在如此严苛的日程当中仍热情不减。他们看起来也不像从劳苦大众中被迫征召而来。那么，他们为什么要来这里？那一刻，二等兵福田的脑子有点转不过来了。后来他想到，他们经过的村庄里的农民并不是被奴役的，他们乐意帮助士兵。还有一件事：他和他的同伴被允许不受看管、自由出城。这似乎表明人民和统治者（他原以为这些人是自私无情的）彼此之间相当理解对方。

一位来自八路军敌工部的东北年轻人每天会花上几个小时向他们讲解中国对战争的官方看法。他们第一次听说了日本帝国主义、日本的巧取豪夺，以及毫无底线的军国主义者，因为这些人对权力和金钱的渴望，两个民族陷入了流血冲突。多么直白的恶棍形象！福田没法相信。他记起了他的一些军官，据说是与恶棍们勾结，被士兵所憎恨；但大多数时候他们看起来似乎不像恶棍。他知道他们是很体面的人，和自己一样厌恶战争的肮脏和残忍，只希望回到日本。但对自己这一路的所见所闻，以及他们身为战俘所接受的小恩小惠，福田仍然印象深刻。有时他们能得到稀有且昂贵的大米，而不是吃不惯的小米，他对此很感激。所以，当被邀请在剧院之夜表演哑剧时，福田和他的同伴决定睁一只眼闭一只眼，顺水推舟。

他们之前的剧目非常感人。故事讲述了淳朴的乡村人民，以及战争对他们的影响。福田一帮人紧张地咯咯笑着，大日本帝国军队被描绘成那副样子，让他们不停倒抽冷气。但抛开政治，他们常常被爱情、丧亲、逃难和团聚的生动故事所吸引。歌曲余音绕梁。他们习惯了女学生们身着宽松的蓝色制服、一副中性打扮；而舞台上的她们恢复了美丽的身姿。他们的心弦被拨动，满是柔情与思乡。

六名战俘下定决心，自己的表演应该干脆利落。舞台被布置成军营的样子，四个人穿着日本军服走上舞台。当他们正在小声密谋时，另外两个人装扮成军官走了进来，开始大声下达命令。士兵们反抗他们的军官并将其杀死。结束了。就是这么简单！观众又是欢呼，又是喝彩，又是跺脚。毛泽东主席穿着短袖衬衫坐在他们中间，和其他人一起发笑。

有一天，中国人认为他们的再教育已经完成。日本士兵们被带回到离被俘地点不远的地方释放。他们沿着铁路线向总部走去，和老战友会合，之前所看到、听到的一切都成了过眼云烟，变得无关紧要。

一群人围坐在小桌边，他们中没有人流露出探究或欢迎的眼神。他们的首领抬头看了看，一只手无意识地摆弄着桌子上的某个物件。"你们这些日本士兵，"他说，"几个月来一直是八路军的俘虏。现在你们被释放了。我们只能得出一个结论：你们在某种程度上接受了他们邪恶的原则。无论如何，你们都是危险分子。我们不能允许你们同真正的日本士兵混到一起。明天一早，你们六个人都将被交给行刑队。"

时间是很私人的东西。对于一些人来说平淡无奇、无关紧要的几秒钟，对于另一些人来说却如缓慢滴落的蜡油，永恒地烙在心中。似乎过了很长时间，二等兵福田没有感受到任何情绪。只是，他看到自己和其他五个人；面对他们的，端坐的，正是恐惧本身——是为了自我防卫而必须克服的东西。他看清了整个机器——刚刚他还觉得自己是它的一部分，现在却发现他的无知正是机器的润滑油；至少他知道了，他的中国兄弟们站在真理这边。他敬了个礼，转身离开房间。

乔治·何克回到汉口时，那里的局势正趋于白热化。那个时候，他开始在美国合众社（The United Press）担任记者一职。在 1938 年 8 月 12 日的家信中，他首次提到了中国的工业合作社：

我这里的日子过得有趣极了。起初相当平静，除了每天和英国领事馆礼貌地交谈一次，了解他们有什么新闻，能让我用自然、轻松的笔调写出来。还有海军总部。我事儿不多，工作以外的时间，我可以撰写自己的故事。我第一个调查的是霍乱的情况，以便了解这一传染病的态势是否会因为卫生官员的撤离等原因而恶化。答案是否定的，但我花了很长时间，进行了许多有趣的采访才得出结论。第二，当地政府和救援组织正努力地转移难民和贫民；我了解到他们正尽全力疏散人们，有三艘船定期运行，每天有一列专列，每天还有一支一千人的步行队伍。在步行队伍的路线上，每隔四英里设有茶点，每十英里设有休息点。他们每天提供两餐的饭票。这些让我得以窥见难民在新家园会做些什么，我发现了相当有趣的线索，正在跟进——有关合作组织的小型流动工业。

今天和昨天我都在忙个不停；河对岸的武昌、汉阳，以及汉口两端约三英里处发生了猛烈的空袭。在那之后，我们分散开来采集新闻、拍摄照片。这个过程既艰苦又可怕。昨天和今天，我听说了一个重大新闻——外国财产遭受攻击。其中一个打击对象就在华中大学（Hua Chung College），那个大学本来给了我一个去教书的机会。

以下是乔治·何克的一篇文章，名为《武汉在等待》，讲述了武汉即将沦陷的情况：

今天是 9 月 25 日，空袭警报鸣叫了三次。每次响起警报，我们都会爬到屋顶上：城市仿佛在我们脚下沉睡，但我们能感觉到它的警惕。国旗飘扬，像是在发出警告，船舸闲置在河中，工厂不得不停工；人力车夫在车里休息，街上的人们在商店门口挤来挤去。每次，这座城市都静静地等待着，但都是无事发生。我们已经五周多没有遭受轰炸了，通过上海的广播，日本人声称他们不会再轰炸武汉。8 月中旬的空袭之后（8 月 10 日和 11 日共有一千五百人被炸死），逃到乡下的人们现在正在返回城市。乡下没有高射炮，飞机可以低飞并扫射道路上的机枪火力。此外，夏日将近，乡下处处脏乱，昆虫成群；就算不被炮弹碎片击中，或被古老木制建筑的残骸压住，也很可能感染疟疾、霍乱和斑疹伤寒。

日本人的意图昭然若揭，他们企图占领武汉。也正是为此，他们一直提倡在汉口设立去军事化的"安全区"。他们知道，离开武汉风险很高、未来渺茫；如果有希望得到保护，任何中国人都会选择留下。但关注此事的人认为安全区只是一个临时安排，仅用于过渡期。日本占领之后，这个区域将不会得到任何特殊待遇。武汉只会成为一个被精心保护的中国片区，随时准备被日本人敲骨吸髓，给日本工厂供应大量外国劳工，并豢养外国女性供日本士兵玩乐。

或许正因为如此，中国政府目前拒绝就"去军事化"给出任何担保；整座城市里继续统一准备着防御工事。与此同时，外国人却相信日本人的话，继续他们的计划——保护那些本应离开的中国人——如果那些外国人不在武汉，这些中国人会选择撤离的。他们寄希望于在最后关头，中国军队要么会同意去军事化，要么会从城市撤退。

但人民普遍的看法似乎如此：武汉有数量庞大的外国人，足以不让这座城市重蹈南京的覆辙。但也有言辞激烈的激进分子群体谴责安全区是外国资本家的阴谋——这或多或少是个不争的事实，此举是在打着国际慈善的幌子来保护自己的财产。这一群体质疑：为什么中国政府要冒着破坏士气，削弱自我防御的风险，默认"武汉有可能被攻陷"，并帮助保留下一个有益于日本经济和军事活动的未来基地？过去，日本人从未信守诺言，日本军队靠着行淫乱之事来刺激、麻醉士兵，兑现承诺是他们完全做不到的事情。

武汉一天比一天更有战争的氛围。之前，因为担心被炸，每个外国建筑上都绘制着外国旗帜，尤其是1月初和5月底，现在这些旗帜被重新绘制了一遍，中国人则寻求各种借口挂起外国旗帜。"此物业已抵押给比利时公司"，一条标语写在黑、黄、红条纹构成的大幅比利时国旗上，这样的景象随处可见。主要街道的中央竖起一排排坚固的柱子，上面缠绕着铁丝网。城市的关键地点出现了防御工事和机枪阵地，巨大的加固木门安装在混凝土床上，随时准备紧闭。

长江对岸的武昌和汉江对岸的汉阳是两座死城。伴随着朽木和石膏碎片的霉味，你可以在破败的房屋间走上几个小时。时不时地，你会发现有一家人在曾经的家里风餐露宿，或者一个老妇人在她过去生活的废墟中喃喃自语。但大多数人要么已经撤离，要么在外国租界和前租界的街上生活。

正因为如此，汉口才活跃异常。政府官员、外国传教士、人力车夫、乞丐和难民都搬到了汉口。长期空置的建筑被用作住宅和办公室。往来车辆混杂着大量军用卡车和将军锃亮的汽车，在道路狭窄处遇到一个路障，就能引起一场交通堵塞。外国劳工的加入壮大了人力车夫的队伍，因此他们比平时更加卖力地招徕客人。有时，一座大型机械从城市外围的中国工厂被搬到外国仓库，先用杆子支撑起来，再由一百名苦力肩挑背扛，这时候，苦力的劳动号子声会响彻城市的云霄。

天黑后的活动最为引人瞩目。人行道上挤满了乞丐和他们的孩子。每个晚上，夜总会和电影院都挤满了观众，不分中外。最近武汉发起了一场"节俭运动"，许多富有的中国人惊讶地在当地报纸上读到了他昨晚去干了什么，描述之准确，甚至连在娱乐上花费的金额，可能还有他在官家的车上用官家汽油行驶的里程数都历历可数！这样的报道通常还附赠一分威胁——下次再这么干，就揭穿你的身份！

一大群记者试图深入这一切活动的中心。无论是常驻于此还是流动至此，是特约记者还是固定员工，是自由撰稿人还是隶属于机构，无论写的是书、文章还是即时新闻，无论是用笔还是相机——他们都在忙碌，或者在忙着等待。大多数记者经常在无酒精的海军基督教青年会（alcohol-free Navy YMCA）聚会。他们每天在这见好几次面，关系非常融洽；用餐时间结束，饭厅经常被一个个小团体占据，有些专注于严肃的谈话，有些只是狂笑一通。

汉口人民等待着，以各种方式。当局试图减少滞留在汉口的人员——目前这里仍有75万人。蒋介石夫人专注于疏散工厂女工，并动员官员们的妻子参加战时服务团体。中国人民坚忍地等待，希望自己能逃脱厄运。外国商业和官员阶层忙于规划紧急情况下的食物和燃料配给、过渡期间的特别警察、外国人的特别集中点，以及可能出现的"安全区"和区内管理。加强后的英国海军总共有近330人，他们忙着游戏，忙着参加讲座，忙着在领事馆墙顶上竖起铁丝网栅栏。传教士们则忙于制定保护或疏散教众的方法，甚至没有太多时间考虑如何保护他们庞大的财产。每个人都试图在一个不正常的城市里尽可能正常地生活。

在城市之外，身处乡村的农民也经历了恐怖的战争。有一天，英国报纸上出现了一篇题为《没有伤亡》的评论文章：

敌方轰炸机在昨日黄昏时分逼近。然而，天气条件有利于防御，它们未能找到目标。他们显然无法确定自己的位置，于是在返回前把炸弹投向了空旷的田野，没有造成任何实质性损害。

针对这个故事，乔治·何克笔下是不同的版本：

一座小巧的中国农舍，用枝条和稻草搭成，孤零零地立在稻田间的一块干燥土地上。多年来，只有农夫和家畜在小屋里过日子。几乎分不出是男人还是女人，还有一连串的孩子、几头猪、几只鸭子、几头水牛——他们全都挤在一处生活，从最老的、牙齿脱落的老人，到最小的、刚刚出生的婴儿，小猪和小牛。尖锐的裂缝斜穿过小屋的墙壁，小屋歪斜地矗立在高高的小丘上，就像一顶古旧而不体面的帽子。现在，它显然一夜成名了，一群兴奋的人们将它团团围住，可以看到更多人沿着稻田间的小路从四面八方赶来。

房子两翼之间的院子里快被一头巨大的水牛尸体占满了，它似乎成了人们关注的中心；但在稍远的地方，一小群人发现了一双毛茸茸的后腿，露在一堆红色被压扁的肉外面。当一个女人抬起翻倒在地的独轮车的一侧时，人们的注意力突然转移到了她身上。她用一只手托着独轮车向人群展示，另一只手做合十的姿态，低声念诵。人群好奇地凝视着遗骸，然后三五成群地离开，在安全的距离之外交换着情绪；在离开之前，有些人向女人扔了几个硬币或零钱。与此同时，哀悼者的悲歌和烧纸钱的烟雾从半开的门飘进房内，屋里，一具女尸躺在地板上——除了没有了头之外，她完好无损。她没有被盖上裹尸布，头颅不翼而飞，隆起的小腹显示她已有身孕，这景象唤起了一种带有怜悯的惊讶——它发生的场景如此贴近日常，又远远超出了普通人所能经历的极限，甚至没有带来恐惧。

门外，两名警察正在与这家的男主人交谈。他不断提及"光，有光"。渐渐地，整个故事被拼凑起来。

昨晚，父亲正忙着干些夜间的活计时，平坦的稻田和菜地上空遥遥地传来防空警报声，此起彼伏。空袭——那又怎样？之前已经有过不少次空袭了。

夜晚时分的空袭尤其炫目。鲜红的火焰照亮了地平线，勾勒出房屋和树木的轮廓。白色的流星在天空中竞逐，有时这些光线会汇聚在一起，像是要捕捉它们光束末端圆形光斑中的银色飞点，但更多时候是独自舞动。机枪的红色曳光弹像点亮的走马灯一样，从一架飞机流向另一架；天空中的点状直线与自然运动的曲线形成奇怪的对比。偶尔，一架燃烧的飞机会像一颗发光的流星，拖着一道闪光坠向地面。有时，月光下会有白色降落伞，如鬼魅般轻轻摇曳。

但这样的"美景"是给有时间停留驻足的人看的。农民们有其他事情要忙。这些奇异的"天空之鸟"和他，以及他的农场之间有什么关系吗？农民们想象不出来；它们和他们身处不同的世界。从未发生过的事情永远不会发生，为什么会发生呢？如果发生了会是什么样子？他们无法回答。于是父亲高举灯笼，在入夜时分清点着他的猪。

在高空中，入侵的日本飞行员咒骂着傍晚的雾气和朦胧的月光，诅咒着狡猾的探照灯发出的刺眼光芒，以及防御者对他们令人担忧的关注。或许他们希望并且自我欺骗正处于机场上空。无论如何，当他们看到下方有一点光亮，就在目标四英里外沿线投下一溜炸弹，然后就返航。

霎时间，父亲吓得放下灯，转身往家跑。他和他的几只动物被就地炸死。一小块金属飞进房屋的窗户，斩断了站在里面的女人的头颅。但柔软的泥土承受了爆炸的冲击，所以即使老房子受损严重，产生了位移，但仍然可用。

十二小时后，幸存的家庭成员仍然一片茫然、不知所谓。他们已经接受把死亡视作生活的一部分，但如此惨状他们做梦也没想过。他们这辈子第一次被震惊得失去了反应。当人群好奇地围观时，他们被动而愠怒地站着，像是在旁观自己的灾难。但很快，他们重新被做点什么的冲动所驱使。他们念叨着"没有法子"和"剩一个法子"，准备背水一战，重新开始为生存斗争。少了所有人中最聪明、最强壮的父亲，少了一个女人在田里劳作和做饭，而且少了一头牲畜——这是对经济状况最沉重的打击，他们必须从土地上榨取足够的东西来支付租金，为死者办个体面的葬礼，并为自己提供最低限度的生活保障。他们必须习惯会有更多的警报，更多的空袭发生在明天、后天、大后天。他们必须不停工作，来维系千疮百孔的家园。

此刻，四分之一英里外，乡村生活照常进行。一头比它的同类更幸运的水牛正耐心地穿过泥潭。扎小辫子的女孩们蹲在田里，抬起头，睁大了眼睛。三个笑容满面的家伙戴着宽大的草帽，以遮挡炽热的阳光，懒洋洋地靠在水车的横杠上，不停地踏动，把水引入水渠；他们在轮辐上不停地踏着，每一双腿似乎都不属于他们完全静止的上半身。这就是本应属于这座小农舍和它饱受丧亲之苦的主人的生活。很快，生活将一如往常——或者说几乎——但永远不会完全一样了。那一瞬间，他们经历了战争的狂暴，目睹着希望和幸福的湮灭，感受到了痛苦的诞生。

随着时间的推移，汉口的生活变得越来越困难，正如 1938 年 10 月 13

日的这封信所描述的那样：

自从 9 月 13 日的那封信后，我再没有收到任何你们的消息。我认为这不是你们的错。航空服务暂停了一段时间，现在仍然非常不规律，所以有时邮局的人等得不耐烦了，就把东西发给铁路。前几天，一列火车在星期天从这里开出，去往南方。在星期一，它又回来了，当天晚上再次出发，接下来，到了星期六，火车还没赶到长沙——长沙距离这里还不到两百英里！我们这里一天经常有两到三次空袭警报，但没有空袭。相反，飞机去轰炸铁路沿线的村庄和车站了。

城内城外都在建造大量的防御工事。随处可见配有刺铁丝、沙袋和机枪口的大门，还有被砌墙堵死的小巷。大多数商店都在搬家，许多已经搬走。那些买得起砖头的店家在离开时会用砖墙封住窗户和门。

我现在没有时间多学点中文，但有时候可以和遇到的人进行简单友好的对话。我希望之后能提升一下中文，以应付日常需要。

许多人认为，当战争来临时，城市周围不会真的爆发很多的战斗，防御工事要么是一厢情愿，要么只是为了维持秩序。无论如何，大多数人都认为日本军队至少还有一个月的时间才能到达这里。很难说南方的远征行动究竟是要动真格，还是仅仅为了分散日本主攻汉口的注意力。

武汉沦陷之后，也就是河对岸的区域，我还不知道会发生什么。我觉得我将不得不去桂林的大学教书，尽管这非我所愿。我宁愿尝试和路易·艾黎一起做点什么，或者像约翰·福斯特那样，抑或是在中国红十字会里做一份非正式的工作，可能还是会在桂林。

战争迫近。每个人都匆匆忙忙地把行囊扛在肩上，大概率身无分文。现在我们的交通几乎完全被切断了。实际上，不管日军在南方还在做些什么，他们已经切断了距离这里大约45英里外通往广州的铁路。他们还切断了不远处通往北方的铁路。从这里，直到长江上游，中国的繁荣正在被扼杀；形势使然，明天之后就没有船了。到香港的航班也将在不久后停飞。尽管如此，每个人都非常镇定。

10月24日晚上，市长报告说，武汉大约还有50万人口。这意味着超过100万人已经撤离。一周前，人们还行动散漫。孩子们仍然在他们熟悉的战壕、沙袋等城市防御体中玩耍；舞厅里挤满了收割甘草的农民，他们在体验最后的疯狂；穿着开衩裙的花季少女从裙子的侧边挑逗性地露出一些肢体，还有从时局中获利的商人。但在过去的三天里，道路上还承载着稳定的交通流量。

夜晚，得以离开城市的幸运儿开着车，忍受着颠簸，驶入乡村；他们在黑暗中行驶，只为避开日本飞机——它们在道路上空低飞、扫射任何来不及躲闪的东西。较为贫困的市民到了白天才出发。他们背着弹簧床、桌子、椅子、厨具、担架上的病人、篮子里的婴儿——一切都挂在他们肩上结实的木棒上，他们发出有节奏的"嗬—嘿，嗬—嚯"声，声音在数百英里的难民小径上随着他们迈出的每一步回荡。政府也组织了一个计划：每辆人力车运送五名难民，每一队长约百码的人力车队有三名负责疏散的警察，用于守卫和控制队伍。今天，最后一艘船沿河上行离开；有些家庭没能在拥挤的人群和行李中挤上船，他们失望地坐在岸边，眼睁睁地看着安全的希望驶离港口。

与此同时，那些留下来的人——包括 1000 多名外国人——要么忙得不可开交，要么故意让自己忙起来，为了避免想到有时可以在河下游听到的枪声。今天，当交战双方最终宣布达成共识，设立一个不受战事影响的安全区时，人们感到非常安心。当他们打开晨报，发现外国居民协会（Foreign Residents Association）用大号黑体字刊发了题为"危险：建筑物拆除"的文章，这一文章也引发不少激动的情绪。里面写道："打开所有窗户，关上门，远离窗户。不要站在屋顶上观看或拍照……白天待在跑马场的看台上"——这个看台位于城市外。

话虽这么说，建议也已经给到了管辖范围内的居民，安全区委员会和外国居民协会的委员们还是在城市中度过了忙碌的一天。他们必须完成食品和厨房、垫子和窝棚，特别志愿警力（包括外国人和中国人）的规划，还要不停应对好奇的新闻记者连珠炮似的提问。神父雅克诺（Father Jacquinot）身着一身朴素黑色礼服，戴着写有"南岛安全区"字样的徽章，这不仅是他全身上下唯一的装饰，还是整个城市希望的象征，他在人群中走动，步伐沉稳而庄严。

与此同时，英国海军也忙着将一百零八名特别登陆部队的士兵运上岸，负责管理原英国租界，现在被称为"三号特别行政区"。他们将担任警察的角色。接着，今早传来了日本飞机袭击长沙炮舰"沙鸥"号（Sandpiper）的消息，这让汉口更加严阵以待，也让日本的行径显得格外讽刺——它刚刚对第三方力量表达了感激之情，感谢他们积极配合，以避免此类事件发生。

现在，夜色深沉，一片漆黑。我们身处一座伟大城市的中心，一个喜欢热闹的民族的临时首都；但它像亚利桑那平原上的午夜一样安静。受伤的士兵躺在外滩上，希望能乘坐帆船撤离。一群群农民匆匆穿过城市，牵着他们的牲畜在前面走。一小群可怜的难民快速地通过，就像羊群一般漫无目的；很快，他们注定将躺在街上等待。如果他们等在这里，可能并不会比那些已经离开的人更糟；乡下有疟疾、"扫荡"的日本飞机和强盗，那里很快就会被一群可能既没有食物也没有钱的人占领，他们会像蝗虫一样彻底扫荡那里的食物。

今晚的汉口没人睡得安稳。宁静随时可能被"焦土政策"下剧烈的爆炸声打断；明天会怎样呢？总司令已经离开了！

此后不久，所有记者都从汉口撤离了，下一封信写于1938年11月4日：

我现在回到了上海。归程共计两小时57分钟——我从这里到汉口去的时候大约用了两周。答案是：日本海军提供了神奇的飞机，用来将所有记者从汉口撤出。所以我们有了一次壮观的飞行，飞越因战壕、战场和炸弹坑变得伤痕累累的乡村，以及我们几个月来一直报道的几个城镇——但对我来说，它们只是名字而已。

当然，汉口没有发生战斗，我们对此心怀感激。中国人进行了非常成功的撤退，正是他们挽救了这座城市，使其免遭战争。他们还试图炸毁大型日本建筑和本土的大型建筑，以免被日本人征用，但经常被英国海军阻止——海军似乎提前知晓了计划，在中国人离开后，他们开始从建筑物中搬出所有的炸药，然后将这些无价之宝完好无损地移交给日本人，这一切都令人困惑。从某种程度上讲，你不能怪他们，因为爆炸可能会危及外国财产和外国人的性命。但那些外国人在那里干什么呢？他们有什么权利将中国财产移交给日本人？而在不被外国人干涉的地方则按计划进行了爆破，事实证明计划安排得当，爆炸对周围财产的损害并不大。

乔治·何克在给《曼彻斯特卫报》的一封公开信中描述到，美国海军炮舰如何停靠在汉口的港口，并被开到国家城市银行（National City Bank）门前以及标准石油公司（Standard Oil）设施附近，以诸如此类的方式试图保留日本人的财产。他看到意大利领事欢迎日本军队，看着日本军队走过意大利荣誉卫队……在当时的情况下，每个人都只是做他认为正确的事。但在当时的情况下，以上一切综合在一起，结果却令人生厌。即使是那18名对局势持怀疑态度的新闻工作者，他们也不能说和机会主义完全不沾边。尽管他们是中国政府的坚定追随者，其中许多人也正在赶去中国政府控制区，以重新获得联系，但他们目前不正享受着由日本帝国海军免费提供的豪华飞机吗？

确保平民免受战争的切实伤害，这是设立安全区的主要公开目标。为此，中国军队撤退了。在一周内，日本人占领了该区所有可用的建筑，并开始强制疏散之前苏联租界的中国住户；外国目击者每晚都会报告多起强奸案。至于外国人自己，即使是前英国租界的领事官员也不免受到对个人行动的严格控制。据可靠报道，日本人还踏进了这个前英国租界的行政办公室，微笑地回应一位天真的、试图解释政府制度的人："你们比我们是四比三，你们占多数，对吗？很快我们就是四，你们才是三了！"

大约40万难民涌入了安全区，安全区委员会中商业团体的说辞让这些难民期望即使在被日本占领后，他们也能得到保护，却在日本人的命令下被无情地赶了出去。在日占之前，让这些难民留在受保护的不动产区域内，对于维护该区域的安全至关重要。现在，中国人对日本人和其他外国人来说，只不过是一个不卫生的麻烦。日本人为他们在荒凉到无法安置军队的贫民窟开辟了一个"新区"（不再冠以"安全"之名）。可以看到他们在沿着通往新区的路上排成长队，艰难行进：怀孕的母亲带着盲眼的祖母；弯腰驼背的祖父扛着全部家当，小女儿抱着婴儿。他们极其痛苦，并以典型的中国式的坚忍承受着。当这群人在细雨中穿行时，我在几分钟内亲眼目睹一个日本士兵试图拿走一家人的被褥，另一个则带走了一名难民妇女，还有一个小女孩躺在人行道上，奄奄一息。

在一封家信中，乔治·何克提到了一些中国人，他们挥舞着日本国旗，放着鞭炮，携带日本军官的行头，欢迎日本军队进入城市。他写道："真叫我吃惊！我以前从未相信一切关于'中国汉奸'的传言。"后来他知道，他们这么做无疑是出于恐惧。但这样明显的溜须拍马完全没有必要——显然是为了奉承。

在 1938 年 11 月 9 日的另一封家信中，乔治·何克写道："我希望能在日本见到汤米，也许能在那里过圣诞节。然后去北平，我在上一封信中也提到过。"信中继续写道：

> 之前因为害怕被审查，所以我没提（这封信是由一位朋友带到香港的），我希望从北平出发，穿过日军的防线进入中国西北地区——看看中国人在所谓的"占领区"是如何如此成功地开展一些政府内部活动的。那里应该会有一些有价值的内容等待我去发掘。也许还能在那里找到工业合作社（the Industrial Cooperatives）的路易·艾黎——似乎没人知道他现在在什么地方。

> 我们在汉口的工作表现出色，美国合众社多付给我整整一个月的工资奖金，还说等我日后继续游历时，他们很乐意支付我的稿费。我现在住在上海的涉外基督教青年会酒店。这里绝对称得上是宫殿。在上海所有现代文明的乐趣中，最棒的就是青年会酒店里有一个免费向客人开放的巨大健身房，还附带一个壁球场！

然而，没在这间"宫殿"里享受多久的奢华生活，乔治·何克就患上了严重的副伤寒，在医院住了快三个星期，花光了他的 80 美元奖金。12 月 6 日，他从上海的休养地，也就是他在上海的好朋友家中写信回家道：

目前我住在艾梅（Aimee Milican）与弗兰克·米利肯（Frank Millican）家中，他们家的装修高级舒适，我在这里一切都好。在为病号提供餐食这方面，他们可是行家，这正是我这个身体抱恙的病号所需要的。弗兰克可以说是无所不能。他还能给病号洗澡、洗衣、当男佣、铺床和按摩。简而言之，我现在过着奢华又舒适的生活，而且全部免费。在过去的 19 天里，我日日夜夜都睡在医院里，每天要花费 17 美元，这让我在难得清醒的时候很发愁。比如晚上，我一般睡不着，一夜要出四五次汗，一出汗就要换衣服，夜夜如此。但白天就不会出汗，我也不知道这是为什么。昨晚我头一次没怎么出汗，所以我确信自己身体好多了。目前，体温已有三天半都保持正常。到了早上 7 点，我才能起床。现在我精力充沛，整日看书，吃饭狼吞虎咽的。

12 月 21 日，乔治·何克给家里写信说："我身体现在好得很，下楼时都能信心满满地保证自己膝盖不出问题。"几天后在信中又写道：

今天我去了上海县城——南岛地区（Naotao Zone），穆里尔姨妈为那里募集了不少善款。今天是圣诞节，我们打算节礼日这天住在那里，我希望能拍到一些照片。幼儿园里每个孩子都拿到了两套新的内衣作为圣诞礼物，不过要在圣诞节过后两天才能穿上，到那时候，这些孩子们才能久违地洗一次澡！因为没有自来水，所以他们要背来足够的水；也没有煤，所以他们要从被烧了一半的房子里背来足够的木柴烧水。城市居民已经开始陆续返城，其中一批人最有志气，不喜欢被慈善的外国人白白帮助。顺便一提，国际红十字会仍在雅克诺特安全区内发放大米，每人每天五盎司，每月花费七万银元。在排队领取大米的人们脸上看不到一丝笑容。他们一拿到米就迅速走开，这一队伍大约四个小时才见底。在这座千疮百孔的城市中，住在县城外的返城人群要开朗得多。他们喜欢把随处可见的散砖堆成3英尺深的样子，用来取代残墙断壁或填补无门的门洞。我结识了两位"名人"。一位是先把自家门前的砖块刮走、种下种子的妇女，她从三英尺厚的砖块下清理出一个菜畦，把种子移栽到菜畦里，结果蔬菜长势喜人。现在，许多人都纷纷效仿她。第二位是一位老先生，他正在自家残破房屋旁的花园里挖土，但看起来非常高兴，我们还以为他吸了海洛因呢。我们向他问话时，他才站起身来，指着架子上的神像和长长的烟斗，称这是他的两个慰藉。"你们这栋漂亮的传教建筑建成之前，我在这里已经住了十年了，"他说，"现在我只剩下这些了。"

1938 年 12 月 29 日乔治·何克信中写道：

　　等你们从阳光明媚的瑞士回来——神采奕奕、健健康康，皮肤晒成小麦色，满怀着祖辈对孙辈的骄傲，那时候，这些信也应该已经送到你们的手里了。因为我心不在焉，错过了两三艘船，又因为没有邮票寄信，心里感到愧疚。但一想到你们在度假的时候也不会期盼收到任何信件，我心里也就释然了。

　　我刚刚写完了四篇有关延安的文章，并在米利肯夫人的推荐下寄给了一位经纪人，他是米利肯夫人的朋友。开船那天的清晨 4

点，我誊完了这四篇文章。也许将来有一天我会靠着它们大富大贵，谁知道呢。

说到钱，圣诞节早上还发生了个有关10英镑的小故事。因为我身体非常健康，吃得也非常好，对副伤寒后遗症的担心已经差不多烟消云散了。但我的10英镑呢？我为自己能支付医疗和住院费感到很自豪。但是在紧急情况下，这种自豪感会因为钱花完了而消失！

我听说了一个精彩的故事。据说有一批人乘船从汉口逃到江上。船上有文员和办公设备、士兵、报社记者和一些工作人员，总共80多人，外加一些难民妇女和儿童，他们有些蜂拥上船，有些偷偷藏身。第一天早上，船就遭到了轰炸，一枚燃烧弹正好落在船中央。大部分的船员都在岸上，但是有很多不会游泳的士兵和难民还在船上。这些士兵带着桌子、椅子等物件跳进河里，帮着其他人自救。约有30人丧生。那些岸上的人中就有一些是我的朋友，当飞机飞过，用机枪扫射其中一侧的人时，他们就躺在河岸的另一侧。其中一个人说："飞机在绕圈，还会飞回来用机枪扫射这边的。"于是，他们都蹦起来跑到河岸另一边，因为那边已经被机枪扫射过了。

1939年1月7日：

下周四，我将前往日本，中间会在去北平的路上与汤米住上一段时间。我非常期待在日本与他重逢。今天，上海又迎来了圣诞节！这次过的是东正教的圣诞节。上海人能过2个圣诞节和3个新年！上周末，我去和莱西博士夫妇住在一起，他们在得克萨斯州接我，一路把我送到旧金山。

他们人很好，回忆起这次旅行让我觉得很美好。

我现在心里计划大概明年找个时间回英国，可能会先落地法国马赛，然后搭便车穿越欧洲回家。在东方待久了，人会非常"守旧"，我很害怕自己成为总是把"遥想当年我在东方的时候"挂在嘴边的人！我感觉这次我确实做了一番有意义的事情。假如未来这里有新情况出现，我可能就要暂缓回家的打算了。

我突然变得特别有钱。我有足够的现金用来旅行，或许还够我在北平住一个月；我的旅行支票上还有 10 英镑和 100 美金。我在想，这些钱都是从哪里来的？汤米确实给我寄来了 52 美元，他说这是他欠我的。

这可能是我能收到的最后一封未经审查的信了。所以，听好了，从此往后的几个月里，我可能很长一段时间都无法对外寄出任何信件了。具体如何我也不清楚。总而言之，我会保证自己的安全，而且希望能如愿在北平和西安两地多待一段时间。在我离开北平之前的最后一封信中，我会记着在信里写一些完全无意义的内容，那样你们就知道我是安全的了。

1939 年 1 月 11 日：

天，就要去日本了！随信附上一些公债，或者说股份，每股价值 10 元；也可能这些公债根本不值钱；公债是对中国政府基金的慈善捐款。这些公债本应该有百分之六的利息，但在战争结束前不产生利息。我指的战争结束就是日本投降，因为不打到最后一刻，日本人是不会认输的。

或许也可以把这些公债当个笑话卖出去，比如每股卖 10 先令，或卖更高，然后再把收益捐给中国？这些公债由晋察冀边区政府发行，一共花了我 50 元。据外国旅客的相关报道得知，这一地区政府的工作做得很好，经济方面也做得不错。政府工作人员年轻、工作效率高，并且正在广泛地普及教育。当地的税收比战前任何时候都高，这说明人民支持他们。他们特别注重经济的自给自足，这样就不会助长日本人的贸易了；他们还禁止人们把种植的农作物出口到本地区以外的地方，因为这也会间接地帮助日本人。举个例子，棉花需求量很大，但如果日本人侵略到这个曾盛产棉花的地区，他们会发现当地人仅种植少量的棉花，仅供自足。分配是通过合作社来完成。这个边区靠地方财政拨款来支持军队，这样就能保证不存在士兵要求老百姓给他们食物的情况，军民之间不会发生矛盾。一切资产都是可转移的。因此，假使日本人要赶尽杀绝，他们会发现这里没什么重要的东西。边区政府通过无线电与重庆国民政府保持密切联系。其人员构成主要是来自陕西、宁夏和甘肃的八路军和学生。政府属于中国特有的民主共产主义，即信仰共产主义的理想主义，具有牺牲精神并遵守民主原则。也正是这些特质使得中国长期以来在处理老百姓事务方面闻名遐迩。中国共产党人的目标显然不再是进行一场突如其来的暴力革命，而是在人民心中培养起新的政治意识，继而建立一个民主国家。因此，教育是放在第一位的。这里有许多的成人团体、协会与学习小组等等。各地的男人们都经常聚在一起操练、唱歌、交流，他们大多都是当地的农民。除非万不得已，他们是不会真的上战场打仗的。但经常见面可以培养大家的团结合作精神，要让大家不再被动抵抗剥削，这是一个先决条件。

你们认为这一切足以说服未来的股东吗？很快就会有人给你寄一本有关中国工业合作社（简称工合）的宣传手册。我认为，如果你们能为此筹到钱，这会是目前对中国前途最有帮助的办法之一。

在为《曼彻斯特卫报》撰写的题为《厌倦战争的日本》的文章中，乔治·何克写下了他离开一年后重返日本时对日本的新印象：

我在中国待了一年后，再次回到日本，这一年的时间似乎真的让这个国家进入了战争状态。每个火车站都不可避免地会有一群"爱国妇女"举着纸旗站在站台消磨时间。大批正在休养期的日本士兵身穿印有红十字的白色和服，在公园里休息、玩耍，这番景象并不会让人感到惊讶。每个大城市都有了集体葬礼和新的战争纪念碑，成为城市的特征为人们所接受。人们都不再试图把战争描述成一场事故。

相比之下，中国各地的抗战热情高涨，并且源源不断地获得新的支持。反观孤立无援的日本，却给人一种士气低落的印象。日本妇女们已厌倦了整天待在寒风刺骨的铁道站台上。娱乐区和艺妓区的收入巨幅增长，与此同时，宣扬平等牺牲与简朴生活的全国运动不攻自破。发放的商品配给票的种类越来越多，进一步滋生了本就普遍的腐败问题。日本人民刚刚通过秘密渠道从国外得知，就连美国都在反对他们。这被他们视为是最不可接受的事情，而且也令人痛不欲生。

现在，不仅是日本政府上层，就连老一辈的日本军人也都前所未有地开始对财政状况感到担忧，他们渴望和平，却茫然无措，不确定他们是否能够获得和平。即使在日本，军人思维也已成为"一根筋"的代名词。这些人可悲的天真（很多外国观察家也证实了这一点）让他们继续自我欺骗。事实上，中国的抗日情绪与日俱增，甚至在日本占领的北方城市也是如此。

日本完全清醒的知识分子仍在"沉睡"。"日本没有殉道的传统，人们并不崇尚殉道，也没有改变宗教信仰的势力，因此牺牲是毫无意义的。我从出狱时，甚至没有一个朋友对我表示丝毫同情；他们只会说'你真傻！'"这是一位知识分子对我说的，这是一个活生生的例子。至于那些一开始就没有能力抵抗日本政府政治宣传的低级知识分子，他们现在比以往任何时候都更加疯狂地为日本辩护，因为对日本命运的恐惧再次引发了他们内心的冲突。

正如当时口号里所说的那样，只要能吃饱饭，老百姓就会继续拿起枪上战场。在城市里，工人们的生活目前还算舒适。据可靠消息称，重要行业的劳动力缺口高达十万人，因此，在许多情况下，军械工人的工资增长了三到五倍不等。现在，人工产业的繁荣已经蔓延到其他行业，因此，在经过短暂的调整后，几乎所有阶层的工人都能享受到这份繁荣带来的红利。工薪阶层的生活比战前都要好。在东京一个具有代表性工业区，一家合作社典当行兼储蓄银行的统计数字表明，1938 年的储蓄存款比 1937 年增加了 33.3%，而同期的典当额只增加了 1.6%，会员人数增加了 13.3%。

然而，在农村地区，一切都对农民不利。这里不仅征兵率更高，且年轻人向城市迁移的趋势本就居高不下，目前还愈演愈烈。

学生们被征召到田间劳动，明显是为了给那些男人都上战场的家庭搭把手。去年，某农学院的男生几乎整个学年都在田间劳作。而今年，学生劳动的组织规模会变得更大。即使在冬天的旅游淡季，游客们也可以在农村地区的铁路沿线看到学生和妇女一起在田里劳动的场景。水稻收成据称基本达标，但官方人员私下承认，由于降雨、洪水和人力短缺，稻米的收成是多年来最差的。与此同时，农民的稻米价格受到严格管控，而需要购买的物品价格却大幅上涨；棉布、稻田里干活用的胶底鞋，及其他农民视为必需品的东西几乎都买不到了。用木质纤维制成的替代布料穿上会直接破洞或缩水，这已成为公认的事实。无论是鲸鱼皮还是鸡皮做的靴子都难以令人满意。据说，每只鸡能产出约 0.7 平方英尺的"皮革"！在农村，劳动力短缺意味着工作更辛苦，利润却反而更少。

许多人都期望日本伤兵回国能唤醒日本国民，使他们的"理想"幻灭，在某种程度来看的确如此。日本当局起初允许民众与士兵接触这一决定就是愚蠢的。例如，一所有名的女子学校接到命令要派一群歌手去军方医院。当这些女学生被带进医院时，发现自己面对的是现代战争中所有非人"怪物"。他们有些已没了四肢，残躯挂在吊床上，有些体貌已与正常人有天壤之别。其中两个女孩开始咯咯傻笑，这是日本女孩习惯性地表现紧张的样子，即使在最好的状态下也是如此。本就痛苦、神经紧绷的日本士兵被这一幕激怒了，咆哮道："把她们扔出去！杀了她们，把她们的脖子拧断！"类似的事情还有很多：一些日本家庭听说他们的儿子或父亲住进医院，就连忙跑到那里，恳求医院带他们去见家人，最后终于获准见到了家人，见面时却被眼前的景象吓得半死。有位日本学生告诉我，在他们例行去军方医院探望时，大家谈论的共同话题都是日军在南京和中国其他地方的暴行。男人们夸夸其谈，学生们有说有笑，但在中国发生的这些事情肯定对其中一部分人产生了不同的影响。不可否认的是与一年前相比，现在全体民众都完全不信任官方公布的战争伤亡数字，也更加怀疑被过分夸大的战争动机。

从横向与纵向上来对比，日本对战争的分歧太大，无法一概而论。因此，我们只能列出一些支持和反对战争政策的原因。支持派的观点：民族自豪感；无法撼动的军事胜利记录；对西方虚伪大棒政策的不满；对四亿消费者（指中国人）的渴望；产业的高工资和零失业率；盲目的理想主义。反对派：日本高层对财政稳定的担忧；农民和白领工薪阶层的真实贫困现状；日本民众偷偷摸摸地了解英美舆论，这类舆论经常在报纸或谈话中披露出来；官僚腐败，尽管政府开展了纯洁运动，但民众的恶习仍在肆意蔓延；还有一些人是怀疑主义。支持战争的人仍占据上风。但他们的信心不再如前，他们手上的牌都打完了。导致这一变化的各种原因都与反对派有关。

《曼彻斯特卫报》还刊登了乔治·何克一篇题为《现代朝圣》的文章，描述了他前往日本古代文化中心的旅程：

现在是晚上十点半的东京车站。东京到山田这趟车的站台上挤满了乘客，一群身穿白袍的爱国妇女像往常一样耐心地等待着，准备迎接士兵下车。长长的电车迅速驶入车站时，车站指挥员的喇叭发出急促单调的声音，与列车刹车的嘶嘶声混杂在一起，后面的站台上则是穿着木屐匆忙穿行的人们发出的"咔嗒咔嗒"声。这就是现代朝圣之旅的情景。每晚这列火车都会从东京出发，在途中停靠几站，车上满载着朝圣者，前往日本朝拜地的第一站——山田。大约在公元前200年，此地附近有大和神社，即日本文明的摇篮。虽然日本的首都经常更换，国家的宗教却一直在神圣的伊势市（日本本州岛南部城市）延续着，一脉相承的皇室灵魂也安住于此。如今，帝国使者仍必须赶往伊势报告重要国事。

过去，富裕的朝圣者骑着马走在这条崎岖的路上，而穷人根本没钱去朝圣。而如今是钢铁和电力的时代，富人和穷人之间唯一差距无非就是头等舱和三等舱。现在不再需要为骑马的人准备32个停靠站，也不再需要旅馆、喂马处和马匹接力队这些了。如今，只需一列快速列车，上面有身着制服的服务员分发着统一的盒饭。

小伙子们带我们找到自己的床铺，卧铺车厢里充满了欢快、温馨的气氛。人们站在一起吃着晚安蜜柑（一种柑橘类水果），松开衣领和领带，互相讲着轻松有趣的睡前故事。紧接着，绿色的坐垫、列车行进间的摇晃、再混合上列车钢轮在钢轨上规则地律动，很快就把人们送入了梦乡。

这列火车是Kaisokudo，意为"舒适愉悦的高速列车"。它速度很快，但又不会太快，也不会经常停车，清晨时还会驶过伊势富饶的山地平原。一场小雪让冬日田野里的矮稻垛泛起了白色的浪花。绿色的茶树在寒风中摇曳。每棵桑树四处蔓延的茎秆都扎成了一个个像鼠尾巴的顶结。到了六月，现在这些光秃秃的田野

将会被大片大片的绿色桑叶覆盖，准备迎接蚕的到来。养蚕的时
节正值农时，恰逢桑叶成熟的时节。冰封的稻田中矗立着一丛丛
翠绿的竹子，一节节竹竿顺着风的方向优雅地摇曳着。

八点半左右，列车驶入松阪。这里的车站建筑也都是用干净
的、没有结疤的木材建造而成，就像神社里使用的木材一样；因为
这里是诗人、经典民间传说编纂者本居宣长（Motoori Noringa）的
出生地。

> "天佑的日本岛，
> 　若这片土地的精神
> 　陌生人想要一探究竟，
> 　那便去樱花盛开的地方
> 　细嗅清晨空气的芬芳。"

本居宣长于 18 世纪在诗中如是写道。武士生前是美丽的，即
使死后，他也如落红般回护着他奉献一生的土地。如今在日本，
依然有他的诗句在回响。

到了松阪，火车两侧的山上遍布着大大小小的神社。马拉松
选手将宗教与苦行融为一体，穿梭在一个又一个神社间进行耐力
赛跑。

到达山田后，我们先去了内神社。神社门口的芦苇茅草生动
地被塑造成蛋糕的模样。在周围的花园里，小型建筑的屋顶由薄
片状的杉木瓦片建成，更为整体建筑风格增添了一丝精致糕点的
感觉。在这样的神社里，一匹年迈的御马在庄严又神圣的孤独中
咀嚼着它最后的时光。一群小学生正在圣洁的溪流中净手净口。
我们看着他们在巨大的云杉树间无声无息地穿行。云杉树高耸入

云、巍然屹立，直到那黝黑的树干从视野中被渐渐隐没。孩子们脱下外套、围巾和帽子，绕过外门，门上挂着白色的丝绸帷幕，普通人不得越过。他们齐刷刷地低头，轻轻拍手，就像他们在学校经常演练的那样。白色的帷幕被轻轻吹开，露出紧闭着的圣殿内门，门上绘有预示未来的龙云。内门和外门之间的庭院中遍地铺满了鹅卵石，这些鹅卵石在经过女人们特殊的净化仪式后，再从溪流中搬运上来。这样的仪式每隔20年举行一次，届时神社也会迁至新址。一队政府高官没穿外套、身着阴沉的蓝色制服，从手工打磨的鹅卵石路面上压过。在一位身着飘逸白袍、头戴黑色纱帽的大祭司带领下，从一个瞻仰处走到另一个瞻仰处。

往回走时，我们有更好的视野欣赏神社的花园。层层叠叠、伞状一般的树木在不远处勾勒出圆润的线条，山丘的轮廓线将壮观与精致融为一体。近处能看到灰色的石板路，造型优美的木桥，以及翠绿色的铜制栏杆。这里的景致都散发出细致入微的巧思与精心雕琢，令人称绝！方圆数英里的树木也都经过精心修剪，让每一棵树都绽放出独特的美丽，与整体相得益彰。

外神社就在城内。看看这来来往往的信众！一位年轻的母亲轻轻单膝跪地，白皙的脚从脚尖开始发力，脚趾使劲弯曲，踩在木屐上。身穿白色针织斗篷、头戴帽子的婴儿倚在女人的背上，上下摇晃。一位老奶奶静静地跪在一角，久久不语，神情虔诚。一所商业学校的学生们身着淡黄色棉布校服，正排队等待参拜。可能这些男孩已经在拥挤的火车上度过了24个小时；现在，他们的辛苦等待将得到半分钟无声仪式的回报；两个小女孩，丝毫没有害羞，也没有叽叽喳喳，就这么走上前去，手里拿着标签，说

明她们是班级代表。在今年的第一个月内，总共有 96 万人参观了
伊势。

　　他们为何而来？他们在那里参拜时都默默地想些什么？我们
向一位友好的警卫提问。他听后反应很惊讶，好像他从未想过这
些问题一样。"战前的时候，"思考片刻后，他回答道，"一般都是
为了事业上的成功，如为新生意、新生儿、新婚妻子或丈夫等祈
祷，之后再表达谢意；但现在是为战争，为在前线打仗的儿子或丈
夫祈祷。"而此时，在这个礼拜场所身后，俯冲的飞机嘶嘶作响，
传来令人不安的轰鸣声，这声音倒是很应景。对我来说，在这个
古树参天、流水潺潺、云雾缭绕、自然神圣的地方，这声音更像
是远处的雷声或瀑布声。对于到此参拜的日本人来说，这声音必
定会下意识地对他们产生了同样的效果；就算他们真听出了这是什
么声音，这声音也会使他们想起自己国家的力量与威严。

第九章

凯瑟琳·霍尔

乔治·何克在日本期间身体并无大碍。这要多亏在上海时米利肯夫妇精心体贴的照顾，让乔治·何克的病情恢复得很好。他真正想做的是回到中国，与中国老百姓生活在一起。他想看看战争给这些老百姓的日常生活带来了什么影响；想看看在根据地政府的领导下，发展出了什么样的新社会形态；还想看看在隐蔽的中国农村正在发生什么样的新工业革命。他想知道他离开武汉时遇到的那些难民的后续情况。他对中国工业合作社（CIC）能发挥的作用很感兴趣。1938 年 8 月，最早的中国工合促进办事处在汉口的新生活运动大厦成立，乔治·何克是第一位前去采访的记者。在那里，他结识了路易·艾黎，并得到了去西北工作的机会。这一点值得考虑。

他决定要做的第一件事就是去游击队所在的乡村，再想办法与他在延安结识的人取得联系。经朝鲜和东北回到关内后，乔治·何克来到了北平，打算与燕京大学会讲英语的中国学生朋友们一起悄悄溜出北平。他还尝试与他的朋友、晋察冀军区司令员聂荣臻取得联系：

> 我躺在乡下旅店的热炕上，卷了卷身上的被子，门外赶骡的人大声吸溜着小米稀饭，一群村里的孩子堵在门口，好奇地看着我这个躺在炕头的"老外"。也真是奇妙，几个小时前我还在北平

那个有电灯、柔软床单和弹簧床的世界里呢！"这算是一段愉快的
经历呢？或不过只是一段再追忆时不错的回忆呢？"我思量着，扯
起被子堵住双耳，想屏蔽掉夜晚骡子发出的嚎叫。

　　早上乔治·何克醒来时，浑身发抖、高烧不退，不一会儿就出现了精
神涣散的症状。幸好他生病那天有一位名叫凯瑟琳·霍尔（Kathleen Hall，
何明清）的新西兰护士路过那里。

　　凯瑟琳·霍尔于1893年出生于新西兰奥克兰。她接受护士培训后，于
1922年作为福音传播会的传教士来到中国。她曾在河北安国和山西大同等
多个中心工作了几年，主要从事护理和护士培训工作。1935年，她被派往
河北与山西交界的太行山脉的一个小山村——宋家庄工作。在那里，她计划
建立一所乡村医院，为唐县周围分散的村庄提供医疗援助，并通过这种方式
将缺少联系、彼此孤立的基督教徒群体团结起来。在1935年9月的一封家
信中，凯瑟琳写道：

　　　　宋家庄距离铁路最多35英里，但也可能有几百公里那么远，
　　与外界的联系少之又少。我也不知道在这样一个地方要做什么？
　　我和两名护士同行来到这里，努力尽我们所能治疗这里村民身上
　　的疾病，同时照顾他们精神上的需求。过去这两个月我过得心力
　　交瘁。因为麻疹或者说是麻疹的并发症，夺走了周围村子里许多
　　孩子的生命，因痢疾而丧命的人更多。而且，疟疾导致许多人贫
　　血，村民身体太虚弱，无法抵抗其他疾病。这里的村民有各种各
　　样、大大小小的病。但其实最令我们痛心的是，他们本可以不患
　　上很多疾病的。村民患上很多病，都是因为他们缺乏基本知识和
　　完全没有最基础的卫生常识……

这是一个新教区。第一位基督徒受洗时，年纪就不小了，最近他刚刚去世。还是年长的基督徒最虔诚。他们淳朴的信仰对这些人意义重大。他们的农活非常辛苦，农具也很原始，每件都是纯手工制作的。山谷间可用的田地很少，所以大多数人都依靠山上的田地。也就是说，只要有田地可用，就要沿着高高的山坡一路开辟小梯田，铲掉沿路的碎石，筑起坚固的围墙，以防雨水冲毁田地。农民的田地离家很远，所以他们很晚才回家吃晚饭。但每每到晚餐后，约九点半左右，村里的基督徒们，会从山上或山下来聚在一起，只为参加晚祷……

我们面临的困难异常棘手。目前为止，我们工作中最重要的一环就是教育。但是，现实情况是，因为需要照顾的重症病人非常多，我们几乎没有时间系统地开展个人卫生和公共卫生教育。开展这一工作也需要极大的耐心、针对性的技巧以及持之以恒的坚持……

在宋家庄的头五个月里，凯瑟琳走访了 500 个家庭，接待了 3000 位病人。当时那里还没有医院和诊疗所。一个非基督徒家庭借给了她们一间简陋的房间，她和另外两名护士就在那里安家扎寨。凯瑟琳精力充沛，再加上她两位助手坚定不移、忠心耿耿的协助，让她在建立中华圣公会医院的工作上取得了巨大进展。在中国的大多数传教士都对国民党寄予厚望，而蒋介石和他的妻子宋美龄本身就是基督徒，这一点可能愈发增添了传教士们的希望。

1937 年 7 月 7 日卢沟桥事变后，日军从北平南下，华北平原沦为一个巨大的、血腥的战场。本来，位于山坡上的宋家庄是安全的，但凯瑟琳之前在河北安国待过一年，她曾在那里为一位休假的英国护士代班，安国彼时正处在军事冲突的中心。毫不夸张地讲，凯瑟琳在那里为残破的国民党军所做的一切努力，后来被人们类比为南丁格尔在斯库塔里所作的贡献。同年，宋家庄的传教会关闭。1938年1月，凯瑟琳再次搬回宋家庄，重新开设了教会。同月，五台山成立了晋察冀边区政府。

这是一个由共产党主导的统一战线政府。在此期间凯瑟琳曾这样写道：

> 曾经腐败的县政府已经不复存在。最坏的大地主也走了，他们贪婪自私，对人民的贫穷和苦难漠不关心。八路军的队伍逐渐地融入到我们这里，他们的到来让这里开始发生了变化。积极热情的男男女女们，为当地人民带来了合作与教育的新思想，他们教村民选举自己的领导人，给村民们带来提高所有人生活水平的新希望，这是一件多么令人欣喜的事情啊！

不久，八路军晋察冀军区司令员聂荣臻会见了凯瑟琳。在交谈中，凯瑟琳消除了对共产党意图的担忧和疑虑。游击队安扎在宋家庄高处的山上，在那里他们不会受到日军的骚扰。日本人在京汉铁路沿线建了一条20英里宽的防线，由重兵把守。

此时，凯瑟琳意识到，要继续开展工作，就必须确保医疗用品供应，她已经指望不上安国的圣公会医院了。于是，她自己开始频繁往返于北平和宋家庄之间，途经安国，通过日军防线运送各种医疗物资。日本人不敢伤害西方人，担心会因此危及西方对他们国家的支持。因此，凯瑟琳利用自己是外国人的优势，在1938年一整年里，每隔两个月就往返于北平和宋家庄之间。1939年2月初，她获得了一批医疗物资，于是她带着护照和日本旅行通行证，像往常那样，打扮得像个"正经"的外国传教士，乘火车前往定县，为安国的中华圣公会医院运送部分物资。她赶着毛驴车，又一次成功穿越日军防线，快走到曲阳的高门村时，却被一群急得发疯的孩子们拦住了去路。

凯瑟琳本就负责照顾生病的外国人。经过快速检查，凯瑟琳确认她遇到了一个斑疹伤寒患者。乔治·何克被裹在毯子里，放在凯瑟琳的驴车后面。后来他写道：

> 我还记得她为了找到最佳的路线，像只田间惊慌失措的兔子一样跑前跑后，而我却愤懑地被裹在毯子里。后来途经一段陡峭的山路，我又被挪到驮着厚重行李的驴背上。然而，如何让我安稳地不掉下来又成了棘手的问题。

他们花了三天时间才到达目的地——曲阳县的另一端。这是历史古老悠久的大理石雕塑中心，以一座巨大的六世纪寺庙为中心，这座寺庙的历史比北平建城还要早。最终，他们到达了宋家庄这个小山村，乔治·何克被安置在简陋的农舍医院里。他写道：

> 诊所里全部都是看病的人，用门板抬来的老人、窝在母亲怀里的婴儿与孩童、挂着拐杖脸色苍白的年轻士兵，都耐心地排队候诊。晚上经常会接到夜诊电话，凯瑟琳随即提着马灯，带着她的大黄狗四毛翻山越岭去出诊，黎明前还要赶回来为新一天漫长的工作做准备。然而，人们似乎只信任她这个人，却并非所有人都相信她的医术。因此，常常是老百姓得病后，会先尝试各种其他偏方治病。尝试无果后，才最后一个想到她。病人们往往要先经当地接生婆的脏手，被生锈的剪子和钩子一番折腾，由巫医鞭打、放血、喂鸦片，以及病人家属去庙里烧香磕头捐香火都无果后，病人实在走投无路、山穷水尽的时候才会想起她。凯瑟琳总会时不时地在半夜三更被叫去出夜诊，这对她本人多年的医术与信仰都是一种考验。

与乔治·何克同病相怜的还有两个农民，一个老人和一个男孩，两人都有伤口感染。一天晚上，医院送进来一位身负重伤的当地校长。他白天当老师，晚上当游击队员。凯瑟琳没想到乔治·何克能挺过来，因为西方人通常对斑疹伤寒没有什么抵抗力，大多都会因此而倒下。她从未询问过任何有关斑疹伤寒病人的情况。在抗日抵抗运动中，凯瑟琳一般都不会问病人是谁，从哪里来。只有在这个人病情特别严重时，凯瑟琳才打开他的钱包，查看信件，了解病人的姓名以及亲人的下落。乔治·何克是在北平感染上的斑疹伤寒，当时他已接种了斑疹伤寒疫苗，因此有了一线生机。高烧三周后，乔治·何克开始康复，但仍需要大量的休养，还需要增重。"这里没有像米利肯夫妇把我养胖的那些海鲜和其他奢侈的山珍海味，"他在1939年4月6日写道，"不过这里有两只山羊，这两只羊烹饪后确实味道不错。"乔治·何克病情好转后，又休养了三周。因此，他得以在这期间观察村里发生的一举一动：这一边区的日常生活与人民以何种方式组织起来抗击日本人。村自卫团、农民、工人、妇女和青年人联合会以及儿童团，所有这些团体都是一个自成体系的组织，由晋察冀边区直接领导。

乔治·何克通过与边区工人交谈得知，他们中的许多人都曾是学生，会说英语。与此同时，他的中文也突飞猛进，有了质的飞跃。凯瑟琳给他讲述了许多旧社会的故事，他听得津津有味。听完了这些人的生活和希望，他知道了边区政府对他们来说就是一切。尽管他们非常贫穷，缺乏食物，但他们愿意为理想付出一切，包括生命。听了这些人的故事后，乔治·何克对他们充满了惊讶与敬畏。在此之前，乔治·何克还是一个刚从牛津大学毕业的应届生，热衷于冒险，渴望有朝一日能在新闻界大放异彩，可能骨子里还带有某种根深蒂固的优越感。在这个由一百来户人家组成的村子里，蜿蜒崎岖的小路将山上和山谷里其他类似的村子连接起来。乔治·何克自身也发生了巨大变化。乔治·何克从小就喜欢唱歌，在欧洲和美洲旅行时，他收集了很多民歌。现在，他热衷于学习游击队与当地乡村里传唱的歌曲。凯瑟琳记得，乔治·何克身体康复得差不多之后，就去村外的小路漫步。那时，山谷里就会响起他浑厚低沉的歌声：先是一首儿歌《老麦克唐纳有个农场》，接下来是一首中国游击队歌。在之后的岁月里，这首歌总是让他回忆起宋家庄，每每都会让他热泪盈眶。一般这首歌唱起来都是节奏较快的旋律，但乔治·何克总是满怀深情地把音符拉长，让最后一句歌词充分展现他男中音的魅力。

1939 年 4 月，乔治·何克在宋家庄写了下面这篇报道。凯瑟琳把这篇文章偷带到北平，最后发表在 1940 年 2 月 9 日的《曼彻斯特卫报》上：

对宋国兴（音译 Sung Kuoxing）来说，所有摆在他面前的选择都看似希望渺茫。日本兵和他很快就会到达山上的岔路口。岔路口的一条路通向村子的高处，中国士兵就驻扎在那里；选择这条路对宋国兴来说意味着自由，或许还有钱拿。另一条路则通往山上，不知去向何处。若宋国兴故意带错路，这群日本兵就要花好久才能走到一个看似安全的地方，中间的路途可能会让这群日本兵像无头苍蝇似的白走好几天。而他到时候就会被子弹打穿脑壳而死。

对于驴夫宋国兴来说，生活中的一切似乎都毫无希望可言。日复一日，年复一年，他在华北的山间小路上蹒跚前行，他的驴子满载羊毛运往铁路，满载着乡下的农产品运往城里的集市，或许还载着某个盘腿坐在驮鞍上的太太（家庭主妇）去看望亲戚。他时不时发出有干劲的"驾"声或"驭"的声音，似乎是在给自己打气，但实则都是敷衍了事，他其实心里并不在意。"宋国兴想得太多了。"其他驴夫说道，边说边无忧无虑、大摇大摆地在牲口身旁走着，笑得合不拢嘴。长长的烟袋上挂着金属小碗，有些人将它们潇洒地挂在肩上或塞在脖子里。

　　的确，宋国兴心思太重，而且他心里想的事情常常不能让他开心。别人只要能多挣几毛钱的拉车费，就已经高兴得不得了。其他驮夫谈论的无非是这个人赚了多少钱，那个人赚了多少钱，赚了什么钱，什么时候赚的。但宋国兴并没有用铜板来衡量他的生活，他厌恶看到自己那头驴的屁股，这头驴倔强、体型娇小，背上都是毛茸茸的黑色，肚皮都是毛茸茸的白色。他不为人知的理想其实是去大城市开卡车！他认为那才是男人的生活！再也不用辛勤地工作，再也不用了！而是开着一辆上好的卡车，鸣起喇叭就能发出喧闹的声音。也许在业余时间，他还可以学习，去了解其他事情。他特别不明白，为什么去年洋鬼子要去他村子里，冷酷无情、毫不讲理地杀害了他的家人和朋友，还毫无理由地烧毁了一排排的房屋，最后把本来就不够吃的粮食撒了一地。他想弄清楚这都是什么缘故。

　　当然，这都是白日做梦。人和牲口加一块已经吃光了他们全部的积蓄，攒不下一分钱。于是，宋国兴苦思冥想了很久，最终，他想明白了，他对日本这个国家的谎言了如指掌。这也是日本人抓他的原因。这是日军第二次来到宋国兴的村子了，还要求要找一个向导。宋国兴一脸不愿的样子未能使他逃过这一劫，相反，他还被日军选中了。"听着"，日本军官说道，"你带我们去见中国士兵，否则……"日本军官咧嘴一笑，轻拍了下配在腰间的左轮手枪。在这个事情发生之前，宋国兴觉得最危险的事情也莫过于在田间劳作的农民们，比如，妇女们把一个个水罐挂在一根杆上，再横挑在肩膀上，沉重地蹒跚前行。他根本没时间思考是否能活着回来，他必须选出一条路线，一个方案。

所以，宋国兴现在的想法就愈发明显了。也许他确实有一些不切实际的梦想，他确实抱怨生活，但宋国兴并不想死。宋国兴从未和别人说过，依我看，就连他自己都没有意识到，其实生活中有许多令他热爱的事物：从沙河谷地通往大槽山的梯田山麓，这些山峰方方正正地耸立着，像精雕细琢的棕色大教堂；黎明前的天空，摇曳在河边白杨树上的白月光；还有将大地和山峰染成红色的日出；他还留恋由他挑选出最佳运货路线时的自豪感，爬上高高的石阶登顶山峰时的成就感；给牲畜喂水时客栈里欢快、阴沉的喧闹声；以及一天辛勤劳累后的小米汤和温暖的砖炕。

若是一年前，宋国兴丝毫不会有半分犹豫。在他看来，反正所有的士兵脑袋都不灵光，因此，这些士兵来自哪个部队都无所谓。后来，他的村庄被无缘无故地摧毁了，紧接着又来了一群士兵，这些士兵也会说宋国兴的家乡话，士兵们谈到一个统一的新中国。"日本军国主义者和帝国主义者派兵来抢劫中国，"这些士兵说道，"我们所有中国人必须团结起来进行抵抗。我们和你们的士兵，都会一起战斗；你们必须帮助我们救治伤员、提供食物，并提供有关敌人动向的情报。"这听起来都毫无问题、合情合理。再后来，这些士兵又回来了，并在该地区建立了政府，这也没问题。农民们明白他们要向军队缴纳多少税款，这些税款是通过政府缴纳，而不是像以前，钱都交给那些带着一群士兵来虚张声势的军阀军官手里。后来还有中国自卫团的操练。宋国兴心里清楚，他、其他的驴夫、村里的农民和店家们都并不擅长操练，他们也不可能真的用木制大刀和自制长矛来阻挡日本人；不过，这种操练确实给人一种成就一番大事业的感觉。尤其是在他们得知，在绵延数百公里的城镇和村庄外，比宋国兴的毛驴能走得到的地方还要远，那里的人们都在以同样的方式进行操练。

宋国兴在洋鬼子逼迫下做出决定的时候，他脑海里闪过了上述所说的所有画面。一刹间，宋国兴想明白了，他的心也释然了，因为他知道，他领这支日本军进入的山区，不会威胁到中国军队的安危。

那天晚上，宋国兴从 30 英尺高的地方纵身跃下，跳到了干涸的河床上逃跑了。步枪子弹从他身边呼啸而过，打得他身边的石头劈啪作响，但他还是继续往前跑。后来，月亮跃上枝头，柔和的月光映在白杨树皮上，山谷一侧的山峦被洗刷得银光闪闪。宋国兴在涓涓细流的小河边快走了一夜，他看到赤色的晨曦照亮了山峰，勾勒出如波光粼粼一般的天际线。他从一块石头跳到另一块，浑身上下散发着狂野的喜悦。

他走到一个村庄后，被抓到了日军长官面前。等宋国兴解释一番后，日军说："你一定是在撒谎！我们有一队士兵在离这不远的地方遭到了袭击！肯定是你带路干的！"一小时后，子弹击穿了宋国兴的脑袋，宋国兴死了，但他的灵魂却安然无恙。

一天，一支马队穿过宋家庄村，停在了医院门口。他们解释道："我们是来找那个外国人的。"随即出示了聂荣臻将军的邀请函，聂将军在信中邀请乔治·何克向西行去拜访他。走了几个小时后，他们下了马，来到了聂将军的司令部，那里位于河北阜平县 30 英里外的一座寺庙内，由配有手榴弹的卫兵把守。

游击队插曲

聂荣臻将军年近 40 岁，时任晋察冀军区司令员。他出生于四川省江津县（今重庆江津区）的富农家庭。1920 年，他随勤工俭学团前往法国。在法国工厂工作期间，他结识了周恩来，学习了马克思主义并加入中国共产党。之后，他先在比利时的沙勒罗瓦劳动大学学习了一段时间的自然科学，1924 年到苏联莫斯科东方劳动者共产主义大学学习，1925 年 2 月转入苏联红军学校中国班学习军事。回国后，他进入黄埔军校政治部工作。后来，在第二次国内革命战争时期，他随军队从江西长征到陕北。1937 年，日军沿铁路进犯，正是聂将军与边区主席宋劭文一起，第一次提出了建立一个有组织的边区政府的想法。聂将军解释说："这个边区只是暂时性的，我们需要它直到它能与后方连接，并把它的身份融入自由中国的身份中。"乔治·何克在司令部住了一礼拜，每天大部分时间都在与前来拜访将军的军队、政府人员交谈。

乔治·何克如此描述他最初的旅途："然后，我们收拾好行李，骑马出发沿着蜿蜒曲折的沙石路去一个山谷，那里有一个被河水冲刷形成的梭形花园。山谷两边的低坡上，樱桃树和梨树开得正艳。在其后是褐色的山丘，远处紫色的山峰如舞台布景般耸立着，宛如刀锋划破天际。这是我骑马生活的第二天。"那时候，乔治·何克他们一行人正在前往五台山，那里是晋察冀边区红色政权的所在地。新边区成立之际，八路军在此地集结，日军从北平开始向南推进时，聂将军先让日军顺利占领了山西的战略中心，但随后又从后方打击了平津周边地区，在那里击溃了日军。

那天晚上，他们一行人在晚饭时聊起了日本人的民族性格。一位毕业于东京帝国大学（现东京大学）的中国留学生这样说道："日本人在去别人家时非常有礼貌。自从第一条铁路建成，火车驶进站台以后，人们总能看到月台上留下的木屐都排得整整齐齐的。"但是到了第二天，日本人一扭脸就露出了与先前截然不同的嘴脸。沿着山谷绵延一英里，整座整座村庄都被烧得面目全非，连屋顶也烧干净了；一个曾经围绕着一座巨大的佛教寺庙的地区，如今在近距离的炮火摧残下变成了废墟一片。村民们被迫都逃到了山上，但仍能看到少数村民在废墟中扒拉些还能用上的东西。这就是日本人留给游击队和他们身后的老百姓的"教训"：房子没了，粮食也跟着没了，没粮食就没法打游击了。这样，日军就能毫无疑问地统治这片被炮火摧残得黑漆漆的土地了。与克伦威尔和英国国王在爱尔兰播种的仇恨相比，日军行径之恶劣可谓是有过之而无不及。

前往五台山的路上，宋主席接见了乔治·何克一行人。宋主席和其他政府人员一起前来，为了和聂将军讨论军民合作的问题：如何征收粮食、布匹，征集人力？军队需要粮草，老百姓也想出粮草。但是，除非万不得已，军队不应直接与百姓打交道，这样能尽量减少军民摩擦。

晋察冀边区附近有三处温泉。其中一处被日本人占去了，但是还剩了两处，其中有一处就在五台山附近，于是他们骑马去了那处温泉。聂将军、宋主席、工商委员和其他政要浸泡在两英尺深的热温泉里，有些人还坐在了舒适温暖的石头上。透过蒸腾的云雾，他们向乔治·何克谈起了战后对该地区的规划："到那时，修一条直通北平的马路，两地就会近在咫尺，来这里骑马、泡温泉，赏山间美景。"聂司令还兴致勃勃地计划在当地建造一座豪华酒店，给埃文斯·卡尔逊上校和美联社记者霍尔多·汉森（Haldore Hanson）留出专门的套间，他们二位是最早到访这里的外国客人。

之后，乔治·何克一行人向北出发，没过多久便发现了边区政府，藏身于一座古老寺庙之中。同边区的许多其他地方一样，在这里，和尚们和游击队员同吃同住。乔治·何克如此描述当时的情景：

> 寺庙里的办公室嗡嗡作响，学生和代表团忙前忙后，时不时传来电话和电报滴滴答答的声响，大家要随时保证政府各个部门都紧跟敌后方的动向。而此时，和尚们仍继续做他们的日常佛事。他们每天要关在房间至少做三到四次佛事，房间里摆满了披着金箔的神像和用来敲的法器，紧闭的门里隐约传来他们诵经的声音。和尚们手中的小铃铛敲出的音符听起来就像我在敲打字机。每当铃声响起，我都能浮想出他们翻动经书的模样。

谈到红军（八路军）时，乔治·何克再次对自己在延安的所见所闻做出评价："这里的红军不是红颜色的军队，也并非我们所通俗理解中的军队，当然也不是苏联式的共产主义者。"乔治·何克发现，这里的军队把大部分的时间、精力和人力都花在了教育上，不仅教育农村老百姓，还教育敌人。事实上，在他看来，教育日本军人可能要比教育中国老百姓更重要：

> 每个连队每个月都必须学会唱一首新的日语歌，晚上，他们用日语对着敌人唱反战歌曲，上战场时要齐声高喊口号，位置显眼的墙上也刷上了用日语写的标语，俘房写的传单散落在日本人行军的路上，让他们随手可拾。

两年前，乔治·何克所在的村子还刚刚成立了妇联总部。那里有一千多名全职员工，食品和衣物就是全部的工资。据他们所说，边区的妇联成员已数以百万计。一名员工告诉乔治·何克：

> 妇联的目标是动员妇女们实现民族的伟大复兴，提高生活水平，并获得平等的政治权利和地位。每天约有2000名成年妇女来这里学习，听乡村教师上课，我们有自己的课本，还有识字读报学习小组。在30个县的妇联中，我们的工作做得最好，已经有16人被选为村长，还有1431人入选村委会班子。

那位员工不过还是个女孩子，她向乔治·何克分享了自己的故事：

> 战争刚开始那阵，我的大学同学都纷纷逃离北平。我原本打算在北平再多待一年，至少等毕业了再走。但是没过多久，我就受不了北平的生活了。倒不是因为受不了城里人那副实际苟延残喘、表面粉饰太平的样子，而是被城外同学们的思想打动了。我的同学从山区偷偷摸摸地寄来的这些信，我又拿给母亲看。比起日本人，我母亲更怕肮脏和贫穷，让她和农民为伍就像时代倒退一样可怕。"别着急，再等等！"她总是对我这样说，"等你毕业以后，你就能去重庆投靠你爸爸了。"一天晚上，我实在受不了了，就按照朋友告诉的方法溜走了。

在逃跑的途中，她把城里穿的鞋换成了草鞋，得到了一个叫"芳草"的外号，并在河北西部山区的石头路上走了几天几夜。曾经她一想到虱子就害怕，但是到了农村，她也要入乡随俗，不得不与虱子"共享"一张农家炕。不用想也知道，炕上的虱子会让她夜不能寐；一起吃饭的人里还有痨病患者，但大家都把筷子放进一个碗里；她自己带了搪瓷脸盆洗脸，以防得沙眼，但这竟然也被充了公：一个战士用这脸盆给一头生病的骡子喂食，从此以后她再也不用那个脸盆了。她还分享了更多自己的经历：

> 对我来说，乡下女人比大学里的外国教授还要陌生，我花了很久的功夫才让她们明白了我的想法。随后，我们大家就分组竞赛，给士兵们做鞋子和制服。在当地教师的帮助下，上夜校的人越来越多，也就此诞生了很多女领导，她们还能在会议和课堂上拿着宣传小册子进行宣讲。做得最好的地区还成立了妇救会，一周训练两次，站岗放哨，给男人腾出时间在田间干活。曾经因生不出男孩而遭歧视的女人们也因为从家庭手工业挣到了钱，于是扬眉吐气了。

> 后来我被派去京汉铁路边上村子工作，那里是日本人的"铁路爱护村"。日本人变着法地讨好当地村民，见了老人家就鞠躬，给小孩发糖，给祭奠故人的人家买纸钱。我偷偷组织了一个小型爱国团体，向村民们揭穿日本人宣扬的假和平，揭露他们的真面目。村民们烧纸钱的时候，我就提醒他们日本人会在别处对村民们烧杀抢掳。几个月后，游击队突袭了这个村子，逮捕了领头的叛徒，我又和游击队一起回来了。

一年后，奋斗（芳草的新名字）不会再为那些呆头呆脑的农妇刁蛮无理的行为而气到发抖了；她已经掌握了诀窍，做到既尊重这些农妇的生活方式，又保持自己的生活方式。她会早早地起床，出门找棵树或河边的石头坐下。之后再回到村里，用妇女们能理解的话语与她们谈论战争，战争与妇女解放的关系，还有亘古不变的婆媳关系与育儿问题。渐渐地，奋斗爱上了这群农村妇女。她们面对家庭琐事的坚韧，无休止的劳动，以及善良的品质都打动了奋斗。

大学期间，娇小玲珑的芳草乐于和男人们有些小暧昧。现在，她容颜不再，脖子上也总长疖子，但她无论如何都不想搞暧昧了。

司令部里有个年轻的中国南方人叫周伟明（音译 Zhou Weiming）。他们俩经常聊彼此的过去，聊各自的大学与家庭。但更多时候，他俩讨论的是未来，一起憧憬着将来八路军进入北平，把现在的边区变成新民主主义国家的一部分。

一天晚上，他们俩蹚过山谷的沙地——妇女们常在这里摘叶子腌咸菜，走到了河边。湍急的河水冲刷着石子不停地打转，从小山坡顶上望下去，能看到一座荒废的寺庙。他坐在岩石上，握住她的手，感受着她的温柔。她羞涩地扭过头去，他把她拉回身边亲吻她的脸颊。起初轻柔，继而狂热，好似要唤醒那张恬淡美丽、宛如雕塑一般的面庞。白杨树叶沙沙作响，像什么都未曾发生过一样；山峦在黄昏中黑魆魆地耸立着，显得亲切而怡然，在白色天空的映衬下，排排树木列队般地站在参差不齐的山脊上。

婚宴上，宾客们轻松愉快地围坐在一起，喝茶、吃花生。菜色有鸡肉、猪肉碎、菠菜、炒鸡蛋、萝卜丝和红薯。每人都有碗面，每桌都有笼馒头。一刻钟后，筷子在每道菜之间挑拣起来，像卜卦似的悬停在要夹的菜上面，灵巧地从残羹剩饭中挑出精致的食物。这时，周伟明的处长站起身来，开始讲话。"同志们，"他说，"这俩人这么快就结婚了。"大家欢呼雀跃，拍手跺脚。"但是，看看昔日这朵长在城市中的小桃花是如何适应咱们现在这种环境的！咱们的新娘不是一朵艳丽的红玫瑰，没有樱桃小嘴、杏眼、三寸金莲，也没有穿旗袍裙露出的纤纤玉腿。现在穿着制服的奋斗，没有大房子和下人，甚至连婚床都没有。她必须像游击队员一样一刻不停。在这个年代、这种地方，婚姻就好比是一个统一战线，让夫妻双方一起为之更加努力地奋斗，而正在崛起的中国就是'第三者'，这里的第三者可不是指什么小三！而是将夫妻二人凝聚在一起的共同目标！同志们，我说得对不对啊？"

"对！"宾客们喊道。

那天晚上，周伟明和其他战士一起躺在大炕上，他回忆起了在延安抗日军政大学的那个星期天，那天发生了很多事：他穿上短裤和学生时代的旧衣服，到河边洗军装，中午和几个朋友到合作社的餐厅吃饭。就在他们吃饭的时候，六架飞机从山上飞来，轰炸了这座城市，在山坡上一顿扫射，不打算留一个活口。周伟明从炸烂的木屑与灰泥的废墟中拖出战友，然后把一具具扭曲的尸体在街上摆正。其中有一具女孩的尸体，她当初和周伟明一起，从南方一路走到这里。那时候的周伟明魂不守舍、无精打采，脑子里只有一个念头能让他感到安慰，那便是很快他就要出发，到日军后方建立抗日根据地。而现在，周伟明在新婚之夜微笑着进入了梦乡。

后来，奋斗被派去铁路区工作与生活。她假装去那里探亲，专心致志地为组织培养忠诚的妇女力量，以及向外传递情报。她发现了一个海洛因的贩子，随后立即通知了中国士兵，士兵连夜行动，将那名特务逮捕了。此后不久，奋斗发现自己怀孕了。作为妻子，她感到自豪，但作为母亲，她又感到悲伤，因为她知道无法将孩子留在身边抚养。

从铁路区回来后，她和周伟明找了一对好心的农民夫妇商量照顾孩子的事。他们谈得不错，他俩对这对夫妇都很放心。产前一个月，奋斗无奈地离开了工作岗位；然而，儿子出生一个月后，她又回来了，想用工作来转移自己与儿子分离的痛苦。周伟明那时也不在，而战争还在继续。有段时间，她下班后还能去看看孩子，后来情况变得危险起来，她所在的整个部门都不得不搬走。"你安心工作，我们会照顾好你的儿子，"农妇在向奋斗告别时这样对她说，"如果真如你所说，这孩子会过上好日子的。"

宋主席提议让乔治·何克多四处转转，聂司令随即派了一名燕京大学毕业的大学生与乔治·何克同行，还给他们配了四名卫兵和六匹马，他们就这样出发了。一行人探访了边区内不同的部队驻地，乔治·何克也从中学到了很多新的游击战术。他们沿途还加入了西北战地服务团：这个团里有 24 名成员，其中有歌手、演员、有曾经的电影明星，还有工厂工人，他们都毕业于延安鲁迅艺术学院，主要给民众做抗日宣传工作。他们穿行在山间，一路都有断续的歌声在队伍中回荡着；每到一个村庄，领队都会让他们严守秩序，像纪律严明的军队那样通过村庄，像游击部队一样安静。一个女孩告诉乔治·何克："我们这里吃穿不愁，每个月两块钱就够用了，唯一的开销就是路上买着吃的花生。"挑选好要演出的村子后，他们就会在集市上搭台子。接着找个合适的地方落脚，开始生火做饭，之后就开始讨论演出方案，如何根据当下的目标改编以前流行的历史剧目。

远在南边的边区总部发来电报，说有一支护送队会接应他们穿越正太铁路。于是乔治·何克骑着一匹山地日本骏马向南出发了。马背很宽，他把铺盖铺在马背上，舒服地在上面休息。有 100 多名学生陪他一起穿越危险的铁路——这些学生毕业于延安抗日军政大学，要去往陕东南工作。

乔治·何克问了很多同行者一样的问题："你们背井离乡去延安的初衷是什么？"他们的回答都很简单，有的是对生活现状不满，有的是被日军的轰炸所迫。其实归根结底，对大多数人来说，都是为了国家事业，他们向往来到这个处处充满革命友情的、自由平等的圣地。他们本来打算夜间穿越铁路，一切都已准备就绪，但在最后一刻又不得不放弃了原计划，日本人向铁路发动了新一轮进攻，他们被迫向北折返。乔治·何克写道："枪炮声一直持续到第二天早上，我们钻进深山找到了一个很小的村子。当地人正蹲在地上吃晚饭，吸溜着面条。我们爬上屋顶，看到日军飞机正在轰炸我们前脚刚走的那个村子。"他们不得不在原地待命，等日军攻势减弱之后，再按原计划前进。乔治·何克接着说："一天深夜，我被'自卫团出来抬担架！'的喊声和庙里的钟声吵得睡不着。早上，我们住处一位慈眉善目的老人告诉我，附近村子已经有上千人撤离了"。这个时候，一个严丝合缝、组织有序的民间组织就显得尤为重要了。这其中，破旧的通信系统，横跨乡村、岌岌可危的电线杆，邮政服务，还有信封盖下标着鸡毛的航空件，日夜不停地从一个人手里送到另一个人手中。它们都功不可没。

日本人一周后才撤退。日军一走，乔治·何克一行就连夜下山，开始了一天一夜的行程。他们走到河边，河对岸是铁道路堤，月光下，娘子关就在不远处。在一个"铁路友爱村"，日本人的旗子高高地挂在桅杆上，仿佛是一切正常的信号。乔治·何克继续写道：

> 村里的几个男人出来和我们碰头，还拿着日本糖。简单地寒暄过后，他们领我们穿过铁路，走进大山。一切都悄无声息地进行着，安静得就像牧师祷告前的教堂，只能听到青蛙和蟋蟀的合鸣。一头骡子狂叫起来，像一个突然发疯的风琴艺术家。战士立刻挥鞭喝止住驴。回头望，我能看到日本人的旗子在月色中晦暗不明。

随后，他们安全地渡过了河，再次回到了农村大地。

不久后，他们所在河边的村子遭遇了百年难见的特大暴雨。但他们心里清楚，若要去到八路军总司令朱德将军所在的司令部，就必须渡过这条河。乔治·何克继续写道：

> 夏天的雨水落在孩子们的身上，在他们因吃了太多草根和树皮而撑得圆滚滚的肚皮上冲刷出一条条水印子。农民们坐在房前

嘻嘻哈哈地说笑着。军官们坐在当地的食堂里，有的在理发，有的在下棋，有的在喝茶，还有的大声地朗读着宣传册。食堂是由谷仓改建的，墙上挂着毛泽东、朱德、马克思和蒋介石的画像。借着下雨，战士们都趁机把制服拿到外面洗。大雨间隙，有人会说"希望雨停了能凉快点"。

接下来的一周，狂风大作，河水涨得更高了，漫过整个村子。乔治·何克写道："洪水淹到了膝盖，场院里的骆驼被吓得嘶叫不止，我们的战士们吆喝着，借助蜡烛的微光连夜收拾各种物资准备逃离。"这是70年以来最大的一场洪水。第二天放晴后大水渐渐退去，但仍能听到河水带起下面的石头，发出"咔咔"的声响。

等他们能过河的时候，朱德的部队早已走了。没人具体清楚朱司令的去向。乔治·何克一行人决定向西出发，途中必须穿过一条日军占领的公路。这片区域组织涣散，通信也不好，甚至搞不清楚哪里是敌占区，哪里是非敌占区。夜晚他们就在泥地里跋涉，没有向导，跋山涉水，天亮时终于找到了一个坐落在小山包上的村子，好歹能睡一觉了。乔治·何克继续道：

　　一个小时后，我们被枪声惊醒。"可能是日本人的走狗，"一个卫兵说。边说着，我们就赶紧逃出了村子，"这些家伙手里有枪，都是自己想法子解决吃的。他们故意开枪就是为了吓跑村民，然后他们就进村抓鸡杀猪，大吃大喝。"等骚乱平息下来，这群坏蛋们也走掉以后，一些村民证实了这些说法。我们大家听后都气得直骂这群坏蛋的十八辈祖宗。

经过几天跋涉后，乔治·何克一行来到了山西牺牲救国同盟会（牺盟会）管辖的区域，这个组织大约成立于三年前。当时，山西以北的日本侵略军占领了绥远（现属内蒙古），在西边又有红军走完长征后挺进陕西。那时山西的阎锡山面临的就是这两重压力。虽然他有自己的精兵良将，但阎锡山深知自己的军队抵御不了外部的双面夹击。在此契机下，一股新兴力量崛起，集结兵力反抗日军。于是，阎锡山在不得已之下，同意进步势力在1936年9月18日（九一八事变五周年纪念日）成立牺盟会，阎锡山本人担任会长，独揽大权。牺盟会建立之初并无实权，但在抗日战争全面爆发后，阎锡山的军队和政府土崩瓦解、八路军又频繁活动、国民党中央军又大兵压境等重重压力下，阎锡山只好左右逢源，支持牺盟会的发展。借此，牺盟会在薄一波的领导下成立了自己的军队，取名"决死队"，下设五个旅，士兵15000人。决死队资金短缺，只够三个旅用的开支要摊给五个旅用，因此被称为"七路半军"。牺盟会的势力范围涵盖了阎锡山控制的山西大部分地区，甚至连阎锡山的旧部、晋察冀边区政府主席宋劭文也曾是牺盟会的一员。

乔治·何克和他的同伴到了牺盟会的总部，那里位于山西高平县附近的一座寺庙内。在这里，牺盟会五巨头之一的戎伍胜告诉他们："中国北方的群众运动正在发展壮大，但这并不意味着华北就是共产党的天下了。共产党动员老百姓为的是抗战和重建家园，没有政治因素。"

与其他八路军地区一样，乔治·何克看到了这里的群众教育计划和对敌宣传工作。但在邻近的村子里，他看到些不一样的情况。村里建了所学校，有400名学生，都是小孩子，都是从决死队里选出来的，以前都没上过学。其中有一个瘦瘦的、十来岁的男孩子。在他八岁时，父母为了七块钱把他卖给了一个汉奸当跑腿的。男孩就一直悄悄地传信，直到游击队的士兵发现了他，把他解救出来，并把他带到这所学校接受新教育。

日军拒收战俘，把这边送回去的战俘都杀了。决死队知道这一情况后，就不再让战俘回去了。乔治·何克写道：

> 我刚到关押战俘的房子时，里面空无一人。几分钟后，他们
> 游泳回来了，每人都用帽子揣着苹果，看起来精神焕发。狱卒以
> 前是个战俘，现在已经是牺盟会的一员了。刚刚抓到的两个战俘，
> 一个叫西村，一年前刚来到中国，是东京工业高中的学生。另一
> 个叫川井，曾经是京都的杂货商。西村的头被农民用棒子打伤了，
> 现在还裹着绷带。

乔治·何克与这两个日本俘虏脱掉鞋子，坐在日式榻榻米上，在翻译
的协助下谈起了战争。他们的对话非常"官方"，只谈到了日本人自己对日
本政府开战意图的困惑与不解。之后，乔治·何克写道：

> 我们一起出席了群众集会。西村做了一篇关于反法西斯统一
> 战线的演讲。我在主席台上清楚地看到他双手背后，止不住地颤
> 抖。台下的这些人在两星期前差点儿把他打死，但现在他却不得
> 不抬着缠着绷带的头。川井颤颤巍巍地唱了首歌，台下的听众不
> 肯放过他，让他再来一首。

后来，据说朱德的部队在东边的某个地方，穿过一条日本人的封锁线，
再走不出四天就到了。这条封锁线从道清铁路穿过晋南到同蒲铁路。该铁路
把守森严，路两旁的村子都有防御工事。而村子的另一侧却是焦土地带，荒
无人烟。铁路紧连着一条汽车公路，日本人通过这条公路向外运煤运铁，并
将盛产矿藏的南边与北边粮食产区隔离开。乔治·何克继续写道：

> 一天深夜，我们来到这个无人区，打算穿越过去。确认好接
> 头暗号以及应对突发状况的办法后，我们一行人走过坑洼不平的

河堤，悄悄穿过被烧毁的村镇，然后又翻过一面峭壁。每半个小时我们就要歇一歇，等后面的牲口队赶上来。"告诉赶骡子的把烟掐了！"这样的指令悄悄地接力传下去。稍过片刻，队伍里又听到"别咳嗽！"的指令，又过了一会儿听到有人说："让牲口轻点儿！"每次听到这种指令，我后面的马夫就低声咕哝道："牲口走路怎么能没声？"他和他的马是这个队伍里资历最老的，他曾经参加过红军东渡黄河的抗日先遣队。他和他的马还从江西出发，走过25000里长征。

一小队士兵在队伍前面开道，后面跟着40个学生、一个工程师、赶马的、赶骡子的，我的打字机和行李都在骡子身上驮着。整个队伍就像台手风琴，后面的人一会落在后面，一会又紧跟上来。有经验的老马游刃有余，像杂耍表演似的，爬陡坡踏平川，说走就走，说停就停，连个鼻息都不打。但我这头骡子走得拖拖拉拉，或许是因为他的主人得停下来过过烟瘾吧。我们刚快速穿过日军占领的公路，走了有50码左右，还没走到远处的村子，一个军官开始清点人数和牲口。"骡子呢？"他问道。没人知道骡子去哪了。东西丢了是小事，万一骡子被日本岗哨士兵发现了，前面的岗哨就会得到消息，我们的行踪也就暴露了。于是，一个小分队折回去找骡子。半个小时后，他们不仅牵回了骡子，还带回来一卷日本电话线。

两天后，乔治·何克一行人终于抵达了朱德总司令的总部。在那里，乔治·何克遇到了一个旧相识，是他在1938年6月去延安的路上，途经西安八路军办事处认识的朋友。而此时是1939年9月18日，九一八事变八周年纪念日，要举行一个纪念大会。乔治·何克继续写道：

> 我们一起坐下来听了三个小时的演讲，朱德总司令一直紧握
> 着我的手，像一位慈祥的父亲对小儿子那样，但是这样我确实不
> 好挠鼻子了。朱德总司令的眼角已经泛起了皱纹，虽然他没对我
> 说什么，但我能感受到他对我的喜爱。

出席纪念大会的有八路军、学者、教师、地主和农民。彭德怀在会上
讲话："今天的中国有两种三民主义。一种是孙中山先生和蒋委员长提出的
民族、民权和民生。另一种就是汪精卫之流所叫嚣的反共产党、反联合战线
的亡国奴主义。"乔治·何克不禁想起几周前看到的一份日军文件，第十师
团司令给下属做了关于军民关系的演说。文件中这样写道：

> 战争的成败最终取决于经济实力，我们的政府一面要维持国
> 内经济稳定，另一面也要取得占领地区的资源。当然，身为军人，
> 我们也必须具备经济头脑……中国共产党在这方面就做得很好。
> 他们大规模地、系统地开展群众运动。他们武装群众，并得到了
> 群众的信任。我们也要这么做，让群众相信我们……

九个多月前，乔治·何克从上海出发，此行有两个目的，一是要了解
在游击区政府的领导下，中国正在形成和发展何种新社会形态。二是想了解
中国内陆的新工业革命发展情况。现在，乔治·何克认为第一部分任务已基
本完成，朱德敦促他可以进行第二部分的行动了。朱德建议乔治·何克找到
路易·艾黎（艾黎主要在西安以西的宝鸡一带活动），并希望乔治·何克能
够清晰如实地写下他所看到的一切，告诉世界中国到底正在发生什么。

乔治·何克刚到朱德司令部待了几天，燕京大学的教授拉尔夫·莱伯伍德（Ralph Lapwood）和林迈可（Michael Lindsay，日后封为贝克尔的林赛男爵）也来了。除日本人外，他们是乔治·何克很久以来见到的第一批外国人。乔治·何克越发了解中国人，那时候他才意识到，那些中国人当初是如何看待他本人的。乔治·何克写道："我借了一面镜子，疑惑地看着镜子中的自己。是不是因为我没有精致的黄脸蛋和黑头发？会不会是因为我又尖又长的鼻子，还有两只突出的大眼珠子和长满雀斑的脸？"

他们准备出发，途经西安，最后抵达宝鸡。三个英国人收拾行李准备离开，等待着有关敌军动向的消息，以便安全穿越封锁线。乔治·何克这样描写这次旅途：

> 村子里一个老人坐在地上，身边摆着一圈封皮发黄的书。他看起来挺有学问的，胡子和羊皮纸一个颜色，但老人自己却说除了那些书名，他大字不识一个。他劝我们买了一本黄历，于是拉尔夫查了下那天的吉凶，日本人好像犯了冲。回到总部时有人告诉我们，昨天晚上日本人误以为山谷里有敌情，对自己人开了火，导致伤亡惨重。所以，现在路上畅通无阻，我们可以出发了。

于是，他们沿着黄河出发，一路向南。正如乔治·何克描述的那样，行进速度缓慢：

> 我们平均每天才向前推进 23 英里，速度相当慢，这路途的艰辛可想而知。软底布鞋根本抵挡不住石头对脚的摧残，河床上满是尖尖的鹅卵石，磨出水泡是常有的事，加上便秘、虱咬、失眠、精神涣散等等各种问题接踵而至。这也让我们骨子里的英国人"特质"越发凸显出来。每天早上起床和吃饭的时候都要例行公事地寒暄一下，路上就不痛不痒地聊聊天气，晚上的话题稍多一点，我们相互喊"老弟"。

他们身心俱疲，即便是一点小事也能让他们怒火中烧。"我们无法理解为什么在一个中转站会有三套驮鞍，却没有骑鞍，而在下一个中转站呢？有四套骑鞍，却没有驮鞍。"之后，乔治·何克这样描述他的同伴：

> 拉尔夫沉默寡言，却像数学家一样细心，又如传教士一样墨守成规。林迈可个子很高，头发稀疏，一副学者派头。他把目前的中日战争和希腊战争做了一个详细的比较。他脾气总体不错，但遇到令他厌烦的事情时也会恼。面对所有食物，林迈可说"没法吃！"但却对炒面情有独钟，总能看到他因为吃得太急而被噎住的样子。林迈可这个人比较讲究。我和拉尔夫比赛骑驴的时候，他就像个带学生徒步的老师，在我们前面闲庭信步。

有时，他们经常向村民提问："到下一个村子还有多少英里？或者最佳路线是什么？"而村民的答案总会让他们困惑，还会引发关于距离长度的讨论。因为村民往往是"吃过晚饭就到啦！"或是"翻过那座山你们就到啦！"

这样的回答。他们想问爬的那座山有多高，而农民的回答却是"吃完三张大饼，喝上两次水"或是"高到冻耳朵"这种表述。对于没上过学的农民来说，精确的数字是难懂的概念。如果非要他说个确切的数字，对方就面露难色。农民会用一个"神奇"的长度单位来描述距离。当问到"里"这个距离算长还是短时（一里等于 500 米），他们回答也是很模糊，没有统一的标准。得到的答复都是"一里不算长"，或者"一里也不算短"，他们常被搞糊涂。

垣曲是他们计划中的黄河渡口，要前往那里，就必须沿着河谷下去。而他们身边都是悬崖峭壁，压迫感如影随形。在这里，他们一行第一次遇到战火纷飞中的国民党军队，乔治·何克这样描述道：

（河谷两边）高山耸立，人们在山腰蜿蜒的小路上匍匐前行，显得如此渺小。在一个石头沟里，一个身着制服的盲人请我们带路。拉尔夫抓住手杖的一端，小心翼翼地领着他，每隔几百码就要踩着石头过一次河。在拐角处，一个发烧的士兵从一堆破布里爬出来，请我们把他挪到阴凉地。担架队缓慢地向南走着，担架上的人骨瘦如柴，浑身都是血和泥，赤裸裸地躺在用绳索编成的土担架上面，无遮无盖。没护士，没饭吃，也没水喝，他们就这样在烈日和尘土中赶路。我坐在路边休息，看到一群还能自己走动的伤兵往医院的方向走，他们背对着我，我这才发现刚刚路上看到的山峰其实并不是终点，前面还有很长的山路要走。有些人脸上的神色是无尽的疲惫和沧桑；有些人还有力气去捏死衣服底下的虱子，血缓缓地从他们的指甲盖里渗出来。

山谷的路上队伍熙熙攘攘，去往垣曲的渡轮上亦是如此。乔治·何克继续写道：

骡子队的每辆车都配一个铁盘，共装了四千卷弹药，走在路上所向披靡。脚夫们排着长队，扁担两边各挑着重一百磅的东西，晃晃悠悠地前行。驴队驮着冬天的军服，费劲地上山下坡。

但一到黄河边，他们却大失所望，因为这条河曾拦下了想从开封进犯的日军，但他们面前的这条河既不湍急，也不凶险。当前黄河水量是不大，但日军企图过河那阵，黄河正值春季汛期，水位大涨、水流湍急，裹挟着淤泥的洪水能冲垮河岸、改变航道，给肥沃平原上的数百万农民带来洪水和饥荒。而现在，河水水量小，狭窄的河流艰难地挤进像芥末酱一样的淤泥里，干燥的风扬起大片大片黄土的尘埃。乔治·何克继续写道：

> 要等空袭过后，垣曲的渡船才能开。待我们从河的北岸出发时，夕阳已染红了黄土峭壁。这艘平底木船用厚厚的木板和铁钉制成，巨大的帆是拼接而成的，在空中肆意飘扬着，帆的两侧伸出几只船桨；船桨有 30 英尺长，每只船桨都需三个人才能划动，但桨叶入水深度只有三英尺。船前进着，纤夫们卷起裤腿，嘴里喊着号子，踩在齐膝深的水里，使劲向外拉着肩上的扇形的纤绳。船两侧宽大的暗礁就是舵手们的路标，艄公在船尾掌舵。

纤夫和舵手们拖拽着船缓缓地逆流而上，穿过满是淤泥的浅滩。趁水势变成顺流时，纤夫们就松开绳子，桨手们气喘吁吁，一边喊着口号，一边疯狂地划桨。这时，船斜着驶入了静水，船开动了，他们出发了，真是不可思议！他们抵达南岸时，发现这个小镇虽被炸得严重，但尚算繁华，为来此渡河的国民党士兵和拉货火车提供了各种便利。主街道两旁点缀着纸灯笼，他们还看到了离开北平后就再也没见过的妓女。

去战地医院的路上，他们遇到了一排又一排载满伤兵的牛车。这些伤兵跋涉了一周之久，又过了河，还身负重伤。乔治·何克继续写道：

> 下山的时候，沉重的梁木压得车轱辘咯吱咯吱地响，像一场交响乐，在清爽的秋日空气中回荡着。每当牛车遇上大的颠簸，伤员们都会喘口气，紧紧抓住车边，以防被颠出车外。

晚上，乔治·何克、拉尔夫和林迈可到了医院，并找到了主治医生。医生的房间里堆满了表格，还摆着一把军官的佩剑。而拉尔夫只对数字感兴趣，他问医生接受治疗和手术的病人死亡率是多少。医生的回答透出一丝森冷的自信："这个嘛，我们不考虑这些问题。人要是真的命不久矣，送来我们这里也没救了。"

第二天，三个英国人打算搭便车去火车站，然后搭乘火车去西安。他们又一次地与一群伤员同行，这些伤员一路上吃了不少苦。一辆空空的军队卡车朝他们驶来，但直接略过了这群伤兵；经过身穿半套制服的拉尔夫，也没停车；又开过身着破旧衣服和脏裤子的乔治·何克，还是没停车。但当司机看到林迈可那学者般的秃顶、灰色法兰绒书包、牛津式亚麻外套时，竟把卡车停在了他的面前。于是三个人就搭上"豪华"顺风车到了渑池。

他们先是在一间土房子里休息，吃了点柿子和羊肉馅饼。到了晚上，火车终于开动了。这趟旅程很短，到了潼关整车人都要下车。潼关铁路紧邻黄河，在半英里外的北岸就能清楚地看到日军的部队。因此，所有人都要下车沿着山间再步行二十多英里，到另一个地方坐火车。乔治·何克这样描述到火车中转站的情景：

> 我们站在潼关的悬崖上，眺望着这座荒芜的城市，河对面的日军卡车往来穿梭。城里的日本人将一切尽收眼底，数不清的毛

驴、人力车和手推车把旅客从一列火车送到另一列上。有些人侧身而坐，跷着二郎腿，一副优哉游哉的样子；有些人则跨在驴子身上，又踢又嚷，让驴走快点；有的人身上装着各式各样的行李；有的人赶路时却什么也没带，手上拿着一罐泡菜，另一只手擎着一把雨伞。人和牲口一起在漫天的尘土里蜂拥而行、汗流浃背。当走到窄路口时，大家都被挤得动弹不得，开始骂骂咧咧。

潼西铁路通向西安，它穿越一片常年侵蚀形成的古老地貌，坐落在那里的村落都是用泥巴建成的，看起来与周围摇摇欲坠的黄土峭壁没什么差别。驴子在山间梯田里勤恳地犁地，一路犁到半山腰。他们抵达西安，高大的西安城墙逐渐映入眼帘，此时已值午夜时分。乔治·何克描述了他们抵达西安后的舒适生活：

　　看到酒店里的自来水和弹簧床这种"奢侈品"，我们三个人都惊呆了。我们把脏衣服堆在一个角落里，并希望可别从那堆衣服里蹦出来什么东西，然后窝在铺好的崭新白床单上，幻想着早晨起来吃烤好的黄油吐司、喝咖啡。

还没来得及享受多久弹簧床，这种生活就戛然而止。他们仅仅睡了三个小时，就被空袭警报惊醒。接着，他们加入了上万人的队伍中，躲进了西安城墙下的防空洞，这座城墙已有1500年的历史。他们顺着风蚀的城墙根一路向下，到了地下深处阴暗潮湿的防空洞。乔治·何克继续写道：

　　眼睛逐渐适应了这里的黑暗，我们看到防空洞约五英尺宽，两侧是狭窄的土架梁，上面已经坐满了人。墙壁凹陷处挂着煤油灯，闪着微弱的光。"进来的人请继续往里走。让后面的人进来。"

一名士兵喊道。一个算命师傅目光游离、头发蓬乱，颧骨在微弱摇曳的灯光下闪闪发亮，兴致勃勃地谈着玄学，给人一种诡异又和谐的感觉。说着说着，他突然停了下来，手指着上方。于是我们变得坐立不安，神经也跟着洞里轻微的震动一起颤抖，不知头顶上这方巨大的土堆到底能不能承受住外来的重击。这时，一个声音打破了沉默。"没事儿，大家别怕，"这个声音说道，"是我家猫打呼噜呢。我们怕它在家受惊，就一起把它带来了。"

接下来整整一周都空袭不断，能想到办法的人都逃出西安了。拉夫尔和林迈可结伴去了重庆，乔治·何克也坐上向西的火车前往宝鸡——当时陇海铁路的终点站。乔治·何克想起了 18 个月前从汉口出发时的情景：乘客们乱七八糟地躺在大包小包的行李和各种各样的杂物上——当人们忽然意识到要离家，都会手忙脚乱地带上各种鸡零狗碎的东西；在狭窄的车厢里过了几天难熬的日子，被汗浸湿的衣服散发着臭味，浑身爬满跳蚤虱子。就像其他火车一样，这列火车到了宝鸡后就没法继续前行了，巍峨的秦岭挡住了它的去路。难民们像雨后的蘑菇一般在宝鸡冒出来，让宝鸡彻底变了模样，一个新的社区在宝鸡老城的东边初具规模。这些外来客迅速建起了密密麻麻的土坯房。有些人在黄土坡上建起了窑洞。深秋寒风凛冽，清晨六点，街道上已经响起了锤子和锯子叮吟咣啷的声音，建筑工人们一边欢快地哼着小曲，一边将新泥浆夯到墙上。很快，这个新东郊就会比原来的城市还要大，楼房会建得更高更好，街道和路面也会更宽更平坦。大概 18 个月前，乔治·何克前往延安途中曾短暂经停宝鸡，那时候的东郊还是一片破旧的棚户区：铁道两旁是一长溜泥土和芦苇搭成的棚子。傍晚时分，篝火点亮了棚屋，时不时能看到有人弯着身子从门缝中穿过的身影。那时根本没有清洁卫生设施，就算是死尸也没人管，唯一的饮用水引自池塘和浑黄的渭河。舟车劳顿之下，一些家庭实在太累，没力气再出发，就直接坐在铁道边的黄土地上，一待就是好几天。这座城市本想清理整治棚户区，安置汉口难民，没想到又迎来了新一波从西安来的难民。于是，宝鸡人口骤然超过五万，新的棚户区再一次如雨后的蘑菇一般，在城市的各个角落冒出来。

1938 年秋，日军大肆宣扬战争要结束了的论调。自七七事变以来，日军共摧毁了中国战前现代化产业的百分之五。而现在，沿中国海岸线的封锁又加强了，香港被从侧翼包抄，广州和武汉已沦陷。越南到中国的滇越铁路被日本人控制，而英国人受劝说停止使用滇缅公路。理论上讲，向西穿过新疆进入苏联的沙漠小道可以用于贸易，但实际上却因为路途太过遥远而难以实现。况且，苏联主要依靠本国自身的生产，工业相对成熟。中国内陆必须发展自己的工业，正是在这种需求下，中国工业合作社（简称"中国工合"）应运而生。

抗战的第一年，路易·艾黎时任行政院"工合"咨询技术顾问。他与埃德加·斯诺、海伦·斯诺、艾格尼丝·史沫特莱等人一起，提出了开展工业合作社运动的想法，这样一来，中国就能将 3000 万难民的人力组织起来，投入生产、支持抗战。1938 年 8 月，国民政府财政部长孔祥熙力促路易·艾黎将他的想法付诸行动。就这样，中国工业合作社促进会在武汉成立。当时，武汉仍是中国国民政府的中心。在晋察冀边区，县长及其领导班子是最先一批接纳并致力于以合作社为基石，推动乡村工业化发展理念的先驱者。但是，第一个大规模发展"工合"的中心却是在宝鸡。1938 年 9 月，宝鸡的第一个合作社成立，只有 9 名铁匠。大批难民的涌入带来了大量的人力和掌握多种不同技能的匠人。合作社的目标是把这些有技术的人会聚在一起，让小手工业者加入组织，提供启动资金和可负担的贷款，安排材料供应，并提供销售渠道。新军队和腹地的新增人口引起了商品需求的大幅增加，但是当时许多过剩的原材料没办法再运往沿海地区加工。越来越多的民众和组织者被"工合"的概念所吸引，每天都有新的合作社在全国各地成立。当然也不乏失败的例子，有的因为组织不健全，有的则是受到了政治破坏。不过到了1940年4月，中国约有3000家工业合作社，遍及8个省份，生产共500多种产品。

1939年1月，由英国圣公会香港和华南主教罗纳尔德·霍尔领导的中国工合国际委员会（简称"工合国际"）在香港成立。在工合国际的努力下，美国、英国、加拿大、澳大利亚、新西兰、菲律宾、新加坡等国家投入了共1000多万美元的资金。

1938年10月，武汉沦陷，工合总会迁往重庆，而艾黎则迁往宝鸡并长居于此。那时宝鸡已有10至15个合作社了。当时宝鸡的县长王奉瑞与东北的卢广绵（时任西北工合合作社主任），他们是宝鸡及周边地区组织建立合作社的核心力量。卢主任四处走访难民聚居区，游说他们，一旦发现有人愿意加入工合，他就会把这些人带到王家衙门（也就是县政府办公室）去登记注册。来自河南、山西、河北、山东和东北的难民也都给安排了工作，并尽可能按原籍安排住所。乔治·何克随众由西安到宝鸡时，宝鸡已有104个工业合作社，1280名社员。合作社贷款总额达17.3万元，月产值约为13万元。王县长通过社会公益活动来支持工合合作社发展，首先就是解决用水问题。自从发现他的下属和难民从洗衣服的池塘取水之后，王县长便亲自到附近的山上找水。因为他觉得，木管子虽破，但在战争结束前是够用了，等打完仗再换坚固的铁管不迟。后来，找到了新泉眼，每天涌入宝鸡的泉水有57000加仑，很快这个数字就上升到93000加仑。开办第一家分娩室只花了5美元，配有两名护士，之前都是身无分文的难民。医院一开门，就接生了30个新生儿。

　　约有 2000 名妓女和老鸨一起从铁路沿线城市来到宝鸡。在老鸨眼里，这个城市扩张得如此迅速，做生意再适合不过了，这让王县长意识到清理整治行动刻不容缓。起初，王县长打算向这些妓女们征税，但在一片反对声中只能作罢。后来，他把这些姑娘们编成女子方队，给她们开设语文课、科学课、历史课和急救课。他坚持要求她们每月参加一次公共活动，必须统一穿黑色制服，不允许浓妆艳抹。

　　雨季到来后，王县长又遇上了难题。一群卡车司机因路况不好而怒气冲冲，让王县长给他们找骡子，好让他们把陷在泥里的卡车从坑坑洼洼的路面里拖出来，这可不好办。宝鸡地处东、西、南三条交通要道的交会处。那里的住户经劝说后，都推倒了自家的墙院，迁到远离道路的地方重新安家。就这样，道路才得以重建、拓宽和铺设。戴着白袖章的男孩每天在固定时间都会手持摇铃，在大街小巷中穿梭。听到这个铃声，市民们才会走出家门，洒水扫路，清理街道。

　　王县长每天的巡街之旅都会充满"惊喜"。他总能发现一些不雅的现象——有人往排水沟里倒粪便、浑身脏兮兮乱糟糟的狗、乱停乱放的卡车、邋遢的商铺门面、摇摇欲坠的商铺门牌。每当王县长看到这些，他都会迅速跳下自行车冲上前去，只留身后的随从一脸茫然地站在原地。王县长自己也有些先进的想法，比如有时他会想在这里建一个公园或在那里建一条高架公路。当县长的第二年，他的队伍就解放了数百名裹小脚的女孩，还剪掉了上千名男子的辫子。这个事情当时差点引发村里的人造反。一群迷信的农民们集结成队伍，吼叫着："辫子就是森林，森林就是雨水。没有辫子，雨就不下了！"为了平息抗议，王县长到农村进行考察和慰问。农民们都惊叹不已，而王县长也被眼前的景象惊呆了。他回来时说："我要像整治街道一样整治农村。"可惜的是，因为他的工作能力太强，加诸政治因素，他被调离回他原先的铁路工作，担任陇海铁路局局长。但那时，宝鸡已壮大成为西北最大的城市之一。来到宝鸡之前，王奉瑞曾居住在山西太原，时任正太铁路局局长。就在日本人控制正太铁路的前两天，他匆匆逃离太原，通过了汾河上最后一座尚未崩塌的大桥，仅仅几分钟后，这座桥便被日军炸得支离破碎。当时的王奉瑞对未来很迷茫，不知这趟旅程会将他引向何方。他心里只知道，楼塌了还能再建，但真正要重建的不只是房子，而是人心中的信念。几个月后，火车把他带到了宝鸡东郊。他躺在一间破烂土屋的行军床上，虫子不停地从屋顶和墙壁上掉下来，在单薄的屏风的另一侧，妓女们正在开张接客。

第十二章

洋秋书

1939 年 10 月，乔治·何克来到宝鸡的工合，当时组织刚成立一年，香港的"工合国际"需要一名在当地的宣传人员。11 月，乔治·何克在家信中写道：

　　他们是一群伟大的领导者，还给了我一份工作，承担我的花销开支，不过没有工资。我打算去重庆多了解些情况，写点东西，把日记写完，拿上信，再回到宝鸡。就像我在东京时预想的那样，那时候对我来说就是一个分水岭，现在我来到了中国，度过了一段难忘的时光。这份工作会很有意义，正式头衔是外国宣传专家，但实际上这并非虚职，我也因此能够走出去，更多地接触并了解中国人真正的样子。

　　前几天发生了场空袭，幸好那时我在城外，得以毫发无损地目睹整个过程。当时，两行"耀眼的银鸟"飞过，教堂里传来"管风琴低音区发出的嗡嗡声"。接着，一排排房屋间迸出火焰，顿时漫天尘土飞扬，烟雾缭绕，震耳欲聋的轰鸣随之而来。我们回来时，城里哀嚎遍地。两枚炸弹正好落在了山坡上的两个窑洞口，那是穷人住的地方。他们买不起房子，但万幸他们住的窑洞却发挥了大作用，在空袭期间为附近居民提供了庇护。探头往里看，可以看到弹片在洞内的泥墙上划出一道道锯齿状的裂口，高度与头平齐。地上躺着十具尸体，两个孩子已收殓，被埋入洞外的小坑里。人们正为另一旁死去的男人整理遗容，妇女们守在尸体旁一遍遍地呻吟哀嚎。

乔治·何克有了一个工合徽章，编号114，还得到了一个"洋秘书"的外号。"工合"意为"通力合作"（work together），是路易·艾黎创办"中国工合"时的口号，后来成为该组织的名称。在太平洋战争中，"工合"这个名字经由美国军队逐渐传入英语世界，还被赋予了另一层含义："大胆而热情"。埃文斯·卡尔逊是一名曾在中国服役的退伍老兵，一直全心支持工合事业，从中国撤回美国后，在美国海军陆战队组建了一支精锐的突击队。卡尔逊飞行突击队将"工合"作为战斗口号，后来还被用作一部电影片名，该片描述了美军突击队在太平洋战场上屡战屡败的局面下越挫越勇的英雄事迹。中国人称外国人为"洋鬼子"，"东洋鬼子"是日本人，"洋驴子"是自行车，"洋车"是人力车（中国在道路状况改善后从日本引进，取代独轮手推车），而乔治·何克也因此得名"洋秘书"。乔治·何克继续描述他的新境况：

> 我买了一条领带、一个茶壶、一块合作社生产的床单，还在房间里那面宽12英尺高6英尺的墙上钉了一些照片。打字机在我的办公室里放了几天，但它发出的噪音甚至比办公室里此起彼伏的算盘声都要大，在其他人的礼貌要求下，我还是把打字机带回了房间。

> 明天我就要启程去兰州了，兰州现在也是一个非常有趣的地方，是通向苏联的西北大后方。这次旅程是和长官们坐着军卡一

起去，我们打算在那里待几天再回来。我花 8 镑买了一台新相机，我还欠着朋友到香港后再买一台新相机的钱，这下我身无分文了，希望在重庆一切顺利。今天，我花 9 便士买了一双自织骆驼毛袜，花 1 先令买了一双毛皮手套！这里非常冷，而我还要坐在卡车顶上。我还买了一张足够做一件大长衫的羊皮，大概总共花了 6 先令！

1939 年 12 月下旬，乔治·何克在重庆收到了一沓信件，离开重庆时又给家里写了一封信：

时隔 11 个月再次收到家信，我特别高兴。剩下的信也应该很快就会从艾梅·米利肯那里寄来，这样我就能对过去这一年做一个总体回顾了。

我很喜欢这份工作，既能让我深入工合运动，体验做社工的好处，还能为我提供最佳的写作素材和旅行机会。过去的两个月里，我去了很多地方：西北的兰州和南边的汉中，未来还会有更多有趣的旅行机会。南下时，我遇到了一位负责管理羊毛区的藏族活佛；拜访了兰州的回民，他们是当地合作社的主力军；还见到了我的老朋友，汉口的真耶稣教会难民。他们属于中国特有的一个教派，自认为是世界上"唯一"的基督徒。不过，他们确实有资格这么说，因为他们非常勇敢。在武汉遭受空袭期间，他们从未逃离自己的房子，只是静静地坐着。在空袭中，这群人中只有一人受伤。为什么受伤呢？须发皆白的教会先知摇着头告诫我道，"因为他当时在抽烟"。教会创始人曾斋戒 39 天，而这位先知本可以再斋戒更久一些，但他觉得如果超过创始人的纪录，斋戒 40 天，会造成不好的影响。我有跟你们提起过这里的饮食吗？早餐是米粥配面包和花生，午餐很丰盛，晚餐也不错。如果有人想多吃几样菜，我们就会抽签：伸出手指随机报个数，然后按桌上的座次逐个点人头，点到谁就由谁来买单。每人每月的伙食成本平均 15 到 20 美元，价格根据工资支付浮动，比如，一样的饭菜，地区总工程师要付约 60 美元，办公室文员只需要 4 美元。

我有一个不错的小房间。只要能让人稍微活动一下，摆放些自己的东西，就很不错了。房间里有一张野营床、一张书桌、一个小橱柜。目前的缺点是没有暖炉，无法生火。当然，可以在屋里烧木炭，很暖和，但也可能要命：一氧化碳会让我在半小时内就头痛欲裂。有些人能受得了，但我就先冷着吧。

这是康复后的乔治·何克九个月以来写的第一批家信，1939 年 3 月至 4 月，他患上了斑疹伤寒，住在凯瑟琳·霍尔所在的医院。他与游击队在一起的那段时间，一直没有安全的通信方式，但之后他在《我看到一个新的中国》一书中详细记述了那几个月发生的故事，也是本书前几章的主要内容来源。他在宝鸡扎下根后，信件就可以定期寄送了，但乔治·何克必须要对书信内容格外谨慎，不能一味批评国民党。统一战线在抗战头两年初露锋芒后，受众开始减少。现在，国民党和共产党军队之间出现了裂痕，但表面上还是一团和气。

1940 年 1 月 12 日，乔治·何克在家信中写道：

前几天有两件好事：一是关于那位好心的新西兰护士，她曾在河北的圣公会医院治好了我的伤寒。后来，日本人发现了她的真实身份，确定她在为中国人运送医疗物资。凯瑟琳所在的圣公会教会说她不能再回去，因为这对圣公会的其他人来说太危险了。
于是她绕道香港，加入了中国红十字会，现在她正沿着我南下时
的路返回！她是我见过最勇敢的女人。

就在乔治·何克离开凯瑟琳·霍尔所在的圣公会医院几个月后，另一
位外国人出现在了这里——加拿大医生诺尔曼·白求恩。白求恩当时刚经历
西班牙内战不久，就经延安来到这里，为聂荣臻的部队提供急需的军事医疗
服务。48 岁的白求恩在两年内迅速成为了传奇人物。他说服凯瑟琳加强医
疗用品运输，这样他的医疗队就能够顺利开展工作。凯瑟琳还为学生、护
士、医生、各类专家开辟了一条从日军防线另一侧到达边区的地下通道。

1939 年 7 月，凯瑟琳一行人带着物资和人员从北平返回，却得知宋家
庄的传教会已被日军烧毁。日本间谍曾潜伏在一家餐馆里观察她的行迹，显
然，她偷运医疗用品的事实已经暴露。凯瑟琳本人已无法返回宋家庄继续工
作，因为这会危及她接触的所有人的安危。她随即去了北平，却被英国大使
馆告知，日本当局要求使馆将其遣返回新西兰。在遣返途中，她在香港跳
船，转而加入了红十字会，后绕道越南，从中国的"后门"返回到国内。红
十字会的物资车队行进缓慢，但最终还是顺利回到中国，抵达贵州贵阳。在
贵阳，凯瑟琳收到噩耗：诺尔曼·白求恩医生去世。他在手术中没有佩戴手
套，这种情况的确在战时常常难以避免。而他因手指上的小伤口感染，继而
扩散，最终牺牲。白求恩在临终之际写给聂荣臻将军的信中，请聂将军帮他
转达以下信息："衷心感谢凯瑟琳的帮助。"

凯瑟琳备受打击，但毅然回到山西继续工作。她在宝鸡时还拜访了乔
治·何克，并对工合在宝鸡所取得的成就深感振奋。"工合"的理念深得其
心，因为工合运动最早一批追随者和最初取得的成就都来自她那时所在的边

区。不久后，凯瑟琳就和蒋珍医生（音译 Jean Chiang）带领的医疗队一起前往西安和洛阳。她离开香港已经两个月，很想回到朝思暮想的山村，便设法渡过黄河进入边区，但在到达目的地之前，她患上了脚气病。因为不想成为别人的负担，她最终决定放弃中国的工作，回到新西兰。

乔治·何克在信中继续写道：

　　另一件好事是我把照片寄到西边的地方冲洗。这些照片都是我一路拍摄的，之前还没看过，很高兴在它们洗出来后发现，大部分都拍得不错。这些照片应该有助于我日后出版书籍。

　　我将这本书献给住在上海七重天宾馆的艾梅和弗兰克·米利肯夫妇，献给我那最特别的姨妈穆里尔·莱斯特。如果这本书没能出版，我也希望他们明白我的心意。你们现在应该已经收到艾梅寄去的四分之三的手稿和我从香港寄去的剩余手稿了。

　　今年春天我打算回宝鸡，待上几个月或更久些。工合在那里新建了几个中心，我要去进行报道，也许还能在其他方面发挥余热。

　　我们都被问到了新年愿望，我开玩笑说，我想结婚。在欧洲，这就是个玩笑，反正结婚总归是自己的事。但在中国，这却立刻变成了人人都关注的事，没过几个小时，许多朋友都来找我，主动提出帮我找对象！

这封信中提到打算出版的书最终没有找到合适的出版商，但后来被收入《我看到一个新的中国》一书，于 1944 年由美国利特尔·布朗出版社（Little, Brown & Co）、英国维克多·格兰茨（Victor Gollancz）出版社出版。

乔治·何克一到宝鸡，就成了工合妇联的"宠儿"。这个部门由任女士领导，大家都叫她"大任"，她曾留学英国，在伯明翰附近的伍德布鲁克贵格会学习中心学习，后又在伦敦政治经济学院学习。妇联的成员大多是女孩，她们原本要去延安，但因国民党的封锁未能成行，留在了西北的宝鸡。她们充满活力，在孤儿院和合作社里组织活动、教学、纺纱织布。大任的侄女任立之，人称"小任"，也是这个团体的一员，她和乔治·何克相爱了。小任比乔治·何克小两岁，是个聪明能干的女孩，脸上绽放着灿烂的笑容，眼里带着光。将近 50 年后，我在北京见到她时，她的笑容和眼神仍似从前，我能感受到她身上散发的那种魅力。傅彬（音译 Fu Bin，人称"小傅"）也是这个团体的成员，当时 19 岁，与小任年龄相仿。她告诉我，当年他们团体中的每个人都很看好他俩的感情。实际上，乔治·何克和小任本打算战后就结婚，但命运却另有安排。

　　国民党对共产党的搜捕席卷了其能渗透的每个组织，宝鸡的工合妇联也相应受到了影响。大任被放了出来，但 18 名年纪稍长的成员被关进了国民党集中营。小任设法逃脱了逮捕，她意识到继续留在宝鸡工作非常危险之后，被调往洛阳继续参加抗日工作。与继续留在宝鸡相比，洛阳的工合办事处能给予她更多保护。在认识乔治·何克大约一年后，也就是 1940 年 9 月，小任离开了宝鸡。但在接下来的几年里，乔治·何克因工作缘故，经常去洛阳，二人就能在洛阳见面。每当收到小任的来信，乔治·何克都会兴高采烈，立马甩掉手头的琐事去读信，再把信放在衣服口袋里，随身携带，拿出来反复阅读，直到信纸被翻得面目全非、烂成碎片。

宝鸡，难民棚户区

1939 年，宝鸡 『洋秘书』
乔治·何克

『洋秘书』拜访
中国老百姓

卢广绵，中国工合西北办事处负责人

迈克尔·林赛（林迈可）（左），乔治·何克（中）与欧内斯特·拉尔夫·莱伯伍德（右）

第十三章 ——— 巴士车顶上看中国

接下来的两年，乔治·何克走南闯北，走访合作社，组织活动，向边区总部汇报工作，并为"工合国际"撰写宣传资料。开始旅程后，乔治·何克在 1940 年 1 月 20 日的家信中写道：

> 我正在去往安康的路上，在那里，我们在伦敦金融城市长基金五万美元的支持下，为难民们提供工作机会。沿途还会经过一些工合合作社，这将是一次有趣的旅行。我必须绕道而行，因为要是直走，就得翻山，山里还有土匪。倒是有一些办法不用绕道，但必须在出发前从土匪头子那里拿到通行证才行，况且现在翻山实在太冷了。

汉中附近的勉县（宝鸡往南 160 英里）有一个小型工合事务所。汉江从山间流过，一个男人孤身伫立于浅滩，好似一只正在捕鱼的鸟。他蓝色工服的领口敞开着，裤腿挽到膝盖，身旁放着粗糙的筛子和簸箕。两侧的山峦满目苍凉，怪石嶙峋，草木萧疏。然而，他的孤独和周围荒凉的环境只是表象。光秃秃的大山背后，是金子，而这个男人的背后，是成千上万与他一样在合作社里工作的兄弟姐妹。在勉县的工合事务所里，50 个合作社把淘来的黄金收集起来出售给银行。乔治·何克看到一名山区合作社的工人从外套内衬里拿出一小块珍贵的金子，为黄金称重，并在大家的严密监督下，进行交易入册登记。之后，他来到后面的粮仓取了些小麦，这个粮仓共储存了 3000 蒲式耳小麦（约 8 万斤），在严冬时供工合成员的家人使用。在汉江下游 200 英里（约 321 公里）处，安康方圆 60 英里（约 97 公里）内，还有71 个合作社，2000 名工人，其中许多都是来自河北与河南的难民。有一个淘金合作社刚发现了一个不错的淘金点，那里的工人们忙得不可开交，根本无心留意身旁的庙宇上刻有 4000 年前夏禹皇帝钓鱼台的碑文。中国农民遭受旱灾重创，被迫背井离乡，而现在他们在伦敦金融城市长基金的资助下，在这个宝贵的中国古代皇帝钓鱼台旧址中淘金。淘金者加入合作社后，各个合作社便可以雇用专业探矿者，帮助其找到最佳淘金点。有些淘金点需要二三十天的准备期，若没有合作社的支持，个体淘金者是没有足够的资金来支撑他们度过这段时间的。而若是单干，淘金者必须至少上缴 20% 的黄金给地主。若由合作社充当中介，他们就只需要缴纳 5%。从前，没有资本的农民只好向地主借三五十元作为启动资金。地主虽不会收取利息，但规定淘到的黄金只能经由地主本人出售，而地主的收购价仅是市价的三分之二。工合合作社以标准市价收购淘金者的黄金，仅收取银行的手续费支付其开支。大规模通货膨胀出现时，当地的地主乡绅和其他地方的代理商一直在大量收购并非法囤积黄金，导致安康黑市的金价是银行正常金价的 22 倍。工合合作社不仅有效遏制了黑市的黄金交易，还保障工人劳有所得。

　　以下是乔治·何克在安康返程途中所作文章的节选，题为《巴士车顶上看中国》：

　　　　天色已暗，狂风夹杂着尘土从门缝中无声地涌入。门外，黄
　　包车夫蜷缩在车里，他猛地起身点亮闪烁微光的黄铜灯，默默推

着车前行。被褥和行李都堆在车上，我们在车后跟着走，凉飕飕
的。月亮刚出来一会儿又消失不见了。

"谁?"城门上的哨兵问道。"是我们!"我们大声喊道（晚上
那个时间也只有我们）。哨兵似乎心情不错，我们穿过城门时，他
还刻意冲我们咕哝了几声。

车站硕大的木门外挤满了人。人们像受寒的绵羊一样呆呆站
在原地，仿佛原始世界里的生物等待黎明的到来。摊位上的纸灯
笼闪着微光，照亮了人们的脸，他们聚在一起，拿着装着花生肉
酱的黄碗来回踱步。睡眼惺忪的婴儿哭闹着，妈妈们就赶来喂奶。
士兵们把守着财物，站在一旁，坚定而挺拔，农民们慌慌张张地
清点着自己的篮子。

突然，大门铁链哐当一响，沉重的门闩往后一推，一条小缝
隙露了出来。顿时，我们像踢足球一样冲进了车站。"2177 在哪
儿?""2466 是哪辆?"我们在车站里跑来跑去，寻找自己的那趟车。
要是稍微耽误一会上车时间，就只能挤在摇摇晃晃、急速飞驰的
角落里度过一天了。我要是最先上车的人得多快乐呀!我还幻想
不会有人和我一样从另一侧抢第一的位置，这样就不用挤在婴儿、
老先生、农副产品、营地床铺、备用帽子、橘子、腌菜中间了。
要是足够幸运，还能遇到眼睛像南瓜籽一样大的漂亮女孩!

因此，大家都围着车打转，想要抢到一个好位置，等发车员
哨声一响，立马跳上车。发车员是当兵的，他站在车上，整理着
递上来的箱子、包和篮子。一些胆子大、不太守规矩的人不顾他
的阻拦，就要挤上车，都被他挡了回去。过了一会儿，一位父亲
获准让他的妻子和孩子先上了车，其他人对此愤愤不平，纷纷大

胆尝试。发车员的态度开始动摇，乘客们迅速乘虚而入，上了车。

"同志，麻烦你再挪挪让我放下脚吧？"

"好的。同志，要不你把行李箱平放，这样咱俩都能坐在上面。"

战时的中国巴士对车上的所有人都"一视同仁"，无论谁想开口说话，话音还没落，就会淹没在车内堆积成山的物品和嘈杂的闲谈声之中。车里的每个人都站定了位置，挤在外侧的人告诉身旁的人车转弯时要抓紧了。之后，大家就开始相互寒暄，试着结交新朋友，通过提问的方式快速了解彼此：你是哪里人？你们家乡特色美食是什么？你们省哪个地方的方言最难懂？这些都是大家一开始问得最多的问题。

车票都已收齐，车也已发动。这时走进来一个迟到的人，一个傲慢的小农妇，头上裹着一条干净漂亮的头巾，还背着一个小婴儿。她把婴儿递给了车上一名和善的士兵，再把行李固定在车边上。车里一点空间都没有了，但她还是踩着车轮，爬进车里，装得好像自己没站稳一样倒在别人身上。这时，按时上车的三孩妈妈就像母鸡护雏似地大声呵斥道："把你的脚从我家孩子身上拿开！真不害臊！看看你干的好事，你压到我的橘子了！"女人的丈夫却在一旁一言不发，在车的另一侧用拐杖戳着她的包袱。迟到的小农妇面带微笑，丝毫不为所动，显然表情是很不服气的，觉得整件事都很滑稽。况且，这个小妇人也有士兵给自己撑腰，此时他已经和小婴儿熟络了起来。士兵帮小农妇腾出了一个可以坐下的地方。"不管怎么说她也是个母亲，而且咱们都是中国人嘛。"士兵向其他人道歉。

一会儿又来了一个迟到的人，她打扮精致，眼睛炯炯有神，鹅蛋小脸上戴着一顶深蓝色系带针织软帽，也带着一个婴儿。她找乘务员借来梯子抵在巴士上，站在梯子上打量着车里的一切。她脸颊绯红，气喘吁吁。车上每双眼睛都爱慕地盯着她：黑黑的睫毛又长又翘，一头柔顺乌黑的秀发从帽子里散落，一直垂到脸颊。

"麻烦大家让一让，给我腾个地方。"她指挥道。每个人都看着她，或尴尬，或沉默，或友好，有的人礼貌地挪了挪身子，但实际上没有用，我们在车上动弹不得。

她跺了跺脚，皱起眉头说："麻烦动一动呀！"大家都友善地看着她，她实在太漂亮了，还带着这么小个孩子，但我们实在无能为力……顿时，她面露怒容，叫来了刚刚给她搭梯子的巴士司机，司机那时已回到了自己的座位。他支支吾吾地说："本来我们预计七点发车的，现在都快八点了。你真该早点来！"

"我也没办法啊。几天前我就登记了，但昨天才买到票。"她答道。

最后，司机决定再次检查车票，结果发现车上确实有个男人没有买票。被发现后，他面不改色地让售票员补票。那位漂亮女孩气得说不出话来。"你！"她用戴着手套的手指着他说，"麻烦你守点规矩，把位子还给我。"

巴士司机的态度也很坚决。"你这样可不行，"他告诉那个男人，"你要是不下车，我们就不发车。"但没票的男人还留了一手。"我的铺盖卷还在车上呢，"他说，"我的铺盖是黄色的，在哪儿呢？"真是令人咋舌！至此，车上每个人都很失望，都想看看屁股底下到底坐着什么，但车里太挤了，大家看到的都只是一条腿、一件长袍、一只鞋子，根本找不到他的东西。车上的人都在挪动身子，仿佛一只大海怪在海面上打转一样。我们真的走投无路，看来没票的男人注定要逃票成功了。但就在他即将成功时，一丝良知未泯。"我去坐在前面的车顶上，"他提议道，"这样这位女士就能坐我这里了。"

"这就对了，同志。"一旁的士兵说，他高兴地为漂亮女孩让出了一个位置，并开始向婴儿示好。

我们坐的这辆巴士可谓是丑小鸭中的白天鹅。什么意思呢？这辆巴士是汽油车，而其他车则遍布丑陋的炉管，烧木炭驱动，每烧一斤（约半千克）木炭能跑一公里，成本约为 7 美元。而我们的巴士每加 10 加仑汽油就可以跑 100 公里，无论油价如何。油钱并不是我们享受汽油车要付出的唯一成本。在准备发车前，我们必须要拖着巴士车在路上先助跑一段，直到车能自己跑起来。毕竟这些天巴士车还是要"做好本职工作的"。

天空飘着雪花，寒风呼啸，吹得人难受，衣角和被角都被掀了起来，乘客们又赶紧捂了回去。车上唯一能做的事就是聊天了，中国人擅长聊天，这样能让他们周围的环境变得更加舒适亲切。

一些从山西前线回家探亲的士兵坐在巴士边缘，摇摇欲坠。他们已经两年没回家了，正兴奋地互相聊着自己家乡的老地标。老百姓钦佩地询问着战士们在前线的战绩，他们都以军人姿态不假思索地回答。

车上有几个去四川参加培训的县政府官员，他们坐在中间，个个都体体面面，但他们身旁却蜷缩着一群最不体面的老百姓。这些官员暂无案牍劳形，像小学生郊游一样踏上旅程。毫无疑问，县长私下被人起了很多难听的绰号，但是其他人都小心翼翼，只让他本人知道其中比较亲切的一个。

小商贩三五成群，他们的商品散落一地，农民们正赶着到下一个镇子去炫耀他们家新出生的婴儿。而在车最前面的角落里，坐着一位歌剧女演员，一定是首席。她紧紧地抱着乐器盒，就像农妇抱着自己的孩子那般慈爱，她裹着毯子哼唱着《卡门》选段。她告诉身边的女人，她正从重庆赶往兰州，赴演出之约。她要是不把头一直蒙在被子里就好了！这样我就能听到她的歌声了。

坐在我旁边的男人在外套上佩戴着工合徽章。他说："这条路上行驶的大部分卡车烧的都是我们工合的木炭，你知道吧？那些不用木炭的卡车，烧的燃料也是用我们工合生产的70%浓度酒精与美国汽油混合而成的。酒精是我们用中国的高粱酒和玉米蒸馏出来的。"他又指了指其他东西，乘客的随身物品、路边的物品等等。那位神秘女首席的毯子是在宝鸡以西的一家合作社用针线缝制的；那位商人的长袍似乎应该也是用工合生产的布料所制成的；一个纤维材质的行李箱上印有工合标志，产自汉中。"你看我就是合作社的活广告啊……"他笑道，"制服、毛衣、围巾、丝袜、鞋子、衬衫、公文包……样样都是合作社生产的！"

我们匆匆路过许多小村庄时，这个男人都会指着印有"工合"标志的招牌，以及牌子下张贴的合作社指南给我看。工种有木工、烧炭工、伐木工，有时还路过靠着山涧溪流生产的面粉厂。"这就是重建中的中国，"他对我说，"合作社中的很多人一年前还是身无分文的难民。而现在，他们在自己的新社区里安顿下来，为国家经济做出了宝贵贡献，又能重新养活自己和家人。"

后来，巴士停在了一个村子，这村子比其他路过的村子都要大一些。"其实你也可以把这里看成是我们工合的村子，"男人得意地说道，不过他确实有自夸的资本。这个小地方的主街就叫作"工合街"，村里村外分布着约 20 个合作社，从生产纸张、靴子、羊毛针织毛衣、制服、本地皮鞣制皮革，到煤炭、（耐火）砖、纺织机械、卡车修理、茶杯、木工、建房、伐木、肥皂，应有尽有。这里还有一个工合合作社商店、一所夜校、一个化学工业合作社实验室、一间工合小学、一所工合医院和一所组织者培训学校。

"我们所有的单位都是这样分布的，"此时此刻，全车人都在听他讲话，仿佛他是一个拿着扩音器的官方导游，"日本人的飞机找不到它们，就算找到了，击中它们的几率也只有千分之一。看看兰州，那里可是遭受了抗战以来最猛烈、最集中的一次轰炸，而我们在那里的生产项目几乎没有受到任何影响，为分散的生产单位进行统一采购和统一销售就是我们的任务。"

沿路都是马车队，有手推车、骡车、私家车、政府马车，载着面粉和棉花南下，再从四川带回红茶、大米、烟草和纸币。傍晚时分，我们沿着精心规划的山路蜿蜒前行，进入汉江河谷，一整队挂着合作社旗帜的手推车从我们身边路过。要是想要刹车，车上的人得紧靠在车辕上，让后面的车轮深陷入地面。"路上那辆就是我们宝鸡运输合作社的车，"工合的男人又说道，"他们从宝鸡到关中这段路主要是装运棉花和大米。"天色渐暗，一队队骆驼驮着桐油和茶叶返回兰州，它们将经过甘肃的狭长地带，穿过风沙弥漫的沙漠，翻过荒芜的山口，沿着新疆与海平面齐平的青翠山谷，最终到达苏联。奇怪的是，这个男人并没宣称这些骆驼也是他们的。"不过，我们的确在兰州有一个回民合作社，"他说，"他们可以鞣制上好的皮革。所以，其实我们也可以考虑让这些拉骆驼的人加入合作社。"他似乎一直惦记着这件事。"工合里有各种各样的教派，"他接着说，"汉口有真耶稣教难民、常州有美国浸信会教徒、兰州有回民、三盘还有一位活佛，我们正考虑让宝鸡附近的日本战俘也成立一个合作社。"他回头瞥了一眼骆驼，它们被车灯吓得畏畏缩缩、目光躲闪、惊慌失措。"为什么不成立一个这样的驼队呢？"他话音未落，其中一头骆驼就失去了控制，从悬崖边一跃而下，差点把其他骆驼也拖下去。"或许把骆驼引进工合的想法先放一放？"我们都建议道。

快到汉中前，我们在路上看到了一位老人。他肯定是个聋哑人，蹒跚地走在路中间，身后背着一大捆木柴。我们的车挂一挡，在他后面六英尺（约两米）的地方持续鸣笛，但老人还是没反应。副驾驶跳下车，怒气冲冲地动手打了老人。老人不知是受惊还是被打得太重，倒栽进了沟里。中国传统的骆驼和运木头的工人终究要被新的交通运输工具所替代，但希望驾驶新交通工具的人能更文明一些！

汉中城里有了新的电力照明系统，亮堂堂的，街上有好多美食售卖。卖四川橘子、柿饼、牛肉夹馍的小摊旁，坐着一群老妇人，她们很惬意，裙子下放着小筐木炭，传来阵阵暖风，有些人则是把木炭筐放在膝上暖手。

乔治·何克在汉中结束了这趟旅程。汉中坐落于距秦岭汉江流域60英里（约97公里）的一块富饶盆地的中心。三国时期（公元220—280年），汉中曾是魏、蜀汉角逐的必争之地。汉中位于汉江的交汇点，是重庆到兰州、到西部的必经之地。这里是通往苏联的主要通道，因此也是使西北地区得以与华东地区抗衡的交通要塞。汉中还是一个富饶之地，山区资源丰富，能找到铁、铜、铅、煤、金、石英、石棉、桐油；山谷里还有棉、麻、丝、竹、棕榈纤维、油漆和茶叶。工合在这里的任务是为小型生产单位提供组织支持和运行资金，实现标准化生产，使工人从原有的以家庭为生产单位，拆分重组为新的经济体，并组织统一的原材料供应和产品销售。战争的不确定性和不断上升的成本扼杀了古老的传统手工艺。乔治·何克是这样描绘汉中油布合作社的，这是工合合作社中的一个典例：

这个合作社的9名成员都曾是一家私营小工厂的工人，遭受前工厂老板的严重剥削。前老板非常吝啬，脾气也极其暴躁。老板为了少发份工资，娶来二老婆来管理工厂，但她一直受到殴打和侮辱，最后她再也无法忍受，和工人一起离开，建了一家新厂。

奈何他们一直找不到资金，直到几位帆布合作社的成员找他们谈话，并留下了两本关于工合的小册子，事情才有了转机。随后，这群人每天都聚在一起，听前老板的妻子朗读小册子上的内容。大家经讨论，最终一致决定成立合作社，并由秦文秀（音译Qin Wenshiu）担任合作社主席。

他们找工合贷款，但工合办事处也资金紧张。不过，工合发现，将他们的织布机进行贷款担保后，就能立马从供销处拿到棉纱的预付款。就这样，他们把第一批粗布赚来的利润拿去购买桐油，继而生产了第二批粗布。不久后，又赚到了资金生产油布。

前三个月，供销处给他们预支了价值9040美元的棉纱。这次，他们共卖出了54匹阔幅布和6匹油布，赢利1020美元。秦文秀和同伴们的努力得到了回报，睡得很香甜。

但供销社本身也常常资金运转不畅，所以合作社的织布机并不是一直都能用于生产。有一次，文秀拿着布匹去合作社卖，却被合作社告知目前没钱买布，棉纱也没有库存了。

"我们已经派人拿着所有资金去宝鸡买棉纱了。"收银台柜员对她说，"他过几天就会回来。"

"那这段时间我们怎么办啊？"她着急地问道。她的布匹要是拿到街上卖，还是能卖个好价钱的。"我们每个月伙食费就要700元，要是不能继续生产，我们都得饿死。"

"我们用大米换你的布？你看怎么样？"那位收银员建议道，"不过蔬菜就要你自己想办法了。"

秦文秀很是满意，跑回家把好消息告诉了其他人，边说边整理着自己的头巾。然后又径直跑去找当街认识的菜贩子借了些菜回来。她回来的路上正巧碰上了我，我们一起走回了合作社。

"他根本没想到我们真能把厂子办起来，还能经营下去，养活自己！"路上她与我谈起她的丈夫，"起初他还嘲笑我，说我哪一天连饭也吃不起了就会回去找他。后来，听说我们把厂子办起来了，他一定气得半死。他先是找到工合办事处的人，想用自己的势力关停我们的合作社。但工合的工作人员告诉他，我们干得很好，而且没有做任何违法的事。后来，他又找到县长，诬陷我们合作社里的男女作风有问题。他还……"说着说着，她光滑圆润的五官都气得拧成了一团，声嘶力竭，语速越来越快，强忍着泪水。

突然，她猛地一甩头，又变回了那个坚毅的女强人。她用手捂住鼻子，用力擤了擤鼻涕，轻蔑地继续说道："就因为我们靠自己把工厂办好了，没有依靠他的力量，他就非得用这种卑鄙的话来侮辱我们！他那四个好儿子不都住在男女混合的大学里吗？怎么我们这些没上过学的人就和他们不一样吗？"

当天晚上，秦文秀回到旧家找她丈夫理论。第二天早上，她的母亲发现她被绳子吊在房梁上，人已经没了知觉，双手被反绑在背后，全身乌青。她的母亲叫来工合的人，他们又联系了警察。文秀的丈夫和他的大儿子被抓，文秀被送进医院治疗。

几天后，文秀又回到了合作社。工合供销处给他们的合作社带来了公路局的订货合同。这是我第二次见文秀时，她告诉我的好消息，我能看出来，文秀觉得这才是对她丈夫最好的回应。这个无家可归、大字不识、满腔怨愤、值得同情的女人要将她所有的干劲都投入到建立合作社这个大家庭中去。

乔治·何克继续写到他的巴士之旅：

要想在车上占个好位置，就必须早睡早起。天还没亮，人们就已经起床，嘟囔着要"洗脸水"和"漱口水"，再吃下一碗白米饭当早餐。天还黑着，人们都已经收拾好准备上车了。离市区还有一英里的地方，我们遇上了麻烦：路过一个检查站，检查员将梯子放在巴士一侧，要求我们全部下车检查。"哎呀！下车太麻烦啦！"在一阵尴尬沉默之后，车上有人说道。"但如果你们现在下来，让我检查你们的行李，往后的路程就不会再有麻烦了。"检查员劝说道，他帽子上有着三道杠。看到他的三道杠后，没人敢再严厉地质问他为什么不在我们出发前检查行李，但大家心里都是这么想的。一些站在车外侧的人跳了下来，想要一会儿趁乱抢到更好的位置，一些有好位置的人也站了起来。就在这时，三道杠检查员看到了车上一位老朋友，一位县政府官员。“你还真喜欢给别人找麻烦啊！”这位官员开玩笑地说道。“例行公事罢了，你知道的！”三道杠回答道，不自觉地上下踮脚。行李检查完毕后，坐在中间的人一个翻身回到了自己的位置上，那些本想着能换个好位置的人又偷偷溜回了自己原来的位置。检查员戴着眼镜，映得他脸上发光，他吹起了放行的小口哨。

我们终于再次出发了，真高兴。士兵们越靠近家乡便越兴奋。其中一个士兵在乘客中遇到了认识他家人的同乡。就这样，他提前打听到了村里的所有八卦：谁结婚了，谁发财了，谁落魄了，谁死了，谁家又生娃了。“你明天一定要来我们家看看，”男人一直对士兵说，“我妈一定会把你留下来吃晚饭的。”说罢，这个农家孩子开心地笑了，因为他和英雄战士交上了朋友。

巴士继续在这片新旧交替的中国大地上前行。所到之处，鸡毛飞舞，猪群或像子弹一样四散各地，或低头跟在我们车后追赶，仅仅是因为它们跑着跑着就忘记停下了。新鲜的红辣椒在阳光下闪闪发光，绑在神树上的破布条在我们经过时随风摇曳。狗追赶着我们，鸟儿与我们赛跑，牛群飞快地甩着尾巴走远了，小男孩们跑下来迎接我们，小女孩们则努力装出一副并不害怕的样子。车里的乘客挤作一团，就像赶集时的绵羊群一般。看到这般情景，老头子们纳闷地摇头，老妇人们则互相挤眉弄眼，咯咯地笑。路上的士兵列起了长队，扛着大铁锅，提着改装过的汽油桶。连夜赶路的骆驼队踱步而过，困倦得根本没有注意到我们。这里的一切都新旧交织：因沙眼而双目失明的女人与未缠足而健步如飞的明眸少女；军人、学者与无知的人——这一切构成了过去、现在与未来中国的图景。

在汉中，乔治·何克非常中意一家合作社生产的剃须刷，于是自己也买了一把。当他得知自己是因使用剃须刷而感染炭疽病时，大为震惊。合作社必须立即解决刷毛消毒的这个问题，以防止进一步的感染。炭疽病是一种极其危险的疾病，好在宝鸡的工合医院发现及时，治愈就相对容易。

回到宝鸡后，1940 年 3 月 3 日，乔治·何克在家信中写道：

距离上次给你写信已经过了很久，因为我这几周一直在外旅行。尽管途中遇上了虱子和日军飞机等诸多不便，这次旅行总体还是很愉快的。其中一个比较好的时刻是：我花了一整天时间，冒雨拉着一辆装有机器的马车，在泥泞的山路上走了 40 英里。最后，我遇到了几位挪威传教士，尽管当时的我满身泥泞、脏兮兮的，他们仍然把我安排在最好的女士卧室里！虽然这些传教士的家园刚刚被占领，英法两国也才刚撤出挪威，但他们对人依然非常友善。传教士们还收到了家乡的电报，得知他们所有家人都平安无事，只不过由于资金紧张，必须省吃俭用。

另一个比较好的日子是，我们得以在一条平坦的道路上行进，手推车装上了自行车轮子，车上刚好能装下一台机器，还能让一个人躺在上面。我在几位美国传教士那里住了一夜，心想决不能太早离开，以免错过一顿外国早餐。于是，我们第二天早上八点钟才出发，而在天黑前要赶 40 英里的路。我拉了 10 英里，车夫拉了 30 英里。我拉车时，他在车上休息，反之亦然。就这样，我染上了他身上的虱子。车夫对于被别人看到他在车上休息，而他的乘客在拉车这件事感到很难为情，于是用帽子遮住了自己的脸。在我们离开一个地方的时候，有三四十架飞机从我们头顶飞过，对当地进行了猛烈轰炸。第二天我们又看到了那些飞机，等到晚上到达目的地时，发现那里仍陷于大火之中，妇女们在哭泣，四处都是棺材。后一天，日本军队逼近，人们不得不开始逃难，甚至来不及从燃烧的废墟中捡回亲人的遗体和财物。我在夜里随难民潮同行，穿过孩子、步履蹒跚的裹脚妇女，以及双肩用扁担挑着巨大包袱的男人们。

最近，我们在宝鸡接待了一些非常有趣的客人，其中包括一位专程来工合考察的美国教师，和一群来自菲律宾和新加坡的爱国华侨青年。他们都是些乐天派，但由于行程安排得太紧，几乎没学到什么东西。还有一位来访者是重庆基督教青年会的工作人员。她给我推荐了一个将来去重庆可以住下的地方，那里每天都有冰淇淋吃，还有各种馅饼。我已经十八个月没吃过任何冰淇淋、馅饼或巧克力了，这一定比你们的配给还要差！

前几天夜里，我做了一个梦，梦见我的橄榄球队在场上比赛，大家都在疯狂鼓掌和叫喊着"学——校——"，而我却在校长的办公室里挨训。这说明在我的潜意识里，我想回到欧洲去！

尽管潜意识里如此渴望，乔治·何克显然还是很享受自己在中国所做的一切。正如下面这封写于 1940 年 6 月 12 日的信所说：

很难想象你们过得如此艰难，而我这里的生活总体上却顺风顺水。当然，我常常会觉得哪里不好，我不应该太享受生活，但我又无法控制自己。前几天，我收到了我们的大领导路易·艾黎（一位强硬但又非常聪明的新西兰人）从重庆发来的信，他在信中衷心祝贺我撰写的一篇报道。我还用中文就我的旅行做了一场四十分钟的演讲，后来又讲了一刻钟关于合作社运动的相当复杂的理论知识。大家都说我的语言通俗易懂，所以我真的觉得我对自己的工作有了一些把握。这就是中国人常说的"吹牛皮"，也就是"吹嘘自己"。不过，今天收到你的来信后，我想你可能会想知道，老六目前一切都好，尽管从老大到老五，还有两个前提条件都处于困境当中。更别提多丽丝姨妈在堡路上来回走动，像一缕移动的阳光。不过从《新政治家》上的报道来看，这确实是个非常有趣的局面。真是奇怪，世界上一半的人几乎无法忍受的事情，却成了我们在下午茶时聊天说笑的谈资。

餐馆已经被我训练得能做出相当不错的炒鸡蛋了，不会浸在半品脱的油里。最近有一种叫"海白菜"的蔬菜正当季，很像最好的卷心菜。配上豆腐和新鲜出炉的酥脆面饼（两块加糖，一块原味），这顿饭简直可以媲美《新政治家》里的水准。

在我最喜欢的餐馆旁边住着一个打老婆的人，这真是糟糕。那个男人大约35岁，每次都走进那间没有窗户的小黑屋里。他把年仅15岁的妻子关在那儿，将她和其他家人远远地分隔开来，然后用拖鞋打她。虽然打得不重，但她自然会因为这种屈辱而反抗，咬男人的肩膀。如果你愿意的话，可以在我曾经独享的安静餐馆里看到这一切。接着她回到床上哭泣，男人则离开几个小时后又回来继续。也许我应该去找我当地的法官朋友，看看他能不能做点什么。

我已经把两个月的《新政治家》上的重要内容都抄录了下来，准备哪天用这些内容做个演讲。那些杂志我打算送给我在西安的一位德国难民朋友，还有《未完的故事》里的女主角——她叫"芳草"，又名"奋斗"。你看，这些杂志还是大有用处的。

1940 年 8 月 24 日：

这里遭遇了可怕的轰炸——越来越多的窑洞坍塌了，人们被埋在废墟里。在某种程度上说，这也是他们自己的过失。任何人都看得出来窑洞摇摇欲坠，并不结实。我拍了一些触目惊心的照片，记录了人们从废墟里挖掘自己亲人的场景。照片就不附在信里了，我想这种事情在伦敦也会发生吧。有个老人挖了半个小时，希望铁锹下一刻就能铲到他妻子的身体，但最终仍精疲力竭地放弃了。后来他才发现，他的妻子是第一批被拉出来的，已经死了，只是他当时没认出来。

汉口沦陷后，重庆成为了国民党政府的陪都。1939 年 9 月，乔治·何克在拜访重庆时写道：

今天是星期五，大约晚上十一点，那个老希特勒或许正准备向英国发动致命攻击。我的思绪也到此为止。我走过重庆的残垣断壁，这里曾是一座美丽的城市。我想到伦敦可能很快会变得比这里更糟糕，以及在那个叫作英格兰的小地方，甚至比中国的一个省还小，每一座城市都会变得如此……

1940 年一整年，全国各地都在开展右派政治宣传运动，有些地方还因此逮捕了进步人士。所有在财政上依靠政府支持的组织都备受压力，纷纷要求其成员加入国民党。三民主义青年团作为一个严格的党组织，拒绝非国民党分子加入，并按照同样的方针在高中生和大学生中开展工作。任何拒绝加入的人都会被打上"赤色"烙印；学生被捕事件频频发生，很多人还没毕业就被迫逃走了。国民党政府高官公开谴责"赤色分子"是叛徒，指责他们在为即将到来的反国民党斗争储备武器、弹药和人员。西安、洛阳和兰州的集中营关押了数百名在往返根据地途中被抓获的青年学生，这些集中营被扩建并公之于众，毫不掩饰地表示这些囚犯只是因为他们的政治信仰而被关押。国民党对西安以北陕甘宁边区的军事封锁愈加严厉，随着国民党的增援部队将共产党人逼入深山，八路军与晋东南地区的通信联系几乎完全中断。伴随着对共产主义的镇压，一场反动运动破坏了之前取得的所有建设性努力。被国民党盯上的人发现，洗脱嫌疑最好的办法就是穿上昂贵的衣服，一个月不去上班，还要常出入大众饭馆和茶馆。如此一来，当时的中国青年普遍认为要真正为国家服务太危险，也容易被误解，因此最好的办法就是回归抽象的学术研究。因为在当时，几乎每一项事业都为阴谋家和政客提供了舞台和机遇。

中国共产党人一路走来所做的一切证明了他们才是最爱国、最忘我和最民主的力量。只有他们能够动员广大地区的人民和青年，不计个人得失，无私地奉献。多年来，他们的勇气和决心一直是全国青年心中暗自钦佩的对象，最近更是成为了促使国民党民主进步的典范。对大多数中国人来说，打压对八路军的同情就是打压民主。要迫使他们在两个政治力量之间做出选择，只会让更多人无动于衷，陷入政治冷漠的泥潭。

大约1940年秋，小任被迫离开宝鸡。乔治·何克护送她到洛阳，她在那里继续为工合工作。回到宝鸡后，乔治·何克的情绪无比低落。路易·艾黎请求他利用他在八路军的关系，将一位叫薇薇（音译 Wei Wei）的姑娘送到位于洛阳北部晋南边区的第三剧团。薇薇十四岁，是河北老革命张寡妇的女儿。张寡妇脾气暴躁，现在在宝鸡工合工作。大家都很喜欢薇薇。路易·艾黎希望让她远离危险，以免被卷入宝鸡当前的阴谋和指责之中。而对乔治·何克来说，这也能让他转移注意力，尽快疗愈与爱人别离的痛苦。

乔治·何克尽其所能帮助薇薇。他利用自己在边区的影响力，让一名即将前往陕北的工合巡查员带上她一起，这样她就能到延安接受训练。然而，那名巡查员可能泄露了行踪，导致薇薇在途中被捕，并被送回了宝鸡。

这一切，再加上妇联的大规模逮捕事件，让乔治·何克怒不可遏。他清楚地知道潜伏在宝鸡工合办事处的国民党特务是谁，并毫不掩饰地指出了责任人。但这些人势力强大，给他本人带来了很大的麻烦。不过就目前而言，能暂时保护他安全的一个重要因素是：他是外国人。国民党在对待那些支持他们的国家的公民时非常小心。好在薇薇最终还是成功到达了延安。

在重庆的来信中，乔治·何克对他迄今为止所写的内容——在战争中取得的进步、从军阀割据到民主，以及新生力量等一切——都感到怅然若失。他不知道是否值得继续写下去，因为越来越多的事实表明，看似早已衰落的旧式腐败正以愈发强大的力量卷土重来，撕裂、动摇着新民主主义运动脆弱的根基。然而，乔治·何克还是怀着积极的态度继续说道：

> 当然，这个世界上还是有一些美好事物存在的，不是吗？其中之一就是工合，或者更确切地说是它的潜力。另一个则是我在美国南部的那群朋友们。你应该读一读左翼读书俱乐部的《容我的百姓去》（Letting me people go）。这本书是我在一位传教士家里找到的。尽管我的工作有时令人沮丧，但这本书的确给予了我很大动力，让我继续投身其中。今天，我和拉尔夫·莱伯伍德在网球

比赛中打败了传教士和他的儿子，但其实这只是我自 1937 年 9 月
1 日以来第十二次参加这种有组织的运动比赛。赛后，我真切地感
受到，缺乏组织性的体育运动是导致世界大战的原因之一！

这应该成为那些议会议员和独裁者强制性参与的活动。你还
记得拉尔夫·莱伯伍德吧，他去年和我一起完成了最后一段旅程。
他现今由他所在的教会大学借调到工合工作。另一位同行的林迈
可，目前在这边担任新闻专员。我们三人再次相聚，回忆起那次
旅行，真是妙趣横生。

西北地区或许将迎来一场波澜壮阔的变革，为此，我刚在美
联社找到了一份兼职记者的工作。不过，如果一切风平浪静，我
计划对全国范围内的工合事业进行考察，并撰写相关报道。听起
来不错对吗？让我惊讶的是，我的身体状况竟非常好。这里的气
温曾多次超过华氏 100 度（37 摄氏度），连续两周夜间温度也从未
降到华氏 90 度（32 摄氏度）以下，且湿度约为 99%！经过几天
的适应，我的胃口慢慢恢复，变得食欲旺盛，也能将许多精力投
入到工作中。目前几乎所有人，包括中国人在内，都感觉很不舒
服——只有我依旧生龙活虎。

在一个月后的 10 月，他写道：

如今，我认为自己能代入他们的视角，以一种恰当的方式看
待事情，并稍微理解了人们为何会有那样的行为，以及社会与个
人行为之间的关系。中国社会是世界上最复杂的社会之一，即便
有人做出在英国会被人唾弃的事情时，在这里，他仍可能是一个
心地善良的人，因为在不同的环境下，人们需要采取不同的行动

方式。这就好比生活在森林中，有时也难以从树木的角度观察整片林场，人往往只能看到灌木丛中那些不可言说的荆棘、毒蛇、癞蛤蟆和鬣狗。

1940年底，乔治·何克离开宝鸡，南下秦岭。

我来到双石铺，这是中国最令人惊叹的小村庄之一。这里有一所培黎学校、一座价值百万美元的发电厂、一个现代化的化学实验室和一所医院。就在四年前，这个小村庄还只是一个无人知晓的地方。

这里的百姓贫困至极。尽管没有战争和难民的困扰，但他们依然穷得买不起盐，导致许多人患上了可怕的甲状腺肿。15岁以下的孩子常常一整个冬天没有一条裤子穿！这里生产优质羊毛，人们通过合作社大大提高了生活水平。合作社不仅给他们带来了新的组织和联合销售方式，还带来了新的技术。这里为中国士兵编织了数十万条羊毛毯子。

罗斯玛丽最近过得如何？我们家有个很有意思的习惯，就是彼此之间很少联系。前几天，火车上有个男人看了看我的眉毛，竟然说："你的眉毛分得太开了，这说明你和你的兄弟关系太疏远，在你需要他们的时候，他们会弃你不顾。"我希望我在回答他时带有一点尊严和冷静的英式矜持，我告诉他，在中国，眉毛分开的人可能会有这种情况，但在我的祖国英国却并非如此，而且我的三个哥哥都非常可靠强壮。接着他问我父亲多大年纪。好在我还记得父亲大概的年龄，这使得他对我们家的所有"诽谤"都烟消云散。

路易·艾黎也在这里。他被称为中国工合运动的先驱，也因这一点在美国杂志中备受推崇。他是一位非常坚韧的新西兰人。就我所知，他的一大本领是能用柿子做出柿子布丁。他有几个"中国儿子"。有空的时候，他还会专门为路上遇到的老人洗掉疥疮。

我有没有告诉过你，我在这边有几个正在上学的干儿子？他们一开始有些弱不禁风，最需要的是一张橡胶床单。不过，现在他们已经长得很结实了，将来无疑会为我的晚年增光添彩。我知道以你那出了名的"克制"，你肯定要在哈彭登镇或其他地方到处宣传这件事，但请帮我声明，我和这些孩子没有血缘关系。

我目前正在写的"这本书"近况不太理想。自打写这本书以来，我积累了很多新素材。我相信，终有一天，我能将这些新旧素材的精华融汇在一起，写出一本优秀的作品。

1940 年 12 月底，乔治·何克再次写信回家，讲述了他在旅途中遇到的有趣的人：

　　我和一些传教士一起在西安度过了圣诞节，他们人很好。最好吃的圣诞布丁是由一个曾在美国留学的中国姑娘做的，她采用了约克郡的食谱，使用的食材都来自本地。

　　这些传教士多少有些古怪在身上。他们住在高墙厚门的大宅里，这从源头上就注定了他们难行太多好事，但他们大多是善意的。有一位新来的传教士，曾在上学时和我打过英式橄榄球，后来去了牛津大学，最近和他的妻子一起来到这边。他每天早上大约九点穿着睡袍和拖鞋吃早餐，桌布和餐具一尘不染，几个月前的报纸支在烤面包架上，就像在牛津一样。真是有趣。他最常挂在嘴边的一句话是——"这种事在英国绝不会发生。"

　　圣诞节过后，我骑自行车去了黄河边上的一个地方。日本人和我的很多朋友都住在河的对岸。

　　我能看到他们所在的山脉，但要过去——只能等到战争结束之后了。我遇到了一位古怪的瑞典传教士，但他比大多数人都要好。他带着一架伦敦姑妈送给他的昂贵手风琴，和一条不知为何被他取名为托洛茨基（Trotsky）的狗，在乡间四处游荡。他住得离人们很近。他的生活充满了冒险和令人心碎的情感，而我的生活则一直相对平静无波。你一见到他就会喜欢上他，因为他满怀热情与活力。他在 17 岁时皈依了基督教，在枕头底下打着手电筒通读了《圣经》，因为他那习惯按照传统方式去教会的父母会嘲笑他。他既富有又快乐；在他姐姐的名流婚礼上，他即兴发表了第一次布道，痛斥喝香槟和轻浮的玩乐行为。据说结束后，他父亲带着嘶哑的声音走上前对他说："谢谢你，我的孩子。"一旁的姐姐哭得不成样子。这一切都是从他小时候赤脚从 20 英尺高的岩石上跳下踩到一个破瓶子开始的。从那以后，他的生活就一直是这种风格。我想我的人生大概是从索尼用便壶敲掉我的门牙开始的。不过，我的生活总归没有至暗时刻，对吧？

接下来的一个月里，乔治·何克去了甘肃。在前往兰州的山路上，他在一个小村庄停了下来，在那里，他和传教士们一起庆祝了 1941 年的新年。那是"一个非常小的地方，山中白雪皑皑，主街上有骆驼"。他以一种轻松调侃的口吻写道：

> 我这份工作仍然充满乐趣。我一路走走停停，到处搭车，遇到了各种各样奇怪的家伙，有些人好得令人难以置信，有些人则坏得像中世纪的恶棍；一路上狡猾的人很多，但也总有不少人真正想把事情办好。也正因如此，他们对中国的经济与民主发展意义重大。
>
> 这边有几位好心的传教士，他们请我吃了晚饭，还让我洗了

澡。浴缸虽小，但很舒服。这里有美国人、加拿大人，还有英国人。他们的英语口音各有差别，常常闹笑话，尤其是在挤奶的时候。比如，美国人在说"小牛"（calf）的时候，常常被其他国家的人听成"猫"（cat）。因此，有人还以为是在给"猫"挤奶，或是"小牛"想要一碟奶。于是，现在他们统一都把小牛叫作"小牛崽"（poddy），据说这是澳大利亚的叫法。一位来自北方偏远地区的医生对麻风病人表现得很淡然。他说，如果你平时保持清洁，健康状况也做得不错，就基本不可能从病人那里感染上麻风病。他们大约有70个麻风病人，有的没有腿，有的没有手，都被安置在医院外的一个院子里。等你收到这封信时，我大概已经见过这群病人了。

乔治·何克的旅途仍在继续。他坐上一辆卡车，继续向北前往兰州。那里的骆驼会走到结冰的黄河上，在冰面上踱上一段路，以便伸长脖子喝一口冰水。

这趟卡车之旅充满了刺激。由于汽油短缺，司机只有在保证下坡时毫不费油，才能带他们撑到目的地。因此，下坡时司机会熄火，但脚刹也不太好使，还必须靠一只手拉住手刹。有时在绕过"之"字弯时，还需要按喇叭，这样一来两手都腾不开了。这种困难只有靠中国人的聪明才智才能克服。

在此我想提一下，50年后我再到那里时，西北地区的汽油配给仍然紧缺，驾驶技术也没多大改变。不过幸运的是，如今的刹车系统似乎更有效了。

当年鲜少有人知道这条西北公路的建设。这条横穿甘肃与新疆的公路，在距离边境不到60英里（约97公里）的地方，与横穿苏联境内的西伯利亚大铁路支线相接。西北公路建成时，不像南方的滇缅公路那样有大量的新闻报道。从乌鲁木齐和哈密到兰州，成百上千辆卡车在沙漠中奔驰穿行，政府的目的是保持该线路畅通。在中国人有能力接管这一段补给线路前，在兰州到重庆这段路上，经常能看到大型苏联六轮和八轮卡车。这些卡车主要运载武器和弹药。而没那么重要的物资，比如飞机零件和汽油，则由数千辆骡车和数万匹骆驼运送。根据双方的易货协定，苏联卡车回程运载的中方货物包括羊毛、毛皮、茶叶和桐油。这些贸易活动主要发生在1938年至1939年间，也就是苏联对中国影响最广泛深远的时期。

直到1939年底，兰州仍有大量苏联空军、军事顾问及商务专员来负责和管理中苏双边易货协定。手表、丝袜和服装这些商品在城市里随处可见。数百人上夜校学习俄语。1940年，苏联决定削减对华援助，双方的货物流通逐渐减少。到1941年初，乔治·何克到达甘肃时，已经看不见苏联人的踪影了。他走在街上，看到的不过是自马可·波罗时代以来，沿这条路线往来的普通商品。

乔治·何克在那里遇到了很多其他"外国人"：

山上住着一位蒙古王子。基督教青年会的秘书觉得住在兰州与住在田纳西州纳什维尔一样自在，而他的助手却是菲律宾人。有位美国传教士带来一台冰箱，还邀请人们去吃冰激凌。这里有一家安置来自西藏和甘肃北部麻风病人的收容所，由一位英国传教士创办。他最初曾邀请一个麻风病乞丐住进他的院子，后来又邀请了一个，病人就这样相继而来，最终开成了收容所。迄今为止，已经有几十个乞丐从北方荒原来到这里，在沙哑的闲谈低语中安详地度过人生最后的时光。这些人自己磨面、磨豆奶、听圣经故事，俯视着远处奔腾不息的黄河水。维吾尔族妇女用色彩艳丽的面纱和头巾遮住脸庞，给城区增添了一抹民族风情。有从青海湖坐着充气羊皮船而来的驳船夫，也有来自蒙古砾石戈壁荒原的驼夫。这里还有一家粤菜餐馆，供应热带美食。

我遇到一个德国犹太人。他在达豪集中营被关了四年，在二战爆发前夕逃到了意大利，并奇迹般地从那里拿到了穿越巴尔干半岛和苏联的签证，最终通过新疆入境来到中国。英国和法国都拒绝给他签发印度和法属印度支那的过境签证；中国是世界上唯一愿意接纳他的国家。我还遇到了两个波兰裔美国年轻人，我刚从牛津大学毕业那年，他们从美国跑到了苏联，自那以后两人就一直漂泊在路上。

他们乘坐爱斯基摩海象皮船从阿拉斯加启程，但由于没有护照，一到苏联就被关进了监狱，后来逃到新疆，又被关了27个月，最后逃到了中国内陆。显然，对任何想来的人来说，中国仍是一个敞开大门的避风港。我还见到了一只美国绵羊，它一路从山西跋山涉水，游击了1000多英里才来到兰州，即将产下第一只欧亚混血羔羊。同样在这个实验站里，还有一些被阉割的日本马。负责此事的南京人似乎认为这是对付所有日本人的好办法，但他的观点并不具有普遍意义。

说回绵羊的故事：十年前，山西欧柏林学院的穆懿尔（R. T. Moyer）先生从美国带了一些兰布莱绵羊回山西。当与日本爆发战争时，他正在海边度假。而他心爱的羊群正在太谷附近的山坡上吃草，命运未卜。穆懿尔焦急地翻阅着日报，寻找山西战役的消息。此时，他的牧羊人因既不愿任人宰割，也不愿看到他的好羊被做成羊肉，于是便一边扫视着地平线寻找日军的身影，一边带着羊群逃进了山里。到圣诞节的早晨，他们已经渡过了黄河。就在牧羊人牵着咩咩叫着的羊群走了420英里时，他们碰巧遇到了陕西三原的好心传教士布莱恩。布莱恩后来感慨道："在圣诞节早晨遇到一个牧羊人带着他看护的羊群，并请求牧师传教，真是令人欣喜。"布莱恩深受感动，给他们提供了御寒的豪华住处，天气转暖后又立即将他们送上了开往兰州的大巴。实验站的专家们开始忙碌起来，将这些美国公羊与50只中国母羊进行杂交。尽管在杂交过程中，母羊的矮小身材和粗壮尾巴给公羊和这些专家带来了不少困难，但最终一番努力还是得到了回报。

在兰州，不仅有羊群在此安家落户，还有很多人在这里成家立业。去年，在兰州合作社的仓库里举行了十八场工合婚礼。我受邀参加了其中一场，新郎曾是山东战区的难民，新娘是兰州本地人。那年冬天，经过新郎新娘和合作社的其他成员一起努力，织出了一万码长的军毯。他俩婚礼的地毯也出自其中。

兰州的合作社毛毯生产不仅涉及11家正在走向经济自主的纺织合作社，还包括一个广泛的组织，其中涵盖了450名妇女纺织合作社成员，以及约一万名家庭毛纺妇女。有一天，我沿着冰封的黄河往上走了20英里，发现了一个小村庄。传教士们告诉我，要不是我们的合作社为成千上万的毛纺工人提供了额外的工作，这个村庄里的人早就被饿死了。在遭到严重轰炸后，村里的五个合作社都搬离了兰州。现在，他们在村子里安家，形成了一个新的社区。我还目睹了农民变身工业家的奇特证据：一英亩羊毛铺在田地上晒干，而在羊毛中间蹲坐着一个用灰色军毯做成的守望者。

回兰州时，我乘着一艘小筏子过河。它由闪闪发亮的黄色充气羊皮制成，13个羊皮气囊绑在两英寸（约五厘米）长的软木棍上。就这样，我们从坚硬的冰面出发，冲进了顺流而下、叮当作响的小块松散春冰中。划船的人跪在木筏上，一边顺着漩涡打转，一边慢慢地横着水流前行。最终，我们在下游一英里外的对侧靠岸。

我们在一座巨大的灌溉水车的阴影下走着。夏天，这座水车把水提升到一个个小槽中，再整齐地倒入高出河面50英尺（约15米）的水渠里灌溉农田。我们随后来到了一家穆斯林皮毛合作社。这家合作社成立于1939年。当时，一位兰州阿訇找到工合，请求让他那15名在私人工厂打工的信徒组建自己的合作社。一进大门，我们眼前是整个合作社几乎要被刚运来的原材料淹没的景象。这些材料都是用来赶制军方订购的35000件毛皮大衣的。凭借这笔订单，他们支付了新厂房的费用，还在一年内净赚了7000多美元。毛皮合作社的隔壁还有一家皮革合作社，由来自河南、山西、陕西和河北的难民以及一些甘肃本地人经营。从兰州沿着公路前往西安的第一段旅程中，我跳上了一辆所谓的汽油大巴，它带着我在山上疾驰。这一次终于用上了玉门油井开采的中国汽油，不过我们还得时不时停下来清理化油器和油管。我在路上度过了农历新年，主要的娱乐项目有踩高跷、男扮女装和在树上荡秋千的表演。这是中国传统里最隆重的节日。过春节时，人们只要能歇工，都会歇上几天。尽管国民政府规定要庆祝"洋"新年，而不是农历新年。在过去，春节大约有20天的假期，不过农民现在仍然死守这一习惯。

早在 3500 至 4000 年前，农历正月初一就被称为"岁首"。但直到 2000 年前，"过年"才成为一个广为庆祝的节日。广受欢迎的民间表演有踩高跷、舞狮、戏剧、曲艺、跑旱船和舞龙灯等，其间伴随着此起彼伏的鞭炮声。这一切都源于一个古老的传说：在古代中国，有一只名叫"年"的怪兽，凶猛异常，每到农历腊月的最后一天就会出现。有一次，它来到一个村庄，碰巧有两个男孩在比谁的鞭子抽得更响。"年"被鞭声吓跑，再也没有回来。还有一次，它来到一个屋门上挂着两件红袍的村子，被再次吓跑，再也没有回来。第三次，"年"被光吓跑了。于是，人们发现这只凶猛的"年"害怕三样东西：声音、红色和光。因此，这三样东西就成了过年庆祝活动的主要元素。这就是中国的农历新年。中华民国成立后，引入公历，农历新年改称为春节。

后来，乔治·何克不得不放弃那辆汽油黏稠的豪华巴士，改为坐在运往陕西和甘肃南部毛毯合作社的 400 吨羊毛上，一路舒舒服服地颠簸南下。他花了三天时间才到达天水：

当我们这辆老旧的雪佛兰汽车驶过进城前最后一座吱呀作响的充气猪皮浮桥时，早上出发时已经瘪了一半的轮胎依旧半瘪。一路上我们停了 37 次车进行小修，原本谦逊地藏在前排座椅下的油箱，现在却被高调悬挂在车顶上，以便给发动机那逐渐衰退的吸力提供重力支持。然而，这座古城似乎对这种机械化程度也感到不满，要求我们把汽车停在城墙外的新汽车站。

一进城门，旅人仿佛被带回到千年以前。尘土飞扬的主街在两英里内挤过十个狭窄的门洞。街上只见威风凛凛的骆驼队缓缓而行，驮着来自青海的盐、蒙古的羊毛或新疆的干果。街道两旁是熙熙攘攘的集市。一位留着黑胡子的"安拉之子"身穿羊皮长袍，坐在一盆炭火旁烤脚。他的店铺墙上挂满了涂抹着古老林草药方的虎皮、豹皮、狼皮和狐皮。皮货商隔壁，阳光照在打磨得锃亮的漆器家具上。再往前走，则是一位郎中坐在他的各种奇特药剂旁，有山根、螃蟹、象牙、乌龟和叫不上名字的珍稀野兽部位。

尽管天水在外人眼中变化缓慢，但纵观它 4000 年的历史，其变化可谓是十分迅速。在祭祀华夏第一代帝王的伏羲庙里，如今住着在保家卫国战斗中伤残的士兵。在他们当中，还有工作能力的残兵组成了一个机器合作社，制造各种技术设备。

在城墙外的山坡上，另有一座供奉着观音菩萨的寺庙。孕妇们满怀希望地在此供奉男婴的画像，少女们前来为她们在外打仗的恋人祈求平安，孝顺的孩子们为生病的母亲祈求健康。而在寺庙的一座偏殿里，方圆数里唯一的一台印刷机正嗡嗡作响，印刷着从名片到教科书和军用地图等各种纸制品。印刷工人们都是合作社的社员，而他们的学徒则是见习社员，其中有五人最近刚被提升为正式社员。为了与当地居民保持良好关系，也为了还清租金，合作社的一名社员会定期在每月的初一和十五与其他善男信女们一起到寺庙上香，献上香烛和银纸币。

印刷工人们从河边的另一家合作社采购纸张，这家合作社用灌木树皮和旧凉鞋手工造纸。合作社的社长是从东京回来的留学生，也是从被日军占领的太原逃出来的难民。我问他："你为什么不留在太原继续经营你的造纸厂？"他回答说："日本人不可能允许我经营任何造纸厂。他们会监视每一个曾在日本留学的学生，我肯定会被迫成为他们的傀儡官员！"于是，这位技术员离开了他那现代化的工厂，转而采用已有千年历史的古法造纸技艺。"暂时先这样，"他满怀希望地说，"等将来有机会，我们就把这里改造成机械化生产。"

在家信中，乔治·何克如此描述造纸过程：

首先在网球场的草坪上挖一个深约六英尺（约 1.8 米）的坑。然后戴上修剪枝叶的手套，借来爸爸的小刀，开始切你能找到的所有旧麻鞋和碎绳子。要切得细细的，这个过程要有耐心。接着借来赫尔姨妈的奶牛，把它当作一头干农活的牛，让它拉磨（磨石可以从大英博物馆借来）。磨石转啊转，把麻鞋鞋底碾成"美味"的一团，看起来有点像家乐氏全麦麸片，或是像爸爸周日晚上总吃的碎麦片晚餐。之后，到公共草坪上做深呼吸，顺便带回一些山谷里的白垩岩，撒进爸爸的晚餐——不对，是撒进鞋底碎糊糊里。接着把所有东西都倒进你在网球场上挖好的坑里，用长棍子搅拌。最好叫艾伦来帮你一把，因为过程特别费力。现在再上楼到衣柜里找一件奶奶的旧衣服，记得挑那些料子好的，把衣服铺在架子上，这样就做成了一个纱网筛子。穿上惠灵顿靴，跳进坑里，用筛子在浑浊的水中轻轻捞过，捞出一层薄薄的"爸爸的晚餐"。不过不要给爸爸或凯伦（家里的萨摩耶犬），也不要送给那些生活条件不好的难民儿童，而是把它摊开在一块木板或一面空闲的墙上晒干。这样操作下来，纸就做好了，你也就能用它给我写信了。

一群来自长江下游地区的面粉厂工人迈出了天水工业机械化的第一步。虽然他们在天水无法复刻出和老家那边一样的钢辊或发电厂，但他们弄到了一辆卡车的马达，并把它改装成了烧木炭的发动机。这台发动机日夜不停地驱动着几块老式磨盘运转，速度是这边驴子的三到四倍。在甘肃，机械设备就如同钻石一样稀有。

在去往宝鸡的最后一段短程旅途中，乔治·何克骑上了一辆自行车。路上由于车胎漏气，他接触到了另一种交通工具：

> 没办法，我只好叫住一个路过的拉木头的人，把我的自行车放在木头上，帮他一起拉车。和在这条路上看到的大多数苦力一样，他身穿半截旧军装，是个逃兵，但对此并不感到羞愧。他说："我们一个月只有几块钱，还得自己买鞋穿。饭也总是吃不饱。向东迁往湖南时，军官怕我们逃跑，甚至在空袭期间也把我们锁在火车里。火车被炸了，死了很多人，我就是在那个时候逃跑的。"

> 他起早贪黑地拉着小车上山，装满木头后第二天再拉回来，有时一天24小时都吃不上饭。他用了两个月就还清了从朋友那借的150块本金中的三分之一。他说，这比在军队的生活要好得多。"不过兄弟，如果你这会儿不介意帮我把车推过这个坡，再在下坡时帮我踩住刹车，那就帮大忙了。"

经过六周的奔波，乔治·何克回到了宝鸡，希望能收到家里的消息。的确，家里寄来了一堆信，办公室工作人员尽职尽责地把信转寄到了他经过的某个地方。但他没有时间等信寄回来了，因为第二天他要去西安见路易·艾黎。其中两封信在一列开往洛阳的火车上。路至中途，两封信到达了熟悉的潼关，从那里的铁路上可以看到黄河对岸的日军炮台，而铁路就在炮击范围之内。那天炮台没有开火，所以不必把信件带上20英里的山路。它们被装上电车，穿过暴露在炮击范围内的路段，又被运到在炮击范围之外等候它们的火车上，继续前往洛阳。1941年2月16日，乔治·何克给家里写了一封信，提到了著名的龙门石窟。龙门石窟可以追溯到公元四世纪，是中国三大石窟艺术典范之一。龙门石窟绵延约一公里，由1300多个洞穴和750个壁龛组成，其中有超过10万尊雕塑和3500座石碑（含碑文）：

古都洛阳拥有悠久历史，可惜鲜有人知；它也拥有不少奇珍异宝，可惜无人了解。去年我坐巴士来这里时路过一个景点，整片山腰的岩石都刻成了佛陀、菩萨和所有护法的形象。山里面是装满了奇珍异宝的洞穴。我希望不久能去那里参观。

明天我就要离开这里，跨越黄河，回到我1939年走过的中国边缘地带。我们在那边有一些合作社。尽管不时遭遇日本人的袭击，或有一些类似的麻烦，但合作社的人过得很好，他们建有自己的小学和公共澡堂。去年，日本人再一次入侵，让他们中的一些人失了业。尽管日本特工提供了一些薪水更高的工作，但他们拒不接受。

再过十天左右，我就回宝鸡了，那里有很多事情要做，希望那时你们寄的信已经到了。我在宝鸡待一周左右，把那里的情况写下来，希望在双石铺能安静待上一个月，让我写完我的书。

如果我必须要选定一个地方留下来，我想我会留在这里。我有很多朋友，他们都在做很好的事。夫复何求！

晋南是国民党军和八路军的交界地带。在这里，所有最重要、最有价值的民事工作都由游击队完成。国民党军被困在游击队和中条山之间。游击队正忙于组织抵抗，因为他们确信国民党军一旦面对日军就会溜之大吉。乔治·何克从洛阳出发，和小任一起进入山区，他如此描述了自己的渡河之旅：

从洛阳出发，越过黄河，向北约50英里就进入了山区。这里有33支游击队正在开展工作，同时也在守着自己的防区，因为国民党军队已经暂时撤出了该地区。日军利用这一点派出小队士兵抢劫，彻底摧毁了两个合作社所在的一个村庄，一群暴徒跟随着日本士兵，抢走了村里所有的粮食、家具、工具和门。这里的两个村庄中，有50名妇女因生病或其他原因无法离开，惨遭强奸。一名合作社成员在逃生时被子弹射中腿部，并被刺刀刺伤。一位合作社社长带着儿子急匆匆地赶回去，想看看合作社和家里到底发生了什么事，结果被日军用刺刀捅死，扔进了自家磨坊的引水槽里。另有六名合作社成员被带走，但后来逃脱了。

在这样的条件下，看到其他合作社在敌人的枪炮声中（实际上距离往往不到十英里）还能继续开展工作，令人甚是欣慰。有时机器出现故障，有时原材料来源地现已成了战场，一些合作社无法继续开展工作，便举办起了会计和合作社理论培训班。辩论、唱歌和讲座都在户外举行，好奇的农民聚在一起围观究竟是怎么回事。老师有一块黑板，每个学生在膝盖上放了一块小板，这便是这所游击训练学校仅有的设备。学生盘腿坐在地上，用那块小板来记笔记。如果不是因为工业合作的存在，实在难以想象任何一种产业能在游击式的条件下继续下去。权力下放，个体的积极和忠诚，以及自觉朝着理想努力的行为，这些都是必不可少的条件。而其中自律是重中之重。

战区最显著的一个特征就是营养不良和疾病造成的伤亡。过去几个月里，在一个又一个村庄和城镇中，有三分之一到二分之一的人口死于斑疹伤寒、伤寒、回归热和流感。

在这种情况下，我一回到洛阳，就见到了国际红十字会和英国红十字会的两位代表巴杰先生（Barger）和赖特先生（Wright），我听说他们计划立即带着药品进入山西地区，这真是鼓舞人心。这两个人不乏能力，也有决心把工作做好。他们花了七个月，用留声机学会了很多中文，有人刻薄地说他们的声音听起来很像一台破破烂烂的留声机，但总的来说，七个月能学成这样已经很不错了。

我还见到了蒋珍，她是我在汉口时的老朋友，也是一位吃苦耐劳的医生。现在，她在窑洞里开了一家妇产医院。我惊讶地看到窑洞里躺满了在篮子里的婴儿，他们让我联想起联合仓库里摆放着的产品，这些都是我们合作社自己生产的。

1941 年 4 月 10 日，于宝鸡：

我已经好几个月没收到你们的信了，但我猜你们都好好的，否则应该会有人告诉我。这些天来，邮局的事真有意思。我觉得你终于不会再说那句老话："东西不可能寄丢。"我想，你们写给我的信我只收到了一半。

最近的几封信是在我去往各地途中写给你们的。现在我回到了宝鸡，准备到双石铺这个美丽的小村庄去休息、读书、写作。在那之后，我希望能多去些地方。

《新政治家与国家》（*New Statesman and Nation*）迟了三四个月才出版，他们对西伯利亚的问题还是一如既往。由于通货膨胀，这里的物价极高；一些地方的生活成本比战争开始时高出九到十倍，而且还在上涨。当然，囤积行为愈演愈烈，在物价只增不减时，这是最简单的敛财方式。几个星期前，我去了乡下的一个大型学生中心。那里的学生差不多成天都在学习，几乎没有户外锻炼或体育运动；最近的体检结果显示，近一半学生患有结核病。他们甚至没法吃饱饭，不饿肚子，更不用说防止营养不良了。学校每个月给他们发 25 元的伙食费，但现在在伙食上至少要花 30 元，这意味着穷学生要么饿着肚子上大学，要么退学。但他们还是继续学习，一方面是渴望大学文凭，另一方面他们一直以来也对知识非常尊重。因为毕业于牛津大学，大家给足了我面子！每次我作演讲，介绍我的人首先提到的就是这一点。有一天，介绍我的人碰巧是一位非常聪慧的伦敦大学学生，他告诉听众，牛津大学的学生总是风度翩翩、穿着得体。人们瞥了我一眼，看到我穿着一双中国农民常穿的蓝色绑带凉鞋，于是有些惊讶。太尴尬了，但也许他们只是把这归结为翩翩君子们经常有些怪癖。

1941 年 4 月 25 日，于西安：

我刚从双石铺度过一周假期回来，那是一片山间的世外桃源，我住在一间平房里，喝咖啡，品美食，在河里洗澡，沐浴和煦的阳光，观赏群山。那里的许多村民患有呆小症，但相当和蔼可亲。我有个朋友，名叫格莱姆·佩克(Graham Peck)，毕业于耶鲁大学，他的著作《穿越中国长城》(*Through China's Wall*) 刚刚在英格兰出版。这是一本好书，写得绘声绘色。格莱姆本人也是一位优秀的艺术家，他还为这本书绘制了精美的插图。他是一位全才。他能画出各种有趣的、严肃的，或既有趣又严肃的画，但他最擅长的是画肖像。也许我会让他给我画一张，然后寄给你们。你们拿到那些快照了吗？在他的帮助下，我写了几篇短篇小说。我也帮他做翻译，跟村里年纪大的村民还有其他人交流。现在我要把他带到洛阳，交给我们的人照顾。

你们那边的战况最近似乎不太好。我不知道该怎么描述我们这边的情况，只能说是依旧深受欧洲战局起落的影响。与此同时，我们努力维持生活，尽量使情况变得好一些，或者至少没那么糟糕；并且，同时相信明天会更好。我现在很像中国人了。在这里和中国人一起生活了这么久，这是自然而然的。我认为我的一些特点——相当天真，相当理想主义，相当爱笑——和中国农村的年轻人有很多共同之处。

我对自己很满意，因为我上一次去的地方，我们的人从未涉足过，就算有去过，也是很久以前了。我把在那里看到的情况写进了一份报告，立即收到了五万美元的汇款，之后还会有更多汇款。这里一定是中国战乱和疫病最严重、难民最多的地方之一，这能说明很多问题。过去几个月，日本人陆陆续续从其他地方驱赶难民，然后派兵袭击，破坏粮食供应；国民党军队征用了那些日本人还没有抢走的东西，大量征兵、强迫劳动；山区本就荒凉，这也使当地持续贫困。此外，各种疾病夺去了本地三分之一的人口的性命。

1941 年 5 月 6 日，于宝鸡：

正如你们在信中写道，冬天是相当严峻的，虽然现在春天已经来临，但情况之严峻不同于往日。我收听了英国广播公司电台，主持人满怀激情地宣布希腊发生了无与伦比的、奇迹般的大撤退，令人难以置信，这与敦刻尔克事件如出一辙。第二天晚上，有很多关于一个婴儿在救生艇上磕断了牙齿的报道。一位尊敬的传教士学校老教师评论说，英国政府的宣传非常糟糕，这显得在野党的宣传则相当明智。"我们英国人这么实诚，真是好得很啊，不是吗？"格莱姆·佩克对此勃然大怒！

我刚带格莱姆·佩克回到洛阳。尽管有自夸之嫌，但我现在在出行方面相当在行！我们必须在没有通行证的情况下穿过中国管理最严的地方，而佩克的通行证并不覆盖这些区域，更不用说去洛阳了。然而，警察来拜访和检查时，我和他聊了一个半小时，谈到天气，生活费用，工合，共同认识的人，美丽的春天，英国人对中国的态度，我喜不喜欢中国食物，为什么我还没有结婚，以及其他诸如此类的有趣话题。聊天结束后，他起身要走，把要看我们通行证的事忘得一干二净！耐心、机智、谨慎不见得算美德，但现在却非常必要。

洛阳有一家不错的印刷合作社，在地下五十英尺处的洞穴里，有电灯照明。就算有空袭也无所谓。

1941 年 5 月 30 日，于宝鸡：

现在这里的情况非常惊险，因为日本人又发动进攻了。但是，我们在后方，即便发生任何事情，我们也有足够的时间离开。与此同时，每天都有空袭警报响起，我在十天左右的时间里写完了九章中的八章。我认为这八章写得不错，但书的第一部分可能不太行。

几天前，当我们的总部领导人卢广绵穿越潼关铁路附近，处于炮击危险区域的那一段路程时，他险些遭遇不测。虽然当时是晚上，但日本人还是向车厢发射了一枚炮弹。炮弹炸死了很多人，也炸伤了他的同伴。

我二月份去过河对岸，现在那里正处于最激烈的战斗中。天知道我们的人怎么样了。几周以来，我们一直没跟他们联系。在日军袭击期间，他们很可能端起了步枪和机枪，化身为游击队。

今天是一个古老的节日，源自中国的传说。我不知道原因，但这与一位深受百姓爱戴的人有关，他蒙受冤屈，投江自尽了。

今天人们要做的就是乘船到河上，给他扔一些美食，但是因为这里没有大河，我们就把这些好吃的自己吃了。

我的房间是宝鸡最时髦的房间。粉色纸制百叶窗用朱红色羊毛固定着，墙壁粉刷过；天花板是用席子铺的，被老鼠啃得差不多了。窗户上罩着绿纱。地图是我能买到的最好的挂画，所以我买了三张。我还想买一些漂亮的卷轴，也许有一天我会买的。我真希望还留着在日本给你和罗斯玛丽买的那些版画。

乔治·何克的下一封家信写于 1941 年 7 月底，他又多描写了一些关于自己家的情况：

大约一周前，我们在西北地区为所有工合领导人开了个会。每天早上都有一个美国人来讲课，他们是特地从成都飞过来的。然后剩下的时间就用来讨论、唱歌、下河游泳等。在晚上十点左右或之后，我总是独自一人穿过河流，爬上悬崖，穿过几片玉米地，路过养狗人家后院，爬到有狼的山上，回到我的小房子里。我睡在山上，没睡在酒店里，因为酒店里到处都是"坦克"、"游击队"和"飞机"，也就是臭虫、跳蚤和蚊子。我忘了说"鱼雷"，那是虱子。

星期天我们去黄风洞探险。一千多年前（我的历史知识仅限于英国和欧洲大陆 1750 年至 1815 年的范围，所以不知道具体是哪一个朝代），就在这里，一位著名的和尚被皇帝派去寻找佛经，然后遭遇了不幸，那一次几乎是致命的灾难。这个和尚已经转世八次，八世都没有娶妻，所以他很纯洁。这位灵童头上有一盏灯，只要他的思想是神圣的，这盏灯就会燃起神奇的圣火，一旦他的思想不神圣，灯就会闪烁。只要灯亮着，他就不会受伤。所有妖怪都想吃一口他的肉，因为这将意味着它们能获得永生，当然，如果灯是亮的，它们就没有任何机会。

黄风洞附近住着六个女妖精。一个妖精说："姐妹们，如果和尚来的时候，我们脱了衣服，在这个银色的池塘里洗澡，不一会儿，他的思想就不纯洁了。然后，我们就都能吃一口他的肉，嗨哟，就能长生不老了。"

万事俱备，只欠东风。灯一闪，火灭了，老和尚看起来要承受比婚姻更糟糕的命运了。但在千钧一发之际，就在他要被一把尖刀捅死的时候，他忠实的徒弟——一只名叫孙悟空的猴子——翻了一个三万多英里的大跟头，把他救了出来。我不知道那盏灯过了多久才重新燃起。但故事的内容，或多或少都被描绘在了黄风洞的洞壁上，那银色的池塘也还在。

也许你们会认为，你们的小儿子除了观赏这些美丽的古迹，什么也没做，对世间的烦恼一无所知。但事实并非如此。大多数时候，我都忙完这个忙那个。最近我一直在努力成为统计学家和会计师，但遗憾的是，这与我的天性毫不搭调。

显然，在教育、卫生和新技术设备方面，我们的合作社将得到许多来自美国的帮助。这让生活变得很有意思，也让我有很多工作要做。因为如果人们想帮忙做一件事，他们就会想知晓前因后果，这就是"洋秘书"和宣传员的用武之地。

今天邮递员把你们寄的一封信从我的窗口塞了进来。幸运的是，在我回来之前，这封信免于遭遇被老鼠吃掉的命运。它不辞辛劳地从加拿大布兰普顿来到宝鸡，侥幸躲过了被炸成碎片的命运，因为就在它到达的当天晚上，邮局的院子被炸得稀巴烂！它竟然还没寄丢！好吧，好吧，时代变了。这是三四个月来我收到的第一封信。信中提到你们收到了一封信，我依稀记得它是我大约一年前寄出的。

昨天27架非常漂亮的飞机来到了宝鸡。飞机很好看，发出的声音也好听，一切都很像亨顿航展，只不过大家是躲在当地人的小屋里。至少有些人是这样。其他人，比如我，则在城墙下挖了个洞，只要一听到如旧板球凌空时一般发出的"嗖嗖"声，就马上跳进洞里。在另一个不那么结实的洞里（我指的是洞里的墙壁），藏了100个妓女，她们后来都被活埋了。后来，我走出去，眼见到我们小镇一条街上发生了火灾，还有倒塌的土坯房和成堆的残骸，我想，这种损害程度差不多相当于伦敦城或其他地方的百分之一。也许伦敦城会有几辆消防车，而不是像这里，一群人乱哄哄地把装满水的脸盆扔进火炉里。仅仅在那一次空袭中，就有六个合作社被炸弹击中！幸运的是，无人受伤。

又一次旅行之后，乔治·何克于1941年9月12日在洛阳写了下一封信：

我一直住在真正的农村里，村子在黄河南岸嵩山脚下，洛阳东南方向20英里处，名叫石猴村（音译 Shi Hou）。这里住着1300人，这些人几百年来都没改变过。他们家里都有老式织布机，种植棉花；由于战争切断了沿海地区的机织布进口，就连农村里的农民织布机也愈发重要。现在，工合正试图改进他们的织布方法，并组织农民加入本地合作社。这意味着农民们甚至不需要从家里前往车间；织布机就放在前厅，上至老太太，下至小媳妇，大家只要有时间，就会坐下来织个几英寸布。加入合作社的好处是你可以获得足够的资金，这样你就可以囤积大量布料，在市场火热时以高价批量出售。否则，你只能背上一捆布，走到五英里外的镇上，花半天时间和那些铁石心肠的商人讨价还价。这些商人狼狈为奸，逼着农民贱卖。最后，你用布换了足够的棉花，多出来的那点棉花就只能织出下一捆布。

在中国农村的家里，老人吃得最好，因为他们总共没剩几颗牙。他们吃的菜油更多，吃的面粉也最白。8岁以下的孩子和老人共享这些珍馐。8 岁到 50 岁的、做工的男人吃第二等的饭菜：灰色的面粉，煮熟的蔬菜，一个月可能吃两次肉。妇女只能吃最次等的食物，即使是目前已经从织布中赚取可观收入的妇女也是如此：灰色或黑色面粉，生的蔬菜——胡萝卜、大头菜等等。如果一个家里样样东西都要分成三个等级，你如何管好家用开支？如果家里穷得自己种的粮食可能只够吃半年，其余都得靠借钱度日，贷款利率还高达 36%，你又如何管好家用开支？常见的食物只有土豆皮、玉米面和一种由磨碎的柿子核做成的面粉！

村里最老的居民已经 73 岁了，名叫老三。这是因为村里所有人都姓周（想想吧，就像一个村里每个人都叫何克！），为了避免混淆，就按同辈的年龄大小管孩子们叫老大、老二、老三、老四，以此类推。

村里的学校校长人非常好，他真的进过城，还在城里住了几年。他写了订婚书（或婚约书），给了我一份，我还没翻译。最重要的一条就在开头，也许最好称之为序言，这一条清楚地表明，提亲的一方认为自己的家庭远不如对方的家庭。最后一句是："天地有尽头，唯爱情不朽。"（过去的爱情都遵照父母之命，但往往与"现代"婚姻一样成功，甚至更成功）校长说，有时双方父母关系很好，就会在准新郎和准新娘出生之前就定好婚姻关系，这叫"指腹为婚"。

老三是石猴年纪最大的村民，老二和老大在四年前和十年前相继去世。因为他对当地历史有相当大的影响，不仅村子里的人，就连方圆十里的人，都尊称他为"三爷"。老三有他自己的"博斯韦尔"（Boswell）——一个平平无奇的邻居，他泥土染的罩衫和他长长的山羊胡颜色相得益彰。正是他主笔写出了下面这个故事：

"三爷在他 42 岁那年成名，那时候是民国元年，也就是 1912 年"。他的邻居说。那一年，土匪趁乱从山上下来，开始抢劫洛河河谷边的村庄。老三一直是当地最擅长击剑、射箭、打枪的人；实际上，他曾通过乡试，位列武举人（但没有官职）。所以当时就是他领着 200 名村民，带着剑、矛和几支步枪，在离石猴十英里远的地方击溃了土匪。

十年后，土匪卷土重来。石猴村常常比山谷深处的村庄更早得知土匪即将突袭的消息，于是派老三去巩县县政府驻地，请求军队帮助，但县长拒绝了。一周后，土匪抓住了这位县长，又正是老三带领村民前去营救，将几个土匪抓获：原来他们都是当地人，当土匪是为了谋得一官半职，或就是因为没有其他差事可做。

民国十七年（1928 年），又有 3000 名土匪从南方进犯。老三带领村民们出发，但他意识到胜算不大，于是回到巩县寻求帮助。新来的县长不相信他的话。为了证明自己的真诚，老三把左手无名指放在县长的桌上，用自己的刀把它砍了下来，断指弹到了房间的另一边，这是他真诚有力的证明。老三被送往医院，同时，县长请求军队提供军事援助。当地军队虽拒绝在没有军令的情况下采取行动，但是将请求传递给了"基督将军"冯玉祥。冯将军下令出兵，土匪不战而退，但在南下逃离途中烧毁了几座城市。

剿匪时，老三从不要求家人提供什么特别帮助，只带了一个侄子照顾他。作为回报，他也不会让家人操心。"如果我被杀了，你们要自己保重。"他离开家时总这样说。他们总是明白他什么时候要去涉险，因为他会从供桌上取下祖先的牌位，放在他的背包里，在战役期间随身携带。

作为一名指挥官，他始终坚持速战速决，严格遵守保卫集体安全的要求。如果某个村庄或某户人家没有派出足够多的年轻人参加剿匪，老三就会站在他的队伍前面，用刀割伤自己，直到姗姗来迟的志愿兵到齐。用这种方式唤起的公众舆论力量非常强大，据说没有哪户人家会再度拒绝把装备齐全的士兵送上战场。

1928年土匪事件发生后，冯玉祥将军派人将老三召来，授予他一份英勇证书，这张证书如今就挂在他们家族的供桌旁。冯将军还邀请老三去开封就职。老三顺理成章地拒绝了两次；但第三次，他为了"给老冯一个面子"，于1928年在巩县就任军官。

1930年以后，事态逐渐平息，老三也62岁了，感到自己需要一点安宁。他回到了石猴的家中。

现在，他一生中最主要的抱负变成了在这个地区开一所中学。"如果百姓受过教育，他们就能以和平的方式谋生，也会教别人这样做。河南的土匪通常来自那些拥有土地稀少，但人口众多的家族，是其中最有活力、有冒险精神的男孩，他们找不到其他办法给自己一个立足之地。"他解释道。

后来他又有了另一个抱负，虽然没有那么宏大，但始终萦绕在他的心头。他想建一座寺庙，在石碑上刻上所有在抗日战争中牺牲的当地士兵以表纪念，并在石碑上加上过去在剿匪时牺牲士兵的名字。这些男人的名字旁边就是他们遗孀的名字，"这样她们就不敢再嫁了，"老三解释说，"因为女人必须和男人一样成为英雄。男人有男人的工作，女人有女人的工作。这些男人被杀以后，家务和抚养孩子的事不都落到了女人身上吗？"

　　老三还年轻的时候，就已经选定了学校的场地。那是一座小山，位于方圆几英里内最具战略意义的位置，俯瞰着一座横跨深沟的桥梁，那深沟将黄土撕裂成一个大圈，围绕着这片村庄。当老三从公职上退休后，他开始为这块地和新建筑筹集资金。老三名声显赫，许多人承诺要支持他，于是他完全忘乎所以，开始买地。但结果不容乐观。老三没有商业头脑，发现自己债台高筑，许多承诺了别人的认购都没能兑现。

　　为了支付他已经买下的东西，他不得不把自己的那几英亩田地接连卖掉，有时只能亏本出售。因为他完全不喜欢讨价还价，有时不仅把地卖了，还奉送这片地一年的收成。

　　有一天，老三的两个儿子和他死去的两个哥哥的儿子来找他。"你老了，"他们说，"族田变成什么样都影响不到你。但为什么要为一所学校而牺牲我们的未来呢？"老三明白其中的道理，但他的债主正在催他还钱。老三想，如果他的家族更爱田地而不是荣誉，那么他简单的大脑只能想到另一条出路：他必须给县长写一封信，要求将他作为债务违约人关进监狱。他收到一封非常正式的回信，县长说，他不同意老三的建议。

　　老三固执地作了安排，卖掉更多的族田。1935 年元旦前夕，他的侄子们又郑重其事地来找他。"三爷，"他们说，"我们家族已经繁衍生息了八代人。丰收的时候，我们一起吃饱；歉收的时候，我们一起还债。你去和老祖宗会合后，你大哥的长子将成为所有人第九代的族长；政府将会表彰我们家族，在我们的院门上挂一个特殊的标志。我们家族从没有分过家，也没有分过田。但分田总比卖地好。如果你没有其他办法保留剩下的田地，那么我们父辈

200

原上草：乔治·何克的故事

三人的小家就必须分田，这样，你就只能卖你自己的那份。"

新年期间，老三羞愧得整整三天吃不下饭，也不见任何人；但他的侄子们态度坚决。最终，家族将剩余的田地分成了三份。

现在，他比以往任何时候都更加希望学校办成功。他每天要去校址两次，甚至三次。他受伤的脚疼得厉害，只能求农用车载他一程，或者拄着棍子一瘸一拐地走过去。他吃力地在山里爬上爬下，轻敲他那未完工建筑的墙壁，把手指伸进窑洞侧面斧头砍出来的、潮湿光滑的槽口里。有一次，一位路过的游人对老三的故事很感兴趣，就给了老三一些钱，让他打口井；老三非常高兴，花了一半的钱立了一块石碑，要让这位游人的灵魂永垂不朽。

最终，有足够多的人兑现了诺言，一些窑洞建好了，这所小规模学校也开起来了，老三的喜悦之情溢于言表。但好景不长。由于没有捐款，几个学期后，学校不得不关闭，窑洞也闲置了。

一天清晨，老三借着月光离开村子向南走，经过几年前他杀死的土匪的遗骨旁，来到嵩山上一座孤零零的道观里。这里住着一个骗人的瘫痪老道士。为了换取糕点、酒和几个铜板（表面上，这些供品是给老子的），他用一根棍子在沙盘上神神秘秘地划几道，然后将它解释成道祖的手谕。家人生病或遇到手头紧的农民会来向道祖寻求建议，然后在神圣的指引下安心离去。

那天早上，老三的请求不同于以往。"道祖啊，"他大声说，"如果我不能实现我的计划修好学校，那就让我现在死吧，然后派一个更年轻的人来完成这项工作。"由于他跪在地上，虽然看不到接下来发生了什么，但他能听到棍子在沙盘上飞速划过，道士念叨着草草写在沙盘上的字。

"老人家，耐心等待吧！你的寿命还长，事业也会蒸蒸日上。"随后，道士在一张黄纸上为他写下了这几句话，纸很软，老三拿在手里，感觉它似乎就要破碎了。

也许就是老三家供桌抽屉里小心翼翼存放着的这张纸，即使在分田之后，也把这个家族维系在一起。如果道祖都说老三的寿命还长，会成功建起学校，那么他的侄子们有什么资格反对他呢？不久，老三生日那天，60名族人像往常一样聚在一起向他贺寿。他们发现，老三闭门不出；只有在他确信每个人都有所表示之后，他才出来和他们讲话。

"以前我想让你们帮我，你们就生气。现在你们回来了，还带着各种各样的礼物，但我一个也不要。你们可以每年向国家捐赠价值120元的国债作为我的生日礼物，直到抗日战争胜利的那一天。"

到目前为止，没有人拖欠捐款。显然，老三的声望之高，一如既往。工合在石猴开设办事处后的一周里，老三每天早上四点半都会到石猴去，看看城里人是否起床了。合作社对他来说是个新词，他没法立马接受，但老三发现新来的人几乎起得和他一样早，就满意地离开了。后来，合作社借出700元和手推车，把一些因故受伤的人送往了医院，老三觉得这里确实值得他帮忙。他听说合作社要为村里的年轻人办夜校，还可能办技术学校，他也知道了农民可以借此养活自己，度过寒冬；他也听说合作社不会像以前的许多人那样，以百分之六十的利率向放贷人和当铺借钱，于是，他默默地成为工合的一员。

每天，他都会主动来到合作社，检查布匹，看看有没有人要花招，往里面加水或者粉笔来增加重量。如果有人这么做了，作为最年长的村民，老三一句话就足以杜绝这种情况；于是这种做法很快就消失了。他把学校的窑洞贡献出来，用作仓库和车间。更妙的是，他利用自己在石猴及周边村庄农民中的巨大声望，让他们对工合领导人充满信心。这些领导人能在农民家中受到欢迎，不仅是其他人的功劳，也是老三的功劳。

有一天，我和老三一起走到他的山上，坐在他旁边的地上，听他讲自己的故事。他以这段话作为故事的结尾："佛祖慈悲，普度众生，延绵福寿。合作社大发慈悲，提供了工作和食物。合作社提供受教育的机会，因此众生平等。合作社还给人们足够的食物，这样他们就可以健康长寿。合作社是在替佛行善。"

中国的古都洛阳就在靠近前线的地方，但受到了黄河保护。在回宝鸡之前，乔治·何克参观了那里：

几个月前，洛阳遭遇了一次袭击，情况很危险，合作社不得不撤离。有一个合作社里全是女孩，她们以前从没出过城。比起日本人会对她们做什么，她们的父母更担心的是她们离开这座城市后可能会发生的事情。最后，大约有一半的人经过父母允许后出了城。她们花了三天时间才到达大约十英里外的一个村子，然后住了下来，和那里的农民成为朋友。然后，她们给那些不被允许出城的社员的父母带信报告自己的健康状况。她们发现，那些社员一哭二闹三上吊，不停念叨，拒不配合，最后大获全胜，家长们只好放她们走。为了摆脱家庭的影响，女孩们做的第二件事就是剪掉自己的辫子。这相当大胆，也很时髦，女孩们认为剪辫子是她们走向解放的必经之路。如今，她们都把辫子剪短了。许多农村女孩现在也想加入合作社。所有合作社的女孩都在村民中认了姐妹、干妈等等。大约每周，她们中的一个人会带些钱回城里去。对父母来说，女儿增添了家庭收入，这简直不可思议，所以他们自己也开始热衷于办合作社。我有没有跟你们说过这个女孩？她丈夫嫌她没上过学，笨手笨脚，还不识字，所以她离家出走了。现在她已经能识文断字，爱笑了，变得无忧无虑了。她给丈夫写了一封信，说了这件事，他答应新年回来。所以我们的合作社既能赚钱，又能弥合婚姻，还充当了社会的发动机诸如此类。

1941 年 10 月，乔治·何克回到宝鸡，发现有两个包裹，里面装着家里寄来的书刊，非常高兴：

　　我好长一段时间都无法平静下来。然后，我试着把所有的书立成一排，放在我的柜子上，但是它们立不起来；书太多了，我没有什么重物可以压在两侧。接着，我对自己说："你需要一个书柜。"于是，我请了一个合作社的木匠做了一个很漂亮的小书架，和我以前在作坊里自己做的相差无几，只不过他做得更好。我已经很久没有把书放在书架上了。我把大小相近的书放在一起，让所有书的背面和架子的边缘齐平，真是太有意思了。

　　我把书柜收拾好后，柜顶变得非常整洁，几乎让我认不出来了，于是我拿出了我唯一的装饰品——一只前爪断了的白色小狗，它总是鼻子着地倒在地上——把它放在书柜前面。太成功了。"啊!"我对自己说，"你得把这个房间好好收拾一下。"真有意思，我在这里住了大约一年，从没想过要把它收拾一下。接下来，我在角落里搭了一个大架子，下面挂了钩子；旧帽子挂在上面，衣服挂在挂钩上，再买一块漂亮的布挂在前面。这样就把门后面的东西都挪走了，在我匆匆忙忙推门入屋的时候，它们就不会总是掉下来。

接下来，我看到靠墙堆着的行李箱，不知怎么地吓了一跳，箱子都有点发霉了，锁也坏了，但能用来放东西；如果我想把它们带走，就用绳子把它们绑起来。"这些箱子，"我内心的新艺术家说，"它们看起来不太行啊，老弟。"于是我把木匠叫了回来，让他做了一张桌子，放在箱子上面，再把桌子固定在墙上，这样桌子就不会晃动了。中国的墙很有意思，它们是用泥做的，所以很难把东西钉在上面。只能把木头垂直插进墙里，然后乐观看待这件事。当然，桌子可能会掉下来，把老鼠吓一跳，但你可以到外面拌一点泥和水，涂在墙面的"伤口"上，给老鼠留点隐私。

就在你们的书寄到的同时，英国大使馆突然主动给我寄来了大量图文并茂的政治宣传材料，帝国前哨站、坦克等图片，还有丘吉尔（Churchill）、伊登（Eden）和某某少校的照片。最后的点缀是在墙上已经装饰好的地图上别一张"斗牛犬"丘吉尔的明信片。他对面的是罗杰·亨特（Roger Hunter）的剪报，旁边还有玛芙和亨特太太一系列非常睿智的评论。新桌子上放着《新政治家》和其他一些杂志，还铺着合作社生产的布，就像新衣橱一样。这就是文明，而我几乎已经忘却了。现在，我读着"企鹅"（包裹里的企鹅出版集团平装书选集），了解英国的新鲜事，毫无疑问，文明又回归了我的生活。

我骑着自行车走过了半个河南省，从洛阳到了一个叫南阳的地方，再往西到镇平县，那里有很多丝绸合作社（我去年春天也去过那里），然后从另一个合作社回来。给一位艺术家作陪，当我写笔记、调查每个合作社的生意时，他就画画。作为宣传，他会在中国内地和香港展出这些作品，这样我们的工作就殊途同归了。他来自上海，父亲是一位富有的官员，母亲也受过良好的教育，但如今他已经准备好过一无所有的生活，他愿意这样。一路上发生了许多趣事，但最美好的时光还是用餐时间：板栗烧白菜、糖醋鱼、凉拌海蜇、柿子、脆梨、月饼和茶。

从洛阳回来，我们必须穿过潼关铁路的缺口。为了安全起见，我们搭乘卡车绕道而行，在铁路另一端赶上了火车，到西安时还来得及洗个澡。在西安，我去看了牙医；在斯莫尔本（Smallbone）的悉心照料之后，我还没补过牙。我在美国检查过一次，去年也检查过一次，结果都很好。这次也一样，因为牙医没发现任何问题。但显然他把什么东西拧松了，因为两天后填料漏出来了。我想我得回西安补一下。

早在 1940 年底，乔治·何克就被任命为双石铺新培黎培训学校的负责人。双石铺是一个位于岔路口的小村庄，现在叫凤县，位于宝鸡以南约 40 英里的秦岭之中。

自工合开办以来，人们认识到，建立合作社的同时也必须进行技术培训，于是他们尝试了各种短期课程、进修课程和高级课程。合作社理论、统计学、会计学、各类技术课，这些课都试开过了。渐渐地，人们觉得应该在整个工合组织开办技术学校，为合作社的年轻人提供全面的教育；通过教他们阅读和写作，无论在理论还是实践层面，都可以给年轻人打下商业和技术学科的基础，然后把他们送回合作社，去给未来一代注入现代的理念，为明天打下坚实的基础。这种思想在国外很流行。在工合国际委员会捐助的资金支持之下，培黎学校诞生了。

约瑟夫·培黎（Joseph Bailie）曾是一名美国传教士，学校以他的名字命名。1891 年，31 岁的他来到中国，参与了全国各地的许多救济项目，将中国学生安置在美国工厂，帮助上海的学徒。20 世纪 20 年代，路易·艾黎初到上海，培黎和艾黎就是在上海相遇的。约瑟夫·培黎热情勇敢，热爱中国人民。他在金陵大学创办了农林学院，大力倡导在华北地区砍伐殆尽的山地和山坡上造林，以防止水土流失，促进节约用水。从他最初成为传教士开始，他就强调，向正在挨饿、毫无希望的人传教没有用处。"你必须先改善他们的生活，然后才能和他们谈哲学。"许多"培黎男孩"，也就是他安排到美国留学的归国学生，成为工合运动的中坚力量。培黎这个名字在美国很有名气，这可能有助于为学校筹集资金，而且在汉语里，"培黎"的意思是"为黎明而培养（准备）"，这似乎很恰当。1936年，培黎被告知患有前列腺癌。他并不希望去美国住院治疗，而且在他看来，住院治疗无论如何都太昂贵了。他不希望成为任何人的负担，于是拿起手枪，在自家后院开枪自杀了。路易·艾黎的想法是，让培黎学校成为他在上海相识的那位老朋友的纪念馆。

1940年，江西赣县开办了第一所培黎学校，随后宝鸡也开办了一所；但这两所学校都没开多久。另外还有两所学校，一所在广西桂林，另一所在湖北老河口。由于国民党的破坏，这些学校很快就办不下去了。还有一所培黎学校则开在西北地区双石铺，乔治·何克最初的工作就是帮忙制订计划、募集资金、撰写报告、收集学校男孩的照片和故事。

双石铺培黎技术学校成立的第一年，先后换了八位校长。不知怎么回事，他们没有一个人能理解这所学校存在的意义。大家的普遍态度似乎是，这所学校是某种经营不善的外国慈善机构，除了离开，唯一能做的就是吃好自己那口饭，尽可能活下去。上述是主要原因，另外，乔治·何克对国民党的态度越来越直言不讳，为此，他成了国民党特工的靶子，所以卢广绵敦促他担任培黎学校校长。这样，他就可以把他所写的思想付诸实践，还可以避开国民党特务的视线，这样就有希望摆脱他们，正所谓"眼不见，心不烦"。第八任校长学识渊博，受过几年欧洲教育。1942年3月，这位校长辞了职，由乔治·何克接任。

大约在那个时候，乔治·何克抽出了一些时间来写书。为了写书，他住在一座小房子里，那是艾黎为自己建造的一座安静的乡村别墅。房子位于双石铺。1942 年 3 月 8 日，乔治·何克在那里写信，称其为"我们在中国的家"：

据我所知，你们可能早在去年八月就已经去世了，但事实恰恰相反。最近死了很多人。毫无疑问，很快就会有信寄来。

在"我们在中国的家"这里，一切都很平静。甚至连轰炸都没有，因为所有日本飞机暂时都在别处活动。我们这里有一所学校，里面都是些非常幽默的男孩。他们总是顺道来看这个特别滑稽的外国人，喝一点他那特别奇怪的咖啡，敲敲他的打字机，听听他的留声机，在他那特别温暖的房间里洗个澡（盆浴），总之，他们玩得很开心。我们的纸窗上有一块玻璃，就在书桌前面，这样我就可以眺望远山，想象着做几个深呼吸。你们会喜欢这里的。

种种机缘让我有两周时间在这里写作。我打心底里觉得，这次一定能把这本伟大的书写得很好，写出我想写的东西，写出前人没有写过的东西。至于能不能找到人出版，那就另当别论了。一周后我离开这里时，这本书应该已经完成了，但我还得在旅行和做其他报告的同时，抽出时间把它打印出来，这可真让我捏了一把汗。

我现在收养了三个孩子。他们有一段时间没受到我的精心照料了。我在他们的一件衬衫上发现了 74 只虱子，而且还有没数尽的，所以我把这件衬衫烧了，给他们每人买了两件衬衫和两条裤子。上次我检查的时候，一堆衣服里面只有三只跳蚤。我笑了，感到很自豪。他们现在也喜欢上了洗澡。跳蚤在我们的房间里扎了根。这就是生活。

我女朋友留在了日军防线的另一边，我跟你们说过这件事吧？我刚收到她的一封信，今年的第一封信，她一切都好，所以我很高兴！

就在一年多以前，在1941年1月31日写的一封信中，乔治·何克第一次提到了他的几个养子：

> 我在这里的学校收养了几个儿子——我告诉你们了吗？一开始，他们有点瘦弱，床上最需要的就是一张橡胶床单。但是现在他们长大了，变得非常坚强，毫无疑问，我老了会以他们为荣的。

他只提到了两个孩子，四兄弟中的老大和老二。现在，大约一年过去了，他把老三带到了他那里，暂时住在一起。后来，四兄弟都到了双石铺和他一起生活。1988年，我在北京遇到了聂家兄弟，他们成了我的"兄弟"。老大聂广淳，刚从电气工程高级研究员岗位上退休；老二聂广涵是矿产公司高级采矿机械工程师；老三聂广涛是农业公司高级农业经济学家；老四聂广沛，是石油公司地球物理学家。毫无疑问，他们的确为乔治·何克的"晚年"增光添彩了。我能够把已知的故事中留下的一些空白部分给拼凑起来。

他们都出生于中国东北，他们的父亲聂长林是一名教师，很早就加入了共产党，在北京周围的地下运动中相当活跃。大约在乔治·何克刚刚抵达中国的时候，国民党警察逮捕了聂长林，将他关押在北京。聂太太带着两个儿子，一个正蹒跚学步，另一个还抱在怀里，想方设法去到北京，就住在附近。共产党地下组织安排聂长林越狱，但他必须逃得越远越好；他风头太盛，不能留在北京，也不能回东北。他去了延安，然后去了宝鸡，在那里他又能公开现身了，他当了老师，捎话让他的家人跟着去。正是在那里，聂长林被任命为宝鸡工合车厂的厂长，和乔治·何克成了好朋友。国民党警察没过多久就又开始关注他。他提前得知突袭近在眼前，于是逃到晋南继续工作，但留下了他的妻子和四个年幼的孩子，一家子的生计都没着落。

聂长林逃亡后不久，乔治·何克在洛阳旅行时遇到了聂长林。聂长林在太行山一带活动，这条山脉位于山西和河北的交界处。乔治·何克发愁也是情有可原，因为一般来说，人们即使支持共产主义事业，也不敢向已经暴露的共产党员的家庭提供任何帮助。和他们联系到一起就会很危险。乔治·何克答应照顾好聂太太和四个孩子后，就放心地和聂长林分开了，回到宝鸡后打电话询问情况。乔治·何克和聂长林见面后不久，聂长林就被国民党抓住了，他被捆绑住，剥光衣服、严刑拷打，然后等死。战争结束很久之后，有消息称，有其他合作社社员解救了毫无知觉的聂长林，把他藏了起来，在那期间他恢复了健康，继续从事工合的工作。最终，战争结束的时候，聂长林身在东北，成为那里的领导干部之一，也和儿子们团聚了。乔治·何克自己写下了这个故事：

> 孩子妈妈精力有限，所以我收养了四个孩子中最年长的两个，把他们送到双石铺的培黎学校。剩下的两个一个五岁、一个六岁，和他们的妈妈一起住在宝鸡附近的一个村子里。

> 上个月（1942年2月），为了学校事务，我到宝鸡去了两天，正好碰上那里二十年来最大的一场雨。雨一连下了九天。许多房子都是用泥土建的，没有地基，倒塌下来压死了人。全城的城墙都倒了，回双石铺的路被封了两三个星期。这样我能在宝鸡好好休息一下，因为我一直在办我收养家庭的事。老大广淳和我一起过来了，所以我让他拿一百块钱回家，去看看他妈妈和弟弟们过得怎么样。第二天晚上，广淳在宾馆等我。"我找了你一整天，"他说，"我妈妈病得很重，快要死了。她瘦得没有肉了，只剩一把骨头。她一直在说她要死了。她看起来很不好，一点都不像我妈

妈了。"

　　第二天早上，我们起得很早，乘火车去洛里铺，然后乘渡船去岳兴铺。我发现孩子的妈妈很邋遢，脸瘦得皮包骨，眼睛瞪得大大的，怪异极了，外衣也破了，腿瘦得像棍子一样，还沾满了泥，她蹲在火堆旁。

　　"哎呀，你现在才来呀！你为什么不是一个月之前来啊？看看我现在。我要死了。比一条狗强不了多少。一个月前我还好些，那时我还能走路。看看我有多瘦，"她揭开外衣，露出瘦弱邋遢的蜡黄身体，胸脯干瘪，肋骨突出，也没有肚子，"哎呀，我都要死了。你来得太晚了。"

　　广淳蹲在她身边，想要帮忙，但他的一言一行都引来咒骂："没用的蠢儿子，王八蛋！"他眼泪汪汪，想要帮忙，又不想在人前哭出来，"你之前为什么不来？你说你是我儿子——但你从来不来看妈妈，也不给妈妈写信。现在我都快死了，你才来这里瞎折腾。这里所有的村民都说我要死了。他们对自己的孩子说：'她早就染了病，要死了。别靠近她，不然你也会得病！'我要自己打水，自己做饭，自己纺线，还要照顾我的孩子。我经常挨饿，但是没有菜吃。口渴了只能喝凉水。现在这个时候你来了！看看我！我是不是活得还不如一条狗？"

　　她最小的儿子矮矮胖胖，肚子鼓鼓的，正默不作声地靠在门边站着。他的头发很长，满是虱子。他好像在听，也都听懂了，他知道现在说话毫无用处。他似乎意识到他妈妈已经疯了。我试图阻止她说话骂人，但这好像不太可能，所以我给了聂太太一盆水，让她先洗头洗脚。然后我把最小的儿子带到阳光下，给他洗澡。他默默接受了，说他觉得冷，想吃点东西，但他不指望我会给他回应。他的衣服上爬满了虱子。要是在一年前，我会把这些衣服都烧掉，但现在衣服太贵了。

我还是受不了压死什么东西，所以就把虱子扔到花园的杂草上；让寄生虫去对付寄生虫吧！我洗了洗衣服，然后找出从接缝里爬出来的虱子，再洗一遍，再找一遍，如此往复。接着我把衣服挂在干草堆上晾干。这时，聂太太说话的声音从她洗头的房间里传了出来。我又给老四穿好衣服，让他去剃头。几分钟后他回来了，看上去判若两人。聂太太洗完头，似乎越来越累了，除了坐着骂骂咧咧，什么也不做。我试着让她洗一洗脚和身体。"那就让我到外面去洗吧。我不回那个房间了——我讨厌那个房间，炕太硬了。我浑身都酸——你看！"她的臀部裸露在外。就在这时，她的姐妹朱太太进来了，又被骂了一顿。老三过去两个月一直由朱太太照看，他也来了，一看到妈妈，立刻哭了起来。聂太太开始骂朱太太害他得了沙眼，变得这么瘦。

此时，苦力们正等着用从工合医院带来的担架把她送到宝鸡去。听到她一连串的脏话，他们立即把工价从两百元涨到三百元。最后，我不得不亲自给她穿上裤子，洗好脚，扣好外衣，把她放到担架上。我们沿着马路出发时，她咒骂着邻居和担架上的洞。我带了一支注射器和樟脑针剂，以防她因旅途劳累而体力不支，但最有压力的似乎是广淳，他不得不首当其冲地承受着咒骂："你怎么落到后面去了？上来，我和你说说话，你这个没用的王八犊子。"她还骂抬担架的人。最初他们开始还嘴，直到我们设法说服他们，告诉他们这个女人疯了，不要计较。

聂太太精力旺盛，不愿意长时间躺着。她在担架上坐了起来，评论着沿途的人和物。渐渐地，她安静下来，像个孩子一样，开始指给我看各种各样的庄稼，问抬担架的人的家史如何、孩子几个等等。"你家孩子和我家的谁大？没孩子？好吧，就算我要死了，有四个儿子也挺好的。"

到医院后，她对一切都感到惊讶，尤其是医院提供了干净的衣服。不用自己做饭了，她感到很满足，但她又为家里所有的东西而焦虑不安。她对广淳严加训诫：坚决不给地主婆一分钱，因为地主婆很坏，骗她，骂她，还让邻居欺负她。

第二天晚上，聂太太又发了脾气。"哎呀，"她盘腿坐在床上，抱怨道："你把我带到这里来，白瞎了钱，白费力气。我还不如死在家里。哎呀，我的儿子们以后怎么办啊？"我向她保证一切都会好起来的，我确信，只要她不再操心，她就会好起来。但如果她真的死了，这几个儿子就只是我们的儿子了——艾黎先生和我在这没有家人，这样就方便多了！之后她似乎开心点了，但还是不愿意听我们说她不会死。"哎呀！你不知道，医生也不知道。我最多只能活五天了。也许我今晚就会死。你能让我儿子今晚和我待在一起吗？我怕我死了他都不知道。"广淳看起来眼泪汪汪，于是我把他带到外面，解释说她在说疯话，她不会死，但他最好今晚陪着她，让她安心。

第二天开始下雨了。我到岳兴铺去看花婶（朱太太）和聂家最小的两个孩子，他们现在都和她在一起。我发现她忙着给老四做鞋子，老四整天坐在床上玩朱叔叔做的纸船。他非常高兴，也很满足，只哭过一次，但一告诉他新鞋子做好就可以去看妈妈，他就不哭了。接下来要解决的是新衣服。做一件棉衣需要大约七英尺外面的料子和七英尺的里衬，再加上一磅棉絮。花婶建议她来做衣服，我来买布，孤儿院供他吃饭：很好的分工！

老三穿着过分宽大的孤儿院服来了，重新和兄弟们在一起让他很高兴。我带他进城，让他骑到我肩上，他拿着伞。路上，我们经过一个地方，他先前在那里看到一个没有腿的乞丐，有人给了他一块钱。"你给他什么了吗？"我问。

"没有，我没有给他钱。"

"假如你有一点钱呢？"

"我从来都没有钱。"

"假如我给了你五块钱，然后我们遇到了那个乞丐。你会把钱给他吗？"

他静静地想了一会儿说："会。"

"真的？全都给他吗？"

"不，可能我会留下三块钱，给他两块钱。这样最好了。"

我们走进医院，广淳先进去看看妈妈心情好不好，然后他叫我们进去。老三就站在床脚的门旁边；他的袖子耷拉下来，像书生的长袍，裤腿也已经散开了。他刚剃完的头，像所有东北孩子的头一样，后脑勺扁平，呈三角形，像一堵墙似的立在脖子上面。他妈妈躺在床上，疑惑地看向他，老三也疑惑地回头看了看，以为会被骂或被打。一阵沉默后，她说："过来，让妈妈看看你。"他很听话，摇摇晃晃地走了过去，"你身上穿的是什么？一点都不像个男子汉。花婶怎么没给你做件合身的衣服？"

"花婶在给老四做衣服。我有合身的衣服，但洗了没干。"

"你长虱子了吗？"

"嗯，孤儿院所有的男孩都长了虱子。"

"你大便怎么样？"

"稀的……我们只有米饭，所有男孩都拉稀。"

"老四怎么样了？你好好照顾他了吗？"

小儿子一动不动地站在床尾，头发也剃了，后脑勺呈三角形，长着朝天鼻，是个调皮鬼。大儿子骄傲地坐在对面的床上，细细品味着一家人的问答。

"老四很好。他经常笑，很开心。朱叔叔给他做了纸船。花婶没给他做好新鞋，就不让他下炕。他今天整天坐在那儿玩。'明天我可以去看我妈妈吗？'他这么问每个进来的人。"

"他哭了吗？"

"昨晚他因为你哭了很久。我把他抱到我床上哄着。他很快就睡着了。"

孩子妈妈赞许地点点头。"儿子，"她说，"我们现在都不一样了。我在这里和在家里不一样了……一切都很干净，一切都越来越好。你也不一样了。你得靠自己了，还得照顾老四。你明白吗？"老三嘟哝着表示同意。

之后，又一次骑到我肩膀上时，他说："她变了，变得好多了。那天我回家看到她病成那样，我就哭了。但今天她说话很精神。"

我把老三带回到宾馆，给他擦洗身体，把他的脚搓暖和，然后用被子把他裹起来，在这之前，我还喂他吃了面包，喝了鸡汤。那些没有营养的食物让他的肚子鼓鼓的，而且他总是吃不够。我在他的眼睛上抹了些药膏，把他裹在被子里。从他的衬衫上，我揪下五百只虱子，心里想着他骑在我的肩膀上时，有多少虱子落在了我的脖子上。早饭他吃了很多包子，还喝了蛋汤，但他大哥带他去孤儿院的时候，他说的最后一句话是："我还是有点饿。"

他走的时候虽然这么说，但很明显已经吃多了。至少孤儿院的工作人员是这样解释的，因为第二天，老三的疟疾又复发了。他们说："最容易导致疟疾的就是三样——受累、受凉和吃得太饱。"理论上，疟疾病菌紧贴着皮肤，如果肚子吃得太饱，皮肤受到挤压，病菌就会跑出来！

连着三天，我都去孤儿院给他吃奎宁，给他滴眼药水。他很不高兴：发着高烧，头昏眼花，坐也坐不起来。他每天早晨开始发烧，一直持续到半夜。老三小心翼翼地指出所有得了疟疾的男孩，让我给他们服用奎宁。他用胳膊肘撑着坐起来，一个个指给我看。第四天，他似乎没有好转，所以我把他带到城里，这样我们可以更好地照顾他。我还决定，我们之后必须把他带回双石铺吃饭，因为他在孤儿院吃饭几乎不可能恢复健康。接下来的两天里，他睡在宾馆的那张大床上，挤在我和他哥哥中间，我给他吃了药，一直关注着他。他还是没有好转，反而越来越虚弱。最后，打了一针奎宁之后，他开始发汗，烧也退了。然后我们开始喂他吃鸡蛋和面条；他的痢疾也好了，但是，在去双石铺的前一天，他的腿和脚肿了起来。

我们把老四留在了妇女缝纫合作社。他很高兴，老大带他去医院看了几次妈妈。有一天，雨下得太大了，没法送他去合作社，所以老四回来了，和他的两个哥哥还有我待在一起，我们都睡在一张大床上。他胖乎乎的，喜欢咯咯笑，眼睛常常睁得圆溜溜的，吃饭很认真。可怜的老三不欢迎他的弟弟。"他精力太旺盛了。"老三说。

我们叫老四不要蹦蹦跳跳，因为老三病了。让他们一起在床上待了一会儿，然后我们就听到老三在哭，老四坐在一旁非常严肃地看着他。"我只是坐在这里，他就开始哭了。"老四很委屈地说。我们问老三是怎么回事。"他不停地叽叽喳喳的，拦都拦不住。"老三说。

因为老四表情严肃，人又胖乎乎的，我们称他为"门口的泥菩萨"，问他愿不愿意一辈子坐在门口的神龛里看着进来的人。"我们都会来向你鞠躬。"我们说。

"看着人可以，但吃饭怎么办呢？"他问。

"你在过节的时候能得到一堆点心和糖。"他哥哥说。

"过节的日子太少了，不行，我受不了。"

睡觉前，老四得意地宣布自己从来没有尿过床。不幸的是，事实并非如此。半夜，一个紧急通知打破了宁静："我要尿尿。"他仿佛是在对空气说话。这是一件极其重要的事，就好像他躺在床上整整半个小时都没睡，一直在想他要创造什么东西，而现在终于发现了一个伟大的科学真理。

"我想尿尿。"他摇摇晃晃地走到尿壶旁，沉默了一分钟后，另一个可怕的通知打破了寂静："我不尿尿了，我要拉大便！"所以我还是得起床。

第二天早上，他躺在床上，神情严肃地盯着天花板，在想早饭会吃什么。他的哥哥喊道："喂，门口的泥菩萨！"

老四忘记了守护自己的尊严，也可能是没听清哥哥的嘲笑。"咋了，哥哥？"他用粗犷的陕西话回答，"吃啥？"

他的话引得哥哥们哄堂大笑，但他仍然非常严肃，决不错过大吃一顿丰盛早餐的机会。

后来，在老大带他回妇女缝纫合作社的路上，老四想吃一根油条——小摊上卖的一种炸面糊。

哥哥问他："你有钱吗？"

"没有，但是我饿了。你拿东西跟他换一根油条吧。"

"好主意啊！"哥哥说，"我拿你换，然后我自己就能吃油条了！你还饿不饿？"

"不，不饿了。"老四嘟囔着。

我们把老三放在手推车上，终于翻越秦岭，向双石铺出发了。不幸的是，第一天晚上，在山上，我们三个人能当床睡的只有一块三英尺长的木板。我让老大和老三兄弟俩睡一头，自己睡另一头，但这是个错误的策略。本来应该是他俩脚对脚睡，而我因为个子更高，就睡在旁边。结果，我的脚伸到了老三后背外面，让风吹进来了。第二天，他又感冒了，疟疾也复发了。到达双石铺时，老三的体温达到了华氏106度（约41摄氏度）。我没法让他发汗，直到我想起一个美国人留给了我一些药。我让他把这些药吃了，他出了很多汗，又吃了一些奎宁，高烧就退了。

老三现在有牙刷了，正在认真学习怎么用牙刷。他迷上了两只眼睛红红的小白兔，那是培黎男孩给他带来的，他还展示了小白兔是怎么洗脸的。

与此同时，聂太太还在宝鸡的医院里。我不知道她出院后会去哪里。因为在别人都不愿意接近她的时候，是我让她住进了医院，并抚养了她的四个儿子，所以她想过来靠我生活，这似乎有点困难。不过，中国人的观念仍然是"救人一命胜造七级浮屠"。或许她也是这么想的。

第十九章 ——— 双石铺的家庭生活

三个月后，1942 年 5 月，乔治·何克写道：

　　我的三儿子现在很健康，追着山羊满山跑。我给他做了一条很好的棉裤，再过一两天，他就要长途跋涉回宝鸡上学了。

　　我听说又有信寄来了，但到目前为止，我已经好几个月没有收到你们的信了。我记得最后一封是 1941 年 7 月的！一个人必须学会在内心中找到完整感，或轻松融入自己所处的环境。除了记忆，没有别的方法能够和过去的亲友保持联系。幸运的是，从在瑞士上学时起，甚至更早，你们就一直教导我们要自力更生。

　　我换了一份工作，成为一所男子技术合作社培训学校的校长。我是校长！这所学校非常有趣。它不是普通的技术学校。我们的想法是招收年轻人和家境艰苦的人，这样他们就能学会把学校和工合当作自己的家。有没有普通学校的文凭，能不能写一手好字，懂不懂礼貌等等，我们都不在意。结果就是我们招来了一群有趣的孩子，他们都很有个性。其中一个是从上海撤离时，在拥挤的渡轮上和母亲走散，再也没有见过母亲或其他家人。一个是卖报纸的，或者曾经卖过报纸。其中一些是来自河南省的难民，那里人口太多，大多数贫困家庭不得不把一两个儿子送出去，让他们自谋生路。其中有四五个孩子是九一八事变后从东北逃出来的难民。这些聪明的孩子和一些当地农民的孩子混在一起，学着说对方的方言。大孩子，小朋友，中学毕业的，几乎不识字的，都混在一起，互相学习。我也向他们学习。

在学校成立的第一年里就换了八位校长！似乎谁也不清楚学校到底想做什么，该怎么做。与此同时，我在为这所学校写宣传文章，希望从美国获得资金。通过这种方式，我与这所学校有了许多接触，也有了大量机会去思考这所学校的理念。第八位校长离职时，他们让我去负责，看我能不能把自己的宣传付诸实施！除了当校长，我还教英语和地理。

我跟你们说过那个突然出现的苏格兰反战人士吗？他是公谊救护队（Friends Ambulance Unit）的人。就在离开英格兰之前，他在哈彭登待了一天，还在银杯酒吧喝了一杯啤酒。他的风笛吹得很好，周围的村民听了都很高兴。现在他待在这里，在一位翻译的帮助下教孩子们关于卡车的知识。

起初，这所技术学校并不是什么好地方。乔治·何克接手的时候，学校只有一栋三室的校舍，配备了一台织布机和一台导纱机，还有一间极其简陋的厨房，矗立在一块空地上。空地上有一根旗杆，上面挂着一面破烂不堪、颜色褪得差不多的国旗，在荒凉的山坡上随风飘扬。剩下的十二个男孩无精打采、营养不良，浑身虱子和疥疮，睡在一个房间的桌子上。工合的人都笑了："为什么要管这样一个地方呢？算了吧！"

起初，乔治·何克是唯一的老师，但很快他就安排了村里工合的人来上语文课。路易·艾黎曾经委托人在学校附近建了一座小屋，作为自己的休养地。乔治·何克接管了这座接近竣工的小屋，把它改造成了学校宿舍，还在小屋后面的山坡上挖了一个窑洞。他在学校和宿舍周围建起了围墙，在围墙内布置了篮球场和花园。春去夏来，双石铺、宝鸡等附近地方的合作社开始送学徒来。

6月，乔治·何克仍然没有收到家信，但他在信中就如何在完全陌生的环境中保持健康提出了一些合理的建议：

> 我现在很壮实。一个需要注意并值得牢记的事实是，只有试图活得像外国人一样，才会感到生活困难。如果你周遭一切都与你的生活方式格格不入，但你还是试图按照自己的方式生活，你就会感到疲惫、恼火。在战争期间，封锁之下，按照自己的方式生活变得越来越困难。但是，如果你克服困难，顺应你周围的环境生活，一切就都很简单。以打湿脚为例，大路潮湿，小路泥泞，没有的士，没有巴士，没有好鞋，没有胶鞋，回家的路上也没有地方可以弄干鞋子。你会怎么做？小题大做？想着"要是在英国就不会这样"？不，不要把这些放在心上。给自己买一双能踩泥的布凉鞋，不要穿袜子，走出去，在你能看到的所有水坑里尽情踏起水花。把你的脚裹在可爱的、黏糊糊的泥里，你会玩得很开心。回到家后，脱下凉鞋，洗脚。没有比这更健康、更好的方式了。

> 我现在有了工合巡视员的正式头衔，期待已久的小通行证已经到了，上面有行政院长孔祥熙的签名。

> 不过，最近我没有出门，因为我忙着当校长。我们玩得很开心，培养了一些男孩，也只有这种方式才能培养他们，这顺便给我提供了很多写作素材。男孩们有点怵他们的外国校长，每当我

做错了什么，或者做了什么他们无法理解的事情，他们就会严厉地称之为"洋主义"。但是，我们真的相处得很好，而且会更加好，所以现在我正在学习他们的方式。他们正处在中国孩子最容易开始有极端民族主义倾向的年龄。我们就鸦片战争、外国租界等问题进行了几次激烈的讨论，但当他们意识到，尽管我们的鼻梁高度不一样，但在这些问题上的看法差不多相同时，一切都平静下来了。到目前为止，我们只有大约 30 个男学生。他们学的东西各种各样——年龄小、受教育程度低的学语文和数学，受教育程度高的学会计、合作社理论、经济地理学、纺织、时事、汽车力学、初级力学和机械制图、卫生和急救、日记和写作，还有英语。每天的上课时间是五小时，外加三个半小时在我们自己的作坊或附近的各种合作社里实践。孩子们还自己买食物，经营自己的消费者合作社。在合作社里，他们用微薄的钱进一些毛巾、肥皂、牙刷、草鞋、铅笔、毛笔等商品。我们为他们组织探险活动，让他们写报告或在学校会议上作报告。每周都有辩论和自我批评会议，目的是培训民主实践。他们被分成三个"学院"，每个学院都有院长，系里也有系长。

我教的科目不多——英语、经济地理学、时事、唱歌和合作——但我有很多事情要做，让学校自给自足，组织一些日常活动，给男孩们加油打气，努力塑造一种学校传统，为未来奠定基础。

这很有趣，而且学校发展得很快。现在工合正计划在兰州、重庆附近或者河南其他地方（可能在洛阳）再建一所类似的学校。等有了钱，我应该会去那些地方帮助他们。

毕业后，这些男孩应该进入合作社和工合，成为受过西方培训的工程师和合作社社员之间的"中间人"。事实上，前者往往很难把自己的想法传达给后者。因为大家不仅语言不尽相同，思维过程也是如此。从我们学校毕业的男生对这两个世界都会很了解，可以充当中间人。他们会向合作社社员解释工程师开展广泛技术改进的想法，同时也会把合作社的条件、当地居民的困难和态度这类第一手信息告诉工合专家。

前几天，我们做了春季大扫除，我想你们可能也在做，除非炸弹先替你们扫除了一切。我们的房子有一半是窑洞，所以房子的照明几乎全靠窗——纸窗，中间有一块两英尺乘一英尺的玻璃。首先，我们给地砖涂上石灰，然后静置一两天。这一步是用来杀跳蚤的。接着，我们刷掉所有天花板和墙壁的灰尘。天花板看起来还是有点脏，所以我们用一些纸把它盖上。然后，我们把所有纸都从窗户上撕下来，因为这些纸已经有点发灰，不透光了，接着，把新纸糊上去，虽然也不是透明的纸，但仍然能让明亮的光线照进来。窗户被木条分成几个砖块大小的隔间。把大片的纸糊到窗户上，诀窍是要让纸的边缘正好贴到木条上，否则光线就会把接缝照出来。我把脚伸进了炕里，这是我们春季大扫除中唯一的小插曲。炕就是一张泥砖做的床，里面留了一条烟道，可以生火。冬天的时候，烟道在炕下面循环输送高温浓烟。我们在园子里种了卷心菜、韭菜、红辣椒和茄子。我们还养了两条小狗——"我们"指的是曾经在银杯酒吧喝过啤酒的苏格兰人安迪·布雷德（Andy Braid），他的中文助手偶尔是路易·艾黎，偶尔是我。

双石铺上方山坡上的窑洞被称为"路易·艾黎窑洞"。很多来访的外国人都住在那里，有些只是路过。各种各样的谣言满天飞。乔治·何克在他的书的最后一章里写道："有些人谈起这个地方时是带着感伤的。"

"非常原始，亲爱的，"他们给自己的朋友回信时以比较文明的口吻写道，"当然没有门铃和门环。亲爱的中国朋友进进出出，就好像他们是这里的主人一样。"当然，其他地方的人认为这是一座华丽的乡村豪宅，是用压榨得来的钱（贿款）建的，以高昂的价格租给富有的美国人。这个谣言唯一的源头可能是格莱姆·佩克，但他当时几乎身无分文；当时格莱姆在窑洞空荡荡的书柜里放了一排做工精美的木块，上面写着"从死胡同到合作社""拿手好戏"等等，但他肯定没付租金。

为改造艾黎的家，不少怀着善意的朋友派来了同样怀着善意的使者，希望至少让艾黎恢复到有他担任上海市政委员时一半的外国风度。但这些人通常会痛心疾首地离开。他们中的一些人甚至不再回来看了，相反，他们给卡车加满汽油，在村子里漫游，收集各种故事。"他们活得跟中国人一样。他们请的厨子甚至不会做最简单的带有外国风味的菜。"随着时间的推移，这类故事变得有鼻子有眼，所以在某些地方，人们认为"那个可怜的艾黎"已经无可救药地堕落了，变成了东方的"可怜的穷苦白人"。

艾黎的双石铺窑洞的主要特征和他在上海的旧居完全相同：放学后，窑洞里挤满了男孩；男孩们看画刊，问数不清的问题；男孩们听留声机，唱着跑调的歌；男孩们在艾黎的肩膀上做体操，或者倒挂在艾黎的肩膀上；男孩们接受灌肠，或者给彼此的疥疮擦硫磺软膏；男孩们站在黄铜洗脸盆里，到处泼肥皂水。

艾黎永远不会承认地板上跳蚤的数量和洗澡前把衣服堆在地板上的男孩的数量有什么关系。

"都怪你们那些可恶的小狗。"他坚持说。后来，厨子偷偷地孵出了十五只小鸡和两只鸭子，它们长大了，在窑洞的客厅里玩耍。艾黎总能把责任推到它们身上。

跳蚤时代持续了将近一年。一进窑洞，那些知道内情、身着短裤的人就能立刻从每条腿上拍下十几只跳蚤。我们如果喜欢一位客人，就会提醒对方在进来之前把裤腿卷起来。否则，对方很快就会坐立不安，说自己该下山吃晚饭了，不然一到天黑狼就出来了。

我们在地上铺了几英寸厚的石灰，一连好几天嘎吱嘎吱地走过去；跳蚤无所畏惧——我们本以为它们已经被烧死了，但当我们把石灰收起来的时候，它们又像往常一样爬了出来。我们给小狗洗澡消毒，把鸡宰了吃，跳蚤依旧肆虐。我们从远在城市的朋友那里搜罗了几罐克汀杀虫粉，跳蚤照单全收。我们写信给一位大学专家征求意见，他说食盐是最好用的。我们就从市场上买了一百磅食盐，用脚踩碎。当地农民打电话来看皮肤病，抑或是听到外国人的窑洞里传出怪声，得知了这种浪费行为，为此感到震惊，把这件事传遍了街头巷尾。他们中的许多人不得不吃便宜的辣椒代替稀有昂贵的盐，结果患上了甲状腺肿大。

最后，我们发明了一台消毒机，男孩们可以在洗澡前把衣服扔进去。与此同时，那个占半个窑洞、老鼠孳生的大炕，或者说泥砖床，也被打碎了，铺在园子里。于是跳蚤逐渐减少，灭绝了。

我们受到鼓舞，把墙壁重新粉刷了一遍，在临街的一面重新糊了一遍纸，还把从西安大老远运来的一块新玻璃装进了纸窗中间。墙上钉着各种各样的画：新西兰毛利人在独木舟上钓鱼，中国士兵大胆摆造型的木刻画，从杂志上剪下的美国风景。还有朋友们的照片：艾达·普鲁伊特（Ida Pruitt）和一群她从香港带到工合工作的美国工程师；优雅的尼姆·威尔斯（Nym Wales，海伦·福斯特·斯诺的笔名），照片拍到了她的头和肩膀；亨利·卢斯（Henry Luce）和他衣着讲究的妻子克莱尔·布思（Clare Booth）站在宝鸡一家毛巾生产合作社门前；还有迈克，艾黎收养的两个中国儿子之一，看起来像一只充满奇思妙想的小老鼠。

我们买了一块桌布，用沙子打磨光秃秃的木制家具。我们在桌上纸窗的光线能照到的地方放了一尊身披长袍、双手合十的大佛，在人们极度需要的情况下，他或许可以变作穿着长袍的管家，端来一盘饮料。为了增添文化气息，我们在墙壁上挖出了教堂窗户形状的小龛，里面放满了高鼻梁、大胡子的马可·波罗（Marco Polo）同时代人物雕像，这些雕像出土于洛阳周围正在挖掘的新城壕。那些目光短浅的传教士们简直不敢相信自己的眼睛！如果他们是那种在跳蚤横行的日子里卷起裤腿的人，我们就把他们带过去看看；如果他们不是，我们就让他们走开，他们还低声嘀咕着异教徒偶像崇拜之类的话。

路易·艾黎大部分时间都在奔波，从一个合作社到另一个合作社，从一个仓库到另一个仓库，从重庆工合总部到各个地区基地。他不时回到双石铺的窑洞里休息、养病、处理信件、自我充电。在这种情况下，乔治·何克从学校回到家，会发现艾黎舒服地坐在铺着毯子的扶手椅上，旁边是烧着煤的炉子，他的脚上穿着一双皮拖鞋，让他免受砖地的寒凉，所有这些东西（毯子、扶手椅、炉子、煤炭、地砖和鞋）都是合作社生产的；除了煤以外，所有东西都清楚地单独打上了工合的商标。

他的书桌上堆满了信件，评论家们发誓这些信件是艾黎写给自己的，是他不停地在乡间奔波时写的，做自问自答之用。炉子上放着一壶咖啡，他和乔治·何克一边喝着咖啡，一边讨论工合、整个国家和双石铺培黎培训学校的最新进展。

翻开乔治·何克在 1942 年 6 月下旬写的一封信，我们可以更多地了解这个幸福的家庭场景：

留声机交替播放《圣母颂》、莫里斯·舍瓦利耶和冷溪近卫团的一些曲子，以及诸如此类的音乐；我们家的母鸡，坐在鸡蛋上，现在已经快满 21 天了，对着放在厨房角落里的食物轻蔑地咯咯叫着，一群小男孩正跟着中国民歌学跳苏格兰高地舞；两只小狗打着滚，冲着对方的跳蚤吠叫；有人在挖蔬菜。总的来说，这里很像家，不太像"行路居"。这里没有女人，所以一切都有点乱。安迪·布雷德剃了光头，留了胡子，把自己晒成亮粉色，打着赤膊坐在我对面吃早餐。这里让人很局促，我们小心翼翼地坐着，并不是完全面对面。因为桌子很窄，每个人对着粥吹气，都能感觉到对方把气吹到了自己脸上。但只有周日会这样。工作日的时候，我通常第一个起床，做深呼吸，从髋关节开始扭转身体，很快，我的学生们就跟我一起做了。这就是一个人在早期环境中受到的影响！前几天来了两个非常讨人厌的约克郡人，应该是一对夫妇。他们满怀热情地来改造我们，要把我们变成受人尊敬的白人。无论如何，我们真的认为自己相当文明，正如我在上一封信中所解释的那样，这是一种潜在的哲学。

再过几天，我们学校就要翻山越岭地前往宝鸡，参加西北工合组织的 7 月 4 日"国际合作社日"和 7 月 7 日"卢沟桥事变"的纪念活动。我们教了孩子们很多歌曲，包括一首英文歌曲和几首我们在山里学到的甘肃农民歌曲。我们会带上一辆小推车，在孩子们累的时候载上他们一程，还会给每人带上一条毯子。天气很热，所以我们不需要太多东西。

美国委员会写信询问了一些对美国劳工运动特别有吸引力的信息，他们现在对工合很感兴趣。所以我一直在想办法。因为两国情况相差太多，很难在劳工运动方面把它们联系起来。但有趣的是，我们正在吸引这样的人。你们知道吗？圣雄甘地和贾瓦哈拉尔·尼赫鲁（Jawaharlal Nehru）对工合特别感兴趣，表示印度要发展自己的工合。我还是想找个时间去印度。我最初的计划是"在中国待六个月左右，比普通游客更深入地了解这个国家"，这个计划肯定超额完成了，是吧！我想我再也不能永远离开中国了。我的工作将是与其他国家和民族建立联系，或者在其他国家和民族内部开展工作。

双石铺培黎学校

双石铺的窑洞

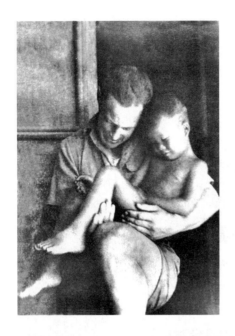

乔治·何克和老四，1942 年摄于双石铺

乔治·何克、安迪·布雷德和安迪的翻译，摄于双石铺

老三和老四，摄于双石铺

老三和老四，摄于山丹

第二十章 ——————— 平民县抗洪救灾

　　黄河是中国的希望，也是中华文明的摇篮，自古以来为千百万人提供哺育生命的水和种植粮食的丰富淤泥，但在 1942 年 8 月的一瞬间，黄河露出它的另一面——中国之患。一场毁灭性的洪水发生在潼关上游的平民县。宝鸡工合接到了求助电话，于是卢广绵主任和乔治·何克立即展开调查，希望能提出有效的救灾建议。那年秋天，《新政治家与国家》杂志发表了一篇记录了乔治·何克所见所闻的简短报道（此报道发表于 1943 年 2 月 20 日。——译者注），但这里讲述的故事更为详细：

　　大约 100 多年前，黄河从北部没有树木的流域蜿蜒而来，携带的泥沙淤积了河道，迫使黄河向东偏移。虽然旧河床的原始淤泥是丰收的沃土，但很少有陕西农民敢在那里定居，因为他们担心河流会突然蜿蜒回到原来的河道。因此，旧河床被留给了来自北边和东边无地的饥荒难民；他们更加高大强壮，愿意赌一把以填饱肚子，去耕种旧河床的土地。陕西当地的士绅占据了新土地的很大一部分，但仍然身为地主，生活在高地上，从定居者的农产品中获取丰厚的收入。

　　1929 年，这片从潼关河湾向北延伸 40 英里的、经过开垦的河床第一次被设立为县；但是，由于当时留在高地上的朝邑县富裕地主表示反对，这片河床并没有什么突出的成绩。新成立的县政府为百姓服务，这些地主担心这会妨碍他们征收地租。

直到十年后，成千上万的战争难民开始渡河，日军已经开始沿对岸挖掘防御工事，中央政府才猛然意识到平民县作为防御区的巨大作用，决定着手重建平民县。

一位进步的新县长（他本人是来自山东省的战争难民）被派来负责。他在农村开办了新的学校，修建了平整的道路，鼓励工业发展。每年种植的树木超过 20 万棵。到 1942 年，五万英亩的土地上长出了小米、玉米、高粱、豆子和花生。当时，此地大小村庄约有 90 个，有 27000 人在此定居。

除了种地，这 6300 户百姓还榨花生油，用花生剩料饲养大量生猪，出售猪鬃和猪肉；他们每天能挖出大量的盐。那些来自河北、河南、山东等纺织地区的人们凭借残存的记忆，自己制作出纺车和织布机，从而为陕西本土棉花开辟了市场。几乎每个月都会出现新的村庄，每个村庄都有政府提供的植树补贴；事实上，你可以通过树木的高度来判断每个村庄有多少年历史。

就是在那时，黄河水灾开始了。在青海和甘肃两省的暴雨之后，一波从 6 英尺到 20 英尺高不等的巨大洪水席卷了整条河流。毫无疑问，这一次"中国之患"改道了。仅仅因为两条支流都容纳了充足的雨水，所以只要河岸允许泄洪，河水就会漫过河岸。平时只高出水平面几英尺的平民县，却被 10 到 20 英尺深的水淹没了 15 个小时。这股水流的力量足以把山西煤矿里的大块煤炭冲到往北 70 英里的地方，把数 10 万吨煤冲到黄河对岸陕西的淤泥里，一直流到潼关。

洪水退了，整个平民县连一粒豆子、一根麦穗、一簇花生秧都没有剩下。所有的纺车和大部分织机都被冲走了。所有的榨油设备都被冲毁了。三个盐矿中有两个已经被掩埋，无法挽回了。生猪四肢短小，没法爬树，几乎死光了。1000 多头牛、驴和骡子都被冲走了，所以即使河流带来了肥沃的新淤泥也没法耕地了，因为没有牲畜可以拉犁。土砖砌成的房子已经消溶进了黄河的泥沙中，屋顶的梁也已经顺流而下。令人惊讶的是，只有几千人淹死，一部分原因是树木较多，还有一部分原因是洪水黏稠浑浊，浮力较大。古老的河床上几乎什么都没留下，只剩下 100 英里乘十五英里的一块地。

洪水的消息很快就传到了后方，但是，或许出于战略原因，政府否认了这条消息。没有宣传就没有救济资金，负责的官员给宝鸡工合的卢广绵发了电报，让他亲自来看看情况，然后由他斡旋，争取到一笔用于重建的救济拨款。

县长和其他官员衣衫褴褛，在城外迎接我们。"穿成这样，非常抱歉，"县长说，"但是我们的衣服都被洪水冲走了。"城墙被冲走了，除了仅剩的几座房屋外，其余的也都被冲走了。"刚开始，我们只是一个小县城，很穷，"他继续说道，"但经过三年的努力，刚刚开始有了点样子。一夜之间，全没了。只剩下两样东西。一个是我们种的树；另一个你们一会儿会看到——人民的精神和他们重建的愿望。这就是我们三年的建设和教育工作的成果！这就是我们过去工作的象征，也是未来的希望。"

我们走进县政府时，王县长朝一摊泥轻快地摆了摆手。"这是我的接待室，"他说，然后指着另一个方向，"这里是教育局和经济研究局。"这同样是没有形状的几摊泥。一根木梁横在两棵树的枝桠之间。"我的两个秘书在那根梁上过夜，"王县长继续说道，"会计们在那边的树上，自卫团的士兵在他们营房外面的树上搭了一个台子。这些树救了所有人。"

"你自己呢？"我问。

"我在我们新办公楼的屋顶上，"他回答说，"我把梯子靠在屋顶上，把妇女和孩子都推上去，直到屋顶挤满了人，洪水几乎要淹过我们，然后我自己才爬上去，爬到北边，看洪水冲过来。这时我听见了可怕的轰鸣声，泥水里散发出一股气味，就像雨打在干泥巴上，比那种味道还强烈一百倍。然后，黄昏的时候，我们看到一堵白墙向我们涌来。周遭响起一阵可怕、混乱、痛苦的声音。驴、骡子、牛、猪、狗、女人、男人、孩子的叫声混作一团，树被上游冲来的石头和煤压得噼啪作响；洪水的咆哮声不绝于耳。然后日军开始在河对岸用大炮进行射击。"后来大家才发现，日本人是用大炮掩护自己撤退，躲进山里，他们认为中国人可能会利用河流转向来渡河；与此同时，中国人认为日本人正在利用河流转向来攻击他们。实际上，双方都遭遇了同样严重的洪灾，但当时双方都不知道。"到了第二天早上，"王县长继续说，"水只有几英尺深了，但还是流得很快；到了十一点的时候，我们就可以下来，在泥地走了。明天你们就会亲眼见证，处处都是一片荒凉。"

我们到达后的第二天早上，镇上的公告员敲着一个大锣走街串巷："会纺纱的妇女，到集会地点来听卢先生讲生产救灾。"

将近一千名妇女到场，她们都是国内的纺织能手。卢先生讲完后，其中一名年纪较大的妇女站起来讲话，她靠在邻座的肩膀上，以减轻她小脚的负担。"我哭得太惨了，再也哭不出来了，"她说，"我们村的妇女有的抱在一起哭，也有的一个人默默流泪，现在我哭不出来了，因为已经没有眼泪了。我把眼泪都哭干了！"她肿胀的眼角又绽放出笑意，"所以，如果你们能帮我们弄到纺车和织布机，让我们养活自己，我们都会非常感激，我可以肯定。"

另一位老妇人是在1938年开封决堤、发生洪灾后逃到了平民县。这一场洪水把她从她家的屋顶上卷了下来，她手里还抱着小孙子；半个小时后，她发现自己浮在汹涌泥泞的洪水里，慢慢顺流漂到了十英里远的地方，手还紧紧抱着孙子，孙子还活着。"我已经逃过它两次了，"她笑着看着黄河，"它抓不到我的！"

开完会，我骑着自行车出门。我去的第一个村子，150人中有30人淹死了。村子里连一座房子，哪怕是房子的一部分都没有留下，现在成了一片泥地，地上长着几棵树。"你看到洪水来的时候做了什么？"我问一个农民，"你为什么不跑？"

"士兵马上就跑上了高地，所以我们本来也可以那么做，"对方回答说，"但是，你看，我们是老百姓啊。我们有房子、庄稼和牲畜。我们以为洪水不会很大，所以留下来了，等看到洪水有多大的时候，已经太晚了。我们能做的就是把自己绑在树上，只能等。"

另一个村子里，洪水冲走了骡子、牛和2000头猪，一个农民说："我们村子里，一天能喝上一顿汤就是幸运的了。过去三天，有50多户人家都走了，去乞讨。如果三周内我们拿不到粮食种子，这个地区五年都恢复不了。但只要我们种下粮食，我们就会有希望，能坚持下去——即使我们在收获之前几乎都要饿死了。"

然后是刘清德（音译 Liu Qing De），一位 28 岁的山东难民，她和她的家人紧紧抓住一辆牛车，被顺流带到几英里远的地方。"洪水来之前，我们把车拴在一棵树上，但因为沛露庵是一个新设的村子，树都很小，洪水就把车和树一起拖走了。我一直抱着我的孩子，但我呛了太多水，失去了知觉，就把孩子松开了。我爸爸、我丈夫和我两个孩子都淹死了。"

"你现在靠什么过活？"我问道。

"我们能讨到一点米，但是很难把米煮熟。整个村子只有一两个我们从泥里拽出来的锅，所以现在我们只能轮流使用这些锅。"

村民们挨个介绍他们的家人，清点伤亡人数，让我记在笔记本上。"高家七口人死了六个；宋家五口人死了四个；李家六口人死了四个；王家七口人只剩下一个"；等等。

"有人告诉我，洪水退了之后，有人在十英里外的平房上发现了我的牛，"一位老人说，"但我还没去看。我三个孩子都不见了。孩子都找不到了，还找牛干什么？"

六岁的何麒坤（音译 Ho Qi Quin）已经会说话了，他告诉我他的父母都被冲走了，他不知道他们在哪里。一整个晚上，这个小家伙紧紧抓住牛尾巴，从敌占区来到了自由之地！

两名王姓兄弟告诉我，他们几乎是被水冲到了河对岸，游到了岸上。东岸的日本士兵把他们拉出水面，怀疑他们是间谍，监禁了他们。晚上，他们逃了出来，跳回他们非常熟悉的河里，努力游到西南岸的河湾处，然后走回了自己村里。

村民们不再谈论他们失去的亲人了。"你不必把这些数字都写下来，"村长告诉我，"我们都失去了许多亲人。把重要的事情写下来告诉他们。"

一些妇女又哭了起来，甚至连孩子们，之前他们还在为自己的幸存感到自豪，现在却显得很肃穆。我换了个话题。

直到一两周前，我们去的下一个大村庄还住着800号人，现在唯一能看出之前居住痕迹的，只剩一栋毁了一半的学校楼房，还有一丛树。泥滩在阳光的照射下龟裂剥落，中间露出了洪水冲积的煤块，一直延伸到岸边，似乎一直延伸到远处河对岸的中条山山脚下！

一群人坐在一堆煤旁边的几棵树下，其中一些人正把煤装进独轮车里。一个老妇人独自坐着哭泣。"她在哭什么？"我问道。

"她被洪水卷走了，从那里走了40英里才刚刚回来。现在她发现村子变成了这样，她的东西都埋到泥里了。就是这样。"

回到平民县，我们发现王县长为我们准备了一顿丰盛的饭菜，我得不好意思地承认我吃了很多。虽然我目睹的大规模饥饿、痛苦和毁灭的场面足以让我好几个星期无法忘怀，但只要想起那天的谈话，我还是很振奋。我知道，不管这位脸颊圆润、眼眶湿润的领导人陷入多复杂、多混乱的情况，这些真正的中国人民，他们会留下来重建一切。我感到神清气爽。很长一段时间以来，我一直抱着这样的想法等待着："领导层其实并不完全是这样的，但它很可能一直都是这样，无论如何，它并没有最近人们描述得那么糟糕。"今天我突然醒悟过来，发现原来是这样的：这些人其实比我或其他人想象的更像英雄，只不过他们呈现出来的方式相当平凡。

第二十一章

发展学校

这是双石铺学校学生陈四魁（音译 Zhen Xi Quei）的日记节选：

太阳缓缓落到西山的后面。一片小小的红云游荡在温暖的天空中，真可爱。我在暮色中独自翻越群山，来到一个无人居住的荒僻山谷里的一片草地上。正当我环顾四周、欣赏美景时，从草丛中跳出两只灰黄色的动物，长得很像狗。我的心一沉，勇气也荡然无存，狼群正向我追来。我没带武器，飞跑起来。前面是峡谷，后面是狼群。我灵魂都快出窍了。但是，在千钧一发之际，我大喊了一声……我醒了。我在学校宿舍里，天快亮了。远处和近处的狗叫声此起彼伏，这些熟悉的声音驱走了我梦中的思绪。

轮到我出去买菜了。我离开学校，走向山下的村子，那时已经六点了。我回来的时候，大家已经吃完早饭了。明天我必须早起。

在降旗仪式和老师对一天的工作作完报告之后，我们召开了晚上的会议，讨论了食品供应问题。我们只吃面包、小米和面条，六个人分一盘蔬菜，但上个月，我们用光了每人五分钱的额度，这个月的菜价更贵了。

日军快到村口的时候，陈四魁和母亲离开了南京附近的家，走了几个星期来到汉口。他从那里乘坐难民列车前往西安，在工厂当了一段时间的工人，然后动身前往四川。但山路崎岖、路途漫长，让他难以承受，他最终来到了甘肃天水，成为工合的一名办公室文员。

在这里，陈四魁比以往任何时候都要忙：早上他第一个起床，骑着一辆比他大好几号的自行车，带着邮件满城跑，晚上最后一个上床睡觉。但他很开心，也很热爱自己的工作。有一年元旦，大家都回家了，但乔治·何克经常上天水去，有一次他听到陈四魁趾高气扬地按办公室的铃，用低沉沙哑的声音对自己发号施令，还打电话给各种假想的银行官员，大声说道："这里是中国工业合作社。"然后他消失了几个小时，回来的时候从未显得如此开心过，声音都哑了，原来是他把洋秘书的自行车拖上了城市上方的山，然后一路滑行下来。

18个月后，陈四魁被选为双石铺培黎学校的学生会主席和学生消费者合作社主席。他已经准备回到天水合作社去当会计了。

苏清河从宝鸡的一个军被纺织合作社来到这所学校。当时的他再过一两年就能成为一名有用的工人，但依旧很年轻，足以完全领会工合的思想。虽然苏清河没有足够的学识，脑子里也不会去想要成为一位学者或当一个小官，但他有足够的、大量的基础常识。因为家里穷，他养成了自食其力的习惯，但家里也没有那么穷，也有别的儿子帮衬，不需要靠苏清河养活。因此，他的未来就像一张白纸，上面写着"中国工业合作社"。在学校学习了六个月后，他和另外五名培黎男孩一起被送到成都，在一位美国工程师的指导下学习新的小型毛纺机械，并将机械带回西北。

乔治·何克记录了一个来到这所学校的山西本地小伙：

> 这孩子邋里邋遢，大字不识，后脑勺剃得精光，前面的头发

垂下来遮住了眼睛。事实证明，他性格极其坚定独立，不听任何人的废话。如今，他剃了光头，连耳后都干干净净，会写字，还会做乘除法。这样的男孩对（工合）运动忠贞不贰、活力四射，其未来价值可能远远超过他们在学校的衣食成本。

　　四年前，在黄河边的河南腹地，一个小男孩在放学回家的路上被国民党的一个团带走，当了勤务兵。几年时间里，这个男孩一直在为前线的军官们端茶送水，直到该团受命南下，帮助英国人进入缅甸，他才得以脱身。行军第二周的某一天，男孩发现自己正喝着一个河南老乡茶壶里的水，这个人是双石铺附近凤县某家合作社的主席。

　　"老乡，你上哪儿去？"茶壶的主人问道。

　　"我们要去英国打日本人。"

　　"去英国！但是像你这样的小狗崽永远也到不了那里！风雨将至，但你肯定到不了那里。为什么不来合作社工作呢？我们正需要像你这样的小伙子。"

　　于是，张生义把衣服上的纽扣都扣好了，没有纽扣的地方就在扣眼上涂点墨水，然后去向军官们告假。

　　"当然，你可以留在合作社，"他们说，"等我们到了那里，很容易就能找到另一个男孩。"

　　张生义成了合作社的学徒，后来又成了培黎男孩。他做事很慢，但每件事都做得很认真；他很随和，能和每个人处得好。总有一天他会成为一位优秀的合作社主席。

　　王金为人强硬、目光短浅，没给来访者留下什么好印象。他是土生土长的农村小伙。在甘肃的群山中，他可以受到理解和信任，因为在那里，只有疑心重的农民才能保护好珍贵的煤炭和金属矿石。他最喜欢的把戏是躺在何克校长的床上，假装肚子疼，何克校长一出去，他就偷偷用校长的剃刀刮脸，但校长还是发现了。王金和同学们翻山越岭，去宝鸡考察后回到学校，同学们都骗他说，在那里看到的蒸汽机车，锅炉里藏着几头牛呢。虽然被称为"笨蛋"的王金从没能写好毛笔字，但他从机智的难民和其他同学那里学到了很多东西。

乔治·何克接手学校后不久，来了一名18岁的高个子中学生，他带着宝鸡合作社写的信，要求入学。学校决定让他试一试会计的工作。头一个月，他既懒惰又傲慢，也不开心。他留在学校，可能只是因为他回不了合作社，也不知道还能去哪养活自己。突然，他开始领导学校的辩论，参加读报小组，努力学习自己的课程。作为一名票选出来的学生队队长，他发明了许多方法，来激发队员的竞争精神，并鼓励大家自律。他的队伍带头从事劳动，改善学校的志愿工作。后来，他和另一个男孩自愿在下午开设了识字和算术课，为后进生和学校厨师补课。

有一段时间，鞠英奎是最难办的问题儿童。他是被千娇万宠的独子，特别爱哭，经常尿床，大家都叫他"大头"，意思是"大头大头，下雨不愁。别人有伞，我有大头"。他爸爸在黄河以北的某个地方失联了，那里有个工合仓库。他妈妈在宝鸡一家女装裁缝合作社挣钱，但只够维持自己的生活。在这种情况下，这孩子应付起来就很棘手了。最后并没有采取什么具体的措施，但很多事情都自然而然地发生了。

一天下午，乔治·何克游完泳正在河边上地理课，他们用沙子绘制了一张亚洲地图，上面有真实的海洋和河流。最后，他们用大石头"轰炸"日本，直到日本沉入水中。鞠英奎非常喜欢这样，他把农民的鸭子当作日本潜艇，于是开始"轰炸"这些鸭子。这是完全违反规定的，鞠英奎很快就发

现自己穿着所有衣服坐在河里。他嚎了一整天，非常可怕，但这是一个转
折点。

　　孩子们要是尿了床，早上要把被子拿出去晾一晾，年幼的鞠英奎嫌每
天这么做麻烦，所以他晚上会坐在床边，尿到地板上。为此，学校想出了各
种各样的惩罚措施，直到他不再这么做。然而，即便他不再尿床了，嘲笑他
的人还是继续残忍地在他的床周围尿尿，第二天早上诬赖给他，直到他在床
周围放了很多山楂荆棘，才把嘲笑他的人赶走。此外，在黑暗中爬出自己设
的路障也很麻烦，这很快就治好了他尿床的毛病，而且很快就没人打扰他睡
觉了。

　　有鞠英奎在的校队成绩总是垫底。所以，重新划分宿舍队伍的时候，
"大头"发现自己明显不受欢迎。学校选他当了校队队长才得以解决僵局。
在那之后就容易多了，脸上脏兮兮、裤子没扣好、床铺没整理，这些警告一
如既往，但他这次无法回应，羞愧难当："英奎，你知道的，校队队长不该
做这种事。校队队长应该树立一个好榜样。"

　　他上一次哭，是因为有一台旧的福特 V8 卡车引擎送到学校，供男孩们
清洗、拆卸。安迪·布雷德从旁指导，有人说那台引擎看起来很像乌龟。"大
头"辛辛苦苦，帮着用柱子把引擎抬上山送到学校，对他来说，这样含沙射
影简直是胡说八道。鞠英奎和人打了起来，结果因为头重脚轻，被人打得落
花流水。

　　这所学校本就没有任何过去的传统可以依托，学校曾经的消极精神又
恶化这种情况，乔治·何克必须努力将这群乌合之众整合成一个真正的集
体。他逐渐发展出一种结构，这种结构后来成就了这所学校；他不得不经常
指出，仅仅是一个物质层面的学习场所并不能称之为"学校"，传统和学校
处理事情的风格也许比砖块灰浆更加重要。

每个人都必须学会唱歌。这并不难，因为中国人一般都喜欢唱歌。只要起个头，他们就会放声高歌。抗战歌曲和民间曲调交替出现。还有甘肃运煤人的歌声，这在大山外是听不到的，此外也有来自遥远的南方省份的歌声；乔治·何克有一双对音乐敏锐的耳朵，热爱唱歌的他不管去到哪里，总能记下身边歌声的曲调和歌词。这可能是他成功融入中国百姓的关键之一。随着时间的推移，这种唱歌的传统逐渐确立，当一个新的男孩来到学校时，他会发现自己立即成为大家关注的中心，而不是被当作闯入者排挤在外。学生们会聚在一起问他知不知道有什么歌可以添加到他们的曲目中。新来的人不会因为自己奇怪的口音或方言被取笑；相反，他会发现，对于他的新朋友们想学的歌曲来说，自己的说话方式是丰富而有意义的。

每个人都必须早起，每天至少在河里游一次泳，如果有疥疮，就抹上硫磺软膏。在中国农村，干净并不是一种广受认可的美德。调查结果显示，超过一半的学生认为人长虱子是正常的。健康讲座和去河里游泳很快治好了这种毛病。

每个人都必须帮忙改善校园环境。如果一个人把大量的时间、精力、想象力和创造力投入改善校园环境或设施中，那么他无疑能确保他付出汗水培养的孩子不会因为疏忽、粗心或故意破坏公物而受到伤害。

课堂教学方面，学校分为三个年级。每天早上大约要上五个小时的课。几个学习进度最慢的男孩被安排到下午上专门的识字课，但其余的人下午都在做实践。这里有纺织车间，有需要拆卸和重装的卡车引擎，有木材和金属制成的工作台，有一台由小型柴油发动机驱动的车床，还有一台蒸汽机模型。他们中的一些人会到村里的某个合作社去实践。

在吃饭、睡觉和自律方面，男孩们被分成三个校队，每队都有一名选举出来的队长。这些校队每年重组四次，以防拉帮结派。每个队长负责自己

团队的个人问题，晚上在宿舍进行小组讨论。队长要起草所在团队的决议，
周六提交给全校大会。大家认识到，在一个混乱的战时或战后社会，自律是
唯一一种在离校工作后依旧有用的训练。学校的任务都分配给队长，队长把
任务交给需要纪律提醒的队员。有两大影响因素能让男孩们自律。第一个因
素是，他们都很钦佩军队的智慧和纪律。第二，他们都担心自己上的压根不
是一所学校，而是一家管理不善、稀奇古怪的外国慈善机构，这会导致他们
最终一事无成——随着时间的推移，大家普遍认识到，这种观点是对是错，
要靠学生自己来证明。

　　学校的日常运作也是自我管理练习的一部分，这么做也是在培训未来
的合作社社员。每周的大会包括六个独立的部分：粮食、墙报（印刷或写在
纸上的通知和公告，然后贴在墙上供所有人阅读）、劳动服务、图书和报纸
阅读、体育运动、娱乐和戏剧。此外，学生们还开办了自己的消费者合作
社。他们每个月有 20 块钱的份额，可以进一些肥皂、毛巾、凉鞋、铅笔、
毛笔等必需品。学校从宝鸡工合的财政部门获得了一笔 500 块钱的贷款。此
外，学校还从员工和学生手中筹集了 462 块钱的全额股票。第一季度末，该
合作社宣布实现利润 422.8 元。现代式的商业账目由当选为合作社管理人员
的学生妥善保管，所有账目都由全校学生审阅，作为会计实操练习。

　　"民主很有效，"乔治·何克可以这么说，"但民主比独裁要麻烦得多。"

　　尽管乔治·何克采用了各种方法将所有男孩组织成一个紧密结合的集
体，但有三个因素导致了学生群体内部的分裂：地区差异、阶级差异以及集
体内新人群体与现有成员之间的分歧。这些原因都自古有之，无论身处世界
何处，都会使人们产生矛盾。他们本身并不严重，但一旦有了重合的趋势，
就会导致较大的冲突。

　　东北人来自工业发达地区，因为长期以来对外开放，所以受到外国影

响。作为先驱者，他们很有主见、我行我素。这一群在1931年因九一八事变被迫背井离乡的人，早在中国作为一个整体向侵略者宣战之前，就已经在日本帝国主义铁蹄下遭受了许多不平等待遇。所以他们很早就学会了无论好坏，都要团结一致。

而西北地区最近才开始开放。这里的年轻人被外人称为"土包子"或"乡巴佬"。他们受不了别人说他们懒惰、一无是处。他们往往对自己不能讲标准的北京话这一点过于敏感。

实际上，阶级因素和地区因素往往相互关联。身处内地的本地农民男孩突然接触到了来自沿海的中产阶级男孩，这两个群体之间的暗流涌动在最令人不可思议的地方爆发出来。有一天，全校师生都在热情洋溢地唱一首甘肃老民歌，一个本地男孩跳起来喊道："他们学我们的口音真是自作聪明，是不是？"

还有一天早晨吃早饭的时候，因为小米汤烧煳了，男孩们闹了起来。通常情况下，没有人会提出意见。后来大家发现，食品部门的负责人是由对立派成员选出来的，他们的目的是一有机会就给他难堪！

诸如"机车锅炉里有几头牛"之类的老玩笑，以及"你这个甘肃窝窝头"之类的绰号，开始被没完没了地重复说起，变得越来越生硬。后来，男孩们自己也厌倦了这种较量，希望找到一条出路。

东北人这边很好对付。从痛苦的经历中，他们懂得了民族分裂意味着什么。所以，他们很有政治觉悟，能意识到自己在学校也是一样。一些年纪较大的学生已经试图引导其他人理解不团结的危害，所以也很容易理解乔治·何克对这件事的看法："只有先让人们在小事上合作，你才能指望他们听你说大事。"乔治·何克提出了领导力这个问题，让他们自己解决。

但西北人这边更像是一个难题。"对他们来说，说到一起去会更难，"回忆起建校初期，乔治·何克说，"他们比较固执己见，把一切都归结于一套我不太理解的社会标准。他们很有礼貌，但不太容易接受外人的想法，尤其是外国人的想法。当然，他们对阶级或教育问题也非常敏感。"

"东北的学生很骄傲，"其中一个学生说，"他们看不起我们，因为我们家里穷。但要不是他们自己家里也缺钱，他们早就上中学去了，才不会来这里。"这似乎只是他们缺乏自信的问题。

乔治·何克建议：

> 那在你们看来，这些东北人很骄傲，实际上他们是想家。他们认为这里所有人都反对他们。你们应该让他们有家的感觉。毕竟这所学校主要是为像你们这样的人开办的，而不是为他们。确实，如果之前他们家里有更多的钱，他们就会去上中学，而不是来这里。就算现在他们有了机会，很多人还是会去上中学。但未来，如果我们能把学校建设好，他们就会优先选择这里，而不是去上中学。

最后，一切都解决了。东北人在发展人际关系时少了一些骄傲，多了一些礼貌。当地的男孩也不再那么有戒心，而是敞开了心扉。几周后，一个由东北人和西北人组成的混合小组被派往成都学习一些新的纺织机械。那些没有去的人也大大恢复了自信，因为这次旅行学校花了很多钱，这让他们对学校的持续发展充满信心。

这是乔治·何克作为校长有效管理学校的方法——心理战术，让学生思考问题，这样每个人都能从别人和自己的错误中吸取教训。艾黎的方法则不同。"大多数孩子都在潜意识里寻找父母，"某一天，他说，"最好的办法就是像妈妈一样照顾他们，直到他们把学校和工合当作自己的家。然后，不管以后发生什么，他们都会坚持下去。"这就是著名的"艾黎育儿法"。他的方法包括治疗疥疮、疟疾、眼痛和痢疾，甚至涉及一些高昂的开支，比如购买磺胺类药物、鱼肝油，以及把男孩们送到西安做视力检查。虽然乔治·何克并不完全同意"艾黎育儿法"，但他当然不会舍不得花钱治病。"大多数人都认为我们疯了，"乔治·何克笑着说，"但是在我看来，花了钱培养男孩们，但又不让他们健健康康的，或者还没培养出对学校的忠诚就让他们离开了学校，这样才是真的发疯呢。"

学校发现两个男孩需要做包皮环切手术，于是从宝鸡请来了工合的医生。医生和两名护士一起来了，带着一个装满脱脂棉和尖锐器械的黑袋子。尽管已经做了局部麻醉，但其中一个男孩还是非常害怕，开始尖叫。一个农民被尖叫声勾起了好奇心，从窗外往里面看了一眼，激动地挥着手跑开了。"外国人在阉割学生，好把他们养肥！"他激动地脱口而出。学校在附近的名声一落千丈，直到那位"受害者"本人面带微笑地向当地居民保证那不是事实。

当时，一位在美国出生的华裔女士在当地待了几天，为她的社会科学论文寻找当地值得研究的现象。她在校外的小路上遇到一名甘肃学生，她问他："你能告诉我那些男孩为什么要做手术吗？"

"笨蛋！"王金热心地说："他们的'小鸡鸡'被剪掉了。"

"请告诉我'小鸡鸡'是什么意思？"这位年轻的女士用她所能说的最标准的汉语问道。

"你不知道什么是'小鸡鸡'？为什么！'小鸡鸡'就是大鸡鸡的反义词啊，这都不知道？"

这位年轻的女士更加困惑地离开了，王金去找何克校长，他也很困惑："你为什么告诉我她是中国人？她看起来确实像中国人，可她连什么是'小

'鸡鸡'都不知道，怎么可能是中国人！"

这个小集体逐渐变得坚定团结。大家一起散步，一起在农舍里露营，一起在令人兴奋的新池塘里游泳，有时一起挨饿，总是一起出行，走得又热又累，一起到一个新的地方，在陌生人面前表演唱歌，考察许多新的合作社，这些合作社都是他们工合"家庭"的一部分；这一切都对学校有所帮助。有一次从秦岭到宝鸡旅行回来，大家确实开始怀有一种很强的集体精神。在进入双石铺的最后一段路拐了个弯后，他们看到了自己学校所在的那座山，感到非常温暖和自豪，不由自主地发出一阵欢呼声。"从那天起，"乔治·何克回忆道，"我就知道我们学校会有所作为。"

工作人员给他带来的麻烦比孩子们带来的麻烦多得多。乔治·何克发现，中国人自知不注重细节，天性就随遇而安，所以往往过分强调从西方引进事物的形式，从而矫枉过正。因此，就教学而言，任何偏离常规教育实践的行为在普通教师看来就是异端，应该受到谴责，他们绝不可能向前迈出新的一步。但教育学家的教科书中没有提到培黎学校，那该怎么做呢？更困难的是，当地的小官员对任何与众不同的事情都持怀疑态度。他们派了探子去看学校是不是在传播危险的思想。

安迪·布雷德来自苏格兰高地，擅长吹风笛，是公谊救护队借调来学校的，还有他的翻译周学宇（音译 Zhou Xueyu），他们是另一种人。安迪·布雷德曾当过农民、踢踏舞演员、成本会计、护士、机械师、哲学家和卡车司机，这些只是他的一部分身份。然而，在学生们看来，这个人之所以更令人印象深刻，甚至令人钦佩，是因为他敢拔掉自己的门牙！安迪用他的风笛征服了我。他很快就教会了几个年纪较小的男孩跳八人里尔舞，还跳得像模像样。他能医治各种身体疾病，教授健康和卫生、会计和所有关于卡车引擎的知识。他的一天从早上五点领着孩子们到河里游泳开始，到晚上八点半，他给患沙眼的孩子们滴上眼药水，一天才结束。

有一次，需要有人阉割学校的小猪，毫无疑问，这成了安迪最辉煌的时刻。他接下了这一挑战，说："我以前在苏格兰也养过猪。我想中国的猪是一样的。让我来吧。"男孩们对他拥有超乎寻常的热情，在此之前，他们中的大多数人以为外国人除了坐在汽车里用叉子吃东西之外什么都不会。"他来中国了，"一个13岁的孩子激动又钦佩地说，"虽然他汉语说得不好，但他会阉割猪啊！"

周学宇也是个多面手。除了给安迪当翻译，他还自己开课，当篮球队教练，并担任消费者合作社的财务主管。

还有个叫丁齐生的家伙。他神经兮兮，情绪多变，总是着迷于一些伟大的想法，被学生们弄得衣衫褴褛。但他很擅长自己的工作：教机器制图。

"我妈妈说我精神不正常，学生们也说我精神不正常，甚至我弟弟都在外面骂我是个疯子。实际上，我自己都不知道自己是不是疯子。"他曾坦露心扉地说道。他父亲曾经是一名海军军官，但因为生活困难和吸食鸦片堕落了。他母亲沉迷于麻将，为还债变卖了所有的家当。丁齐生借了朋友的钱才读完了技校。现在，两年过去了，他仍然债台高筑，只能用那份教师的薪水尽力养活母亲和弟弟。他一直渴望逃去南方开卡车，或者去北方当游击队员——去任何可以逃避自己责任的地方。"我这个年纪的年轻人，竟被这么多困难压得喘不过气来，太不公平了。"他绝望地喊道。

每到这种场合，安迪总是那个逗齐生开心的人。安迪会用麦克风宣布他是"奇迹男孩丁齐生，双石铺的花花公子"，并称赞他用英语演唱的《江上彩虹》："说实话，真的比留声机唱片还好听！"

许多学生来了又走，他们完全是态度一致的同类。正如41岁的康老师所言："这里的男孩不懂上学的规矩，很难管教。"

"那倒是真的，"乔治·何克会说，"我希望康老师会尽力帮助他们理解上学的规矩。"

"如果这些孩子不懂规矩，那么我们教他们就没有意义了，"这位教育专家宣称，"我们没义务牺牲自己的心力到那种程度。"

这里有一种教育保守主义，据说是建立在"西方实践"的基础上，与目标相去甚远。

在 1942 年 8 月 23 日的家书中，乔治·何克提到了欧洲的战争以及他对这场战争的看法，之后他接着写道：

> 与此同时，我的私人战线也在不断扩大，来培养那些明白自己在为什么工作、并因为自己的意愿而努力工作的工人。一所学校有宣传员负责的一个好处是，学校很快就名声大噪。全国各地的人们都在呼吁建立培黎学校，并规定"必须像双石铺那所培黎学校一样！"
>
> 这里没什么书可读的。这是最糟糕的，所以一个人必须对自己的工作感兴趣，否则就会无聊死。
>
> 在做清洁这件事情上，安迪·布雷德有着惊人的热情。他在厨房里拼命地擦洗。那个为我们"工作"的家伙现在有点不舒服。他只是躺在床上，观察着这种超乎寻常的能量。与此同时，安迪在心里列了一张清单，上面列着他告诉自己只要身体好转就要去做的所有事情。所以你们看，我们正在提升自己，没有陷入困境，没有完全入乡随俗，也没有发生任何可怕的事情。
>
> 这里有个人曾经因认为战争罪恶而拒绝服兵役，但他现在要出于良心反对拒服兵役了。他是和公谊救护队一起出来的，但现在又觉得这样做不太好。他们被塑造成一群英勇的战争支持者。

一些人为战争感到愤怒，另一些人又觉得战争非常伟大，这因他们的精神健全程度而异。

我们的学生过去常常为了抄近路穿过一个农民的田地，这让他非常生气。然后其他人也养成了这个习惯，所以就算我不让孩子们走那里，情况对这个农民来说还是一样糟糕。今天，我找来了这一周内爱吵架、不听话、浪费时间或者犯了错的那群孩子，让他们挖平这一整条路，又在路的两端砌了一堵墙。农民被深深打动了，而"不会再有人从田上走过去"这件事也让那些为挖路付出汗水的孩子们非常高兴！

我们正在学校修建新的教室和车间，很快就会有40名正式学生。我最初的想法是在一年内把他们送到合作社，但现在有了另一个计划。在我看来，这些男孩可能不够强大，他们成为合作社的领导后，并不能改变自己所处的环境，反而可能被环境所改变，要是这样，他们在学校接受的所有的技术之外的培训就浪费了。所以，我们要在合作社、机械车间、实验纺织厂、运输路线以及学校经营的所有机构里建立一个缓冲区间，在学生毕业后把他们送到那里。在这一区间里，他们依旧受到一些保护，能待上一年左右，增长技术和合作社知识，然后等到他们羽翼渐丰，就飞向广阔的世界。你们会喜欢我的学校的，它很有趣。

一个月后：

我们学校很气派。很快就会有一个真正属于我们自己的机械车间，让孩子们在里面学习，里面配备一台车床和所有东西。在这里办一所学校有许多谁也想不到的问题……几乎没有工具，像在瑞士圣乔治国际学校那样让每个男孩都有一套自己的木工工具或其他工具是完全不可能的。各种材料，甚至木材，都越来越稀缺。就连做笔记本的纸都很稀缺。其中一位老师教孩子们如何制作自己的算盘，用几块旧木头、几根竹子，滚几个小泥球当作算珠，放在太阳下晒干，这样问题就解决了。牙膏太贵，所以我们用盐。衣服完全是我们自己做的：外面是黑色帆布，里面填充了棉花。每个男孩都做了一件短款系带风衣和一条棉马裤。如果我们的高频羊毛纺纱机能运转起来——我们正为此在河边买地，那里有水力——我们也可以织羊毛衫。

　　我们已经学到了很多东西，比如要收什么样的学生，以及怎么样让他们生活在一起，既有生产力，又有创造力。学生们当中一大部分是从事体力劳动的男孩，有些是稳重一些的本地农民，有些是机灵一些的城里小伙。我们不能冒险让地主家孩子在学生中的比例超过10%，无论他们在战后的境况有多么悲惨。这些男孩身上有旧社会的恶习：捉弄老师，趾高气扬地对待用自己双手劳动的人，暗自崇拜不从事生产、可以坐在办公椅上对别人指手画脚的官僚。但我们的确应该收一些地主家的孩子，因为工人阶级的男孩能从他们身上学到很多。他们中的一些人也更有社会意识，是优秀的领导者。我们现在收了一个这样的孩子。第一个月，他非常傲慢，很不配合，惹人讨厌，然后他就脱胎换骨了，轻而易举成为了学校里表现最好的男孩。现在我要派他去兰州帮我们建新学校。我希望几周后能亲自去那里。我从兰州回来的时候，会沿路向东去洛阳，我们的第三所学校在那里。然后，我可能明年去成都，他们希望不久能在那里建第四所学校。几年内，我们将有一股新鲜血液注入合作社。合作社需要他们。工合本身，我指的是本应组织和促进合作社的管理机构，看起来越来越有分裂的趋势。政治人士和野心家试图利用合作社的宣传来扬名立万，他们一直对合作社采取严格的不合作态度，甚至从不去合作社参观，而是用繁文缛节来折腾合作社，他们的势力越强大，就越有破坏性。所以，如果可以挽救工合运动的话，我们的学校能从下至上给合作社注入新生命，成为其中一个重要因素。

在 1942 年底的一封信中，乔治·何克讲述了 8 月黄河决堤后河南发生的严重饥荒：

过去的三个月里，这里的食品价格上涨了三倍。他们说河南的树根有价格管制，按现在的汇率算，两先令一磅。除了那些靠税收生活的人，现在那里没人吃得上树根以外的东西。但是，当然，按照管制的价格是买不到树根的，而且树根买卖有一个很大的黑市！在有些地方，树皮和树根都被剥完了，冬小麦的嫩芽已经被小心翼翼地挖出来煮熟了，明年收成的一切希望被摧毁了。

饥荒将持续很长一段时间。

第二十二章

工合运动结束的前兆

乔治·何克正全力以赴地发展他的学校，使之超越最初的梦想。他很久以前就看到了工合衰落的迹象。过去两年里，当他去重庆总部或各个地区总部时，他对频繁出现的腐败、内斗和死气沉沉的现象感到愤怒；在农村，情况则完全不同，农民和难民让一切都运转起来。他预见到了工合组织的崩溃，并认为现有合作社生存和发展的唯一途径是放松对新合作社的组织，集中精力提供熟练掌握技术的新鲜血液。在国统区搞新的合作社是没有意义的，因为从一开始就会遭到破坏。这是迄今为止许多合作社失败的原因。也有些地区取得了巨大的成功，特别是在国民党势力最薄弱的西北地区。

路易·艾黎收到了太多粉丝的来信。伦敦有人为他做了一尊铜像。美国的杂志曾做过一篇专题报道，题为《那个叫艾黎的男人》。乔治·何克写道：

> 在窑洞里，我们在一张粉红色的纸上刻上了"他非常可爱"的字样。那些离经叛道的奇怪字母自然变成了一个不堪入耳的粗鲁绰号。一天早上，在艾黎爬出蚊帐之前，我们把纸条钉在了他的床头。

> 可怕的是，他没有笑。事实上，他一连生了两三天的气，不

跟我们说话，吃早饭的时候就看报纸，自己一个人出去散步。有
一天我们回来，发现纸已经被撕掉了，而"那个叫艾黎的男人"像
往常一样坐在打字机前沉思。正如他随后透露的，真正让他不高
兴的，与其说是纸上那句话，不如说是试图通过工合在重庆的中
央办事处为中国工业合作社提供所有美国资金并用其中一部分为
那里的官员提供"饭钱"的消息，但所有的田野工作者和合作社社
员都认为他们是一群无用的官僚。就在我们钉上纸条的当天，艾
黎向重庆递交了辞呈，而不是把自己的名字签在"饭钱"计划上。

当然，他的辞呈暂时被拒绝了。持久战才刚刚开始，其中的
根本问题是：由合作社社员和相信中国民主的人向工合认购的美
国资金，是应该用于加强中央控制，还是加强实地工作，希望一
个联合起来的人民合作社运动最终能够强大到足以接管包括计划、
协调和研究在内的中央职能。

在一个仍苦于西方帝国主义后遗症的国家，使用西方资金存在各种各
样的隐患。通过一家对出资人负责的国际机构，而不是通过工合在重庆的中
央办事处，直接将这些资金投入到实处，这将会引起强烈的反感。从表面上
看，这似乎是一种武断的、由外国强加的平行控制体系。然而，中央办事处
的人根本不是从下面选举出来的，而且在许多情况下，他们积极地反对真正
的合作，要是把这些资金交给这些人，情况会更加不堪设想，因为这意味着
这些资金会被用来支持这个官僚机构本身。我们会失去外国出资人的信任和
同情。普通出资人的唯一愿望是资金直接流向最需要的地方。最后，由于国
内物价每月上涨 10% 甚至更多，如果所有资金真的历经了繁文缛节再投入
实处，那么它们的价值就所剩无几了。

　　将近一年的时间里，路易·艾黎和其他强硬的工合战士坚持抵制中央集权，继续向中国百姓分发国际资金。一场风暴爆发了，有人谴责中国工合美国促进会（工合在美国的筹款机构）提供的援助是帝国主义，是对中华民族的侮辱，是治外法权的复辟，是中国化进程的倒退。这种观点把真正的问题隐藏在看似进步的战争口号之下，在思想较为保守的中美自由派中颇有分量。

　　但是，对于他们的进步，甚至当时的生存来说，美国人民的支持都是绝对必要的。通过美国纽约的中国工合美国促进会认购并通过中国的国际委员会转交的资金，维持了官僚们拒绝帮助的一线仓库的工作，提供了必要的培训和研究，同时阻止了敛财的政客接管这些仓库，否则这肯定会在国外造成宣传上的不利。然而，美国流行杂志和报纸上的每一篇文章似乎在给重庆火上浇油。他们给工合贴上了"非中国机构"的标签。就路易·艾黎本人而言，不幸的是，美国的宣传必须集中在一些引人注目的人物身上。每次提到艾黎是工合的核心人物，他在重庆政府圈子里的声誉就会受到损害。

　　工合遭受的攻击是如此恶毒，以至于许多工合运动最亲密的盟友都认为大势已去。其中一人写道："这不再是一场苦战，而是一场淘汰赛，工合中最美好的事物实际上已经不复存在了。工合将继续存在，但性质会发生很大变化。"

　　1942 年 9 月 21 日，致命一击来了，民国中央政府发出电报，通知艾黎，他不必再加入工合的管理委员会。

　　给一位亲密的中国同事写信时，艾黎以他典型的乐观态度表达了他的愿望，他希望自己能在某个角落安静地工作，把一切团结起来，让工合思想继续存在，他写道："中国人民准备让这场运动取得成功，如果我们仅仅因为某些人设法掌权而离开，那我们就辜负了人民对我们的信任。我们这场游戏是为了争取这些地区再体面不过的民主事业的利益，值得玩到最后。"

在另一封写给一位新西兰同胞的信中，艾黎讲述了导致他被解雇的冲突背后的巨大力量：

> 昨天，我在兰州光秃秃的黄土山上俯瞰黄河，我在想，中国人民是多么喜欢这条河啊！从高处看，河水似乎是静止不动的，就像一条平静的黄色丝带。但是你要知道，这是一条狂暴多变的河，只有乘着羊皮筏渡河的时候，你才会意识到它流得有多快，几乎无法逆流而上，只有在一些死水流域才能这么做。有时，河会结冰，像一条银白色的丝带点缀在荒漠山丘之间。但冰面之下，河水奔流不息，一如既往。这个国家没有什么是一成不变的。中华民族变幻莫测……官僚和破坏分子可以提出许多巧妙的论点，而田地里的人知道这些都行不通，尽管他们并不总是知道怎么回应……不过，更加需要合作的日子即将来临。

在艾黎坐上一辆开往重庆的卡车，离开双石铺后，乔治·何克写道：

> 他离开后，我感觉两只蓝眼睛非常刺痛，右手几块骨头都快捏碎了。也许是因为想要结婚，也许是因为消化不良，也许是因为咖啡没了，也许是因为服用了太多纽约办事处寄来为我治疗沙眼的磺胺片，也许是因为现在建学校最难熬的阶段已经过去了，进度变慢了。不管怎么说，接下来的几个星期里，双石铺存在的意义似乎很值得怀疑。我为什么不在家里救火，或者开着轰炸机在德国上空盘旋？双石铺或者工合与当时正在进行的北非登陆战役、东所罗门群岛海战或顿河中游战役有什么关系？我觉得自己一定要打一条"老式领带"，回味一下旧时光。

艾黎寄来的信帮不上忙。其中一封是这样写的："万一我回不来了，我指定你为窑洞和窑洞里所有财产的唯一继承人。"乔治·何克写道：

> 这可不是什么鼓舞人心的事。我想到了他黑色大箱子里的所有文件。如果他被处决了，我可能会成为一名伟大的传记作家。过了一段时间，美国那边开始邮寄一些信件来。他们读书的方式给了他们生存的理由。工合在美国的朋友们一直在打自己的仗，拒绝政客们的意愿，也就是说，为了战后更大更好的商业前景，他们会给中国提供一种主流援助。中国工合美国促进会的忠实支持者坚持保持独立。

> 这样的信件能带来一种更新颖、更令人满意的联系，比旧时光更加令人回味无穷。读完这些信，我就能重振冒险精神，到山里去探索我们的新纺织机械用水力发电的可能性；我甚至又可以高高兴兴地坐在打字机前了，尽管房间里的温度远低于零下，风从纸窗呼呼地灌进来。

事实上，大西洋两岸都出现了骚动。在一群大使随员和中国官员的陪同下，来自英国的两名上议院议员和两名下议院议员访问了位于宝鸡的工合西北总部。路易·艾黎人在重庆。宝鸡急急忙忙给双石铺培黎学校打了足足三个电话，请乔治·何克和安迪救急。

安迪正在闷闷不乐地做一本旧算术课本的题目。"如果他们是来中国看战争态势的，"他神情严肃，抬起头说，"那不如让他们来这里看看学校吧。我不知道我们为什么要到宝鸡围着他们转。中国有句俗语，用来形容奉承大人物，叫'拍马屁'。我们苏格兰的说法还要粗鲁哩。我就要留在这里。"

乔治·何克决定过去：

我去了宝鸡。不是为了拍马屁，而是因为我记得以前的外国名人是如何被带着匆忙逛完宝鸡的，这群人的目的是不让他们看到任何东西，我想多一个"高鼻梁"可能会有助于结束这样的表演。

我到的时候，办公室里堆满了有关国际团结的海报和标语，写着合作社英文名字的横幅，统计数据资料，还有几位妇女询问外国人喝茶喜欢配哪种蛋糕。彼得·汤森（Peter Townsend）是公谊救护队的成员，自从我去了双石铺后，他就成了"洋秘书"，他正忙着把他能拿到的每一份报告都打印出 20 份；鲍勃·纽厄尔（Bob Newell）是另一位公谊救护队技术部门的成员，他正在绘制地图，要展示一位议员应该知道的有关中国西北合作运动的一切。人们可以在任何时候、任何地方狼吞虎咽地吃饭，或者干脆不吃饭。大街上，警察和一群征召来的助手正忙着清扫街道，用冷杉树枝、旗帜、胜利海报和醒目且鼓舞人心的横幅覆盖不够雅观的建筑，横幅上写着：欢迎奥温勋爵（Allwyn）、蒂维厄特勋爵（Teviot）、斯克林杰·韦德伯恩先生（Scrymgeour-Wedderburn）和劳森先生（J.J.Lawson）来中国！

与此同时，电话线和小道电报都忙得不可开交，各种令人不安的谣言开始传了进来。省政府主席或国民党省里主官，抑或是他俩一起打电话给重庆，建议使团不要访问宝鸡。我们深感沮丧，但依旧坚持不懈地工作着，直到重庆方面给了我们答复——无论如何，都要让使团到宝鸡去，让他们参观合作社！这使我们陷入了近乎歇斯底里的状态。

省政府驻宝鸡的代表又吓了我们一跳，他告诉工合秘书："使团可以参观一两个合作社，但绝对不能让他们看到任何合作社社员，因为他们可能太脏了。事实上，省政府主席说的是，街上的人必须越少越好。这些人太脏了。我们的客人在吃完午饭之后，赶着坐飞机去成都之前有半个小时的时间。请安排你们最大的合作社去接他们。"

　　抱着一线希望，我们没有把这个消息告诉方圆十多里的六十多个合作社，他们正在准备游行和欢迎活动。与此同时，政府代表赶忙拆除了最近一波河南饥荒地区难民在铁路旁的自建棚屋。这些难民显然太脏了，不能给勋爵们看见——他们又一次无家可归了。

　　这是一句奇怪的话："这个国家叫我受够了。"这句话很奇怪，因为它是一个中国人说的。让一个中国人对外国人说中国的坏话，这需要极力煽动；要让他在可能被人听到的火车上说出这句话，就更需费一番周折了。我们在去西安会见那些大人物的路上，我的同伴接着说："我可以原谅那些人觉得合作社很危险，从而对我们不满。这样我们还受得了。但那些担任公职的、受过良好教育的人……他们有不少就是从英美的大学毕业回国的！因为认为我们会显得可笑，他们就试图把我们掩埋在外国流行的演讲和宴会下……我们该拿他们怎么办！他们会在战争结束之前破坏中国与西方人的关系：对他们来说，所有的外国人都是傻瓜和婴儿，会相信他们所说的一切，只看他们所看到的。他们怎么会觉得能够轻易愚弄别人呢？"

　　凌晨两点，我们到了西安。巨大的海报和用花环装饰的旗帜悬挂在车站大门上方的电灯下。清道夫正在严寒中工作。西安宾馆的一扇窗户里透出柔和的灯光。会不会是奥温勋爵，在一天的饕餮盛宴后因消化不良而坐立不安？毫无疑问，从宝鸡铁路旁的棚屋里被赶出来的难民当晚也彻夜难眠。乔治·何克心想：要是难民们和奥温勋爵能住一起就好了，是吧？

在工合办公室的厨房里，我借着烛光完成了这周的打字工作。第二天黎明时分，我骑车去了宾馆，大衣里藏着一包手稿。没有危险物品，没有军事情报，没有抱怨和投诉，只有关于西北合作社的简单报告。但我们不能大大方方地把这些报告直接交给他们，免得引起怀疑。

卫兵敬礼。穿制服的男孩打开了旋转门。我走到楼上使团的记者们住的那些房间，敲了敲《芝加哥每日新闻》记者的房门，阿特·斯蒂尔（Art Steele）正在床上抽烟。经过一番努力回忆，阿特想起了我在汉口的日子，那时我和他属于敌对的组织。

"新闻写得怎么样，阿特？"

"没想到还有展览，你知道吧，很好，"阿特言简意赅地回答道，"昨天我们上了前线。这是一次愉快的旅行。专列上有白兰地作为利口酒，还有充足的食物。我们到潼关的时候，通往前线的小路都打扫得很干净。又喝了几杯之后，就开始了一场模拟战，控制室用电模拟的。粉色闪光代表炸弹，蓝色闪光代表炮弹爆炸。一位官员用中文向我们解释整个过程，另一位官员就拧动把手，留声机用英语解释了整个过程。然后我们回到火车上。我们走后，日军炮击了模拟战场。"

"勋爵们喜欢这样吗？"

"我觉得他们太累了；甚至没有时间去消化他们仿制的外国饭菜。但是自从我们离开重庆之后，我一直都没能和他们聊聊。他们坐飞机、坐火车、就餐都有自己的专区。"

我和阿特一起制订了第二天的活动计划，然后搭下一班火车回宝鸡。但在此之前，我已经享用了自 1938 年到汉口以来最美味的早餐。而且我还听到了有涵养的英国人讨论天气，这种聊天方式自我 1937 年离开牛津之后再没听见过。

宝鸡方面仍然很激动。当我走进房间时，贵格会教徒、和平主义者鲍勃·纽厄尔正举着一条横幅，上面写着"消灭太平洋地区所有日本人"。

"你不觉得这有点过分了吗？"他问。

"其实指的是南太平洋地区。"中国秘书在办公桌前解释说。他正在润色当地将军的一份欢迎致辞。

这会是一场盛大的演讲，陈词滥调比我想象的还要多。彼得·汤森的翻译非常激动人心，于是他们又将译文回译成中文，拿给将军读，没把原文给他看。彼得高兴极了！他得意地说："想想看，演讲时我该有多激动。"但最后他没有机会听到演讲了。第二天早上，在一个关键时刻，彼得摆出一副比奥温和蒂维厄特更像真正勋爵的架子，成功征用了一辆车，趁其他人都在吃午饭的时候，带着记者们偷偷参观了宝鸡。

午餐过后，那架道格拉斯大飞机正在机场上预热，准备起飞。中国官员虽然疲惫，但却洋洋自得，因为他们成功地把使团送到了机场，而没有让他们花几分钟挨个参观一两家讨厌的合作社。

劳森是工党资深议员，他把我和鲍勃·纽厄尔拉到飞机机翼下聊了起来。"你们这些人有可能被推倒吗？"他问，并意味深长地向下比了比大拇指。我们与鹰派官员渐行渐远。"当然，我们以前也听说过类似的事情，"他接着说，"但在今天的表演之后，我们不难看出你们面对的是什么。"

"我们现在还没什么看头，"我大胆地说，"这是让他们最不舒服的事情。你也不能怪他们在这方面很敏感。"

"我老了，"劳森说，"记得小时候，我曾经把鼻子贴到我们镇上一家杂货店的小窗户上。现在这家店已经开遍了全英国。这就是合作社。刚开始规模小没什么好怕的。我的建议是这样的。"他又摇摇摆摆地走远一些，让别人听不到他的声音。他的步态像矿工一样硬朗，下巴前伸，正是这种姿态把他带到了工党的顶峰，又让他将近20年来立足于下议院的不败之地。"不惜一切代价坚持下去。在这场战争中，人民在任何地方都处于领先地位。这次旅行中，我们使团几乎被推着走，但我不能说我没有学到任何东西。他们给我介绍了所谓的西安铁路工人工会，但我看得出来这不是真正的工会。那些人不敢和我说话。在某一家工厂里，我问一名工人有没有什么要抱怨的。他说没有。我说他是个傻瓜。我告诉他，我还是个孩子的时候，也在这样的工厂里工作过，我就有很多要抱怨的。翻译一开始不愿意翻译，但我硬要他翻译……然后我们的确看到了你们军被合作社里通风良好的车间。我们也的确注意到合作社社员在那里的车站迎接我们，但被士兵赶走了。坚持住啊，我说。我口袋里有你所有的报告，我回去后会给你整理成文的。"

我们有足够的时间进行谈话，因为彼得那辆载着所有记者的汽车完全迷路了。当然，我假装完全不知情。官员们非常生气，批评了那些本该看守记者的下属。等了40分钟后，有人听到奥温勋爵对负责的中国人说："让你我这样干等太可惜了。"可怜的人啊，已经过了他的下午茶时间。

　　大家都登上了飞机，然后飞机沿着跑道滑行，把记者们留下了。当宝鸡官员发现彼得和失踪的记者在一起时，他们会怎么对待彼得？当阿特·斯蒂尔和其他人被困在人迹难及的西北地区，写不出每日专栏时，数百万读者会多么失望——一想到这些我就头疼。阿特也在想同样的事情，从他脸上惊恐的表情就可以判断出来。汽车正痛苦地、喘息着爬上山坡，进入了停机坪。太迟了！飞机已经在五百码外迎风飞行了。我们挥舞着手绢，绝望地喊着。汽车像老鼠追逐老鹰一样冲向飞机。老鹰庄严地向前飞去，但旋即转向一边，被老鼠追上，吞下了那几条令人尴尬的小虫。飞机再次从我们身边掠过并起飞时，阿特不再擦拭自己的额头，而是对着窗户挥动手绢。

　　彼得回来了，坐在汽车后面的备胎上，假装自己不在。我说："好险啊，彼得！"他跳了下来，明显有点发抖。"你差点就要被关起来了。你知道的，我们已经放弃了治外法权。"

　　"别犯傻了，我们去泡澡吧。"他说道，把这一切都抛在脑后。

　　在腾腾热气里，彼得还在回想着记者们对合作社的那种热情。"战斗开始了，老伙计。"他的声音从澡堂的木隔板顶上飘过来。

　　"战斗确实开始了，彼得。"

　　"不过，在宝鸡能看到这种保存完好的鸟类，真是不可思议，是吧？"

　　"如果你站在牛津的角度看你自己，你可能也是个怪胎！"

　　彼得在水里搅了搅。"天啊，可不是吗？从这里看牛津也很奇怪，不是吗？橄榄球，银酒杯里的啤酒，配茶吃的蜂蜜松饼，白色法兰绒衣服，河上平底船里的音乐。晚餐，香槟，用木制马桶坐圈燃起的篝火；标志考试通过的学士帽，在去听布雷特（Brether）老先生的国际关系讲座的路上从自行车后飞起的长袍，在公共休息室的火炉前读到亚的斯亚贝巴失守的消息；当得知'双蓝奖'是获得最好的殖民地职位的必要资格，而拥有两块'蓝奖'（壁球也可作为一项比赛）就能胜任印度公务员职位时，我感到非常惊讶（'蓝奖'是牛津大学或剑桥大学的最高体育成就，只授予某些为自己的大学参加过比赛的体育俱乐部的成员。获得'双蓝奖'需要在两项体育运动中获得'蓝奖'）。现在，我想这一切都是过去的事了。"

水汽在寂静中弥漫。"泡澡能让人放松一下，不是吗？"我接着说道，"这是我今年冬天第一次泡澡。"

"救济的概念已经过时了，"彼得说，"这些天，要么就采取有效的救济措施，要么就什么都别做。只发些食物或钱，会让人士气低落。"

"但你泡澡的时候可没法采取有效的救济措施。"

"我的孩子，等你在中国待得和我一样久的时候，"彼得说着，把他的毛巾递给一个肌肉发达的半裸搓澡工，"你就会懂得更多。""现在给我搓搓背。"他对那人说。一阵短暂的沉默，只听见毛巾的唰唰声，他接着说："天哪，如果你能看到现在从我屁股上搓下来的黑泥，你就会明白我说的'有效'是什么意思了！"

"人很脏，彼得。"

"是的。谢天谢地，我们很脏。这真是令人欣慰。"

乔治·何克的书就这样结束了。这本书展现了未来几年的美好前景，但这只是个开始。

第二十三章

新起点

现在他们都感到阵阵能量涌动。有了这么多来自国外的鼓励和支持，再加上从重庆出来，大家又有了希望，有了前进的理由。随着冬天到来，越来越多的难民从饥荒肆虐的河南省西行前来。1943 年 3 月 10 日，在一封家信中，乔治·何克这样写道：

> 我们这里有大约 116 名难民由学校照顾。有十四个是男孩，都是健康小伙，14 到 17 岁不等。供我们选择的这群孩子都很贫困，所以我们不得不忽略他们背后引人同情的故事，只选那些最聪明的人，他们以后会成为最好的合作社社员。然后，我们派 100 多个难民男子去工作，这样，即使几个月后难民基金分发完了，他们也能自给自足。有些人在山上伐木和搬运木材。有些难民是石匠，我们为他们买了工具，然后让他们工作，制作粉碎机，其他一些难民可以用这些粉碎机打泥砖，另一些难民可以用这些泥砖盖房子，等等。然后我们派了 15 个人去重开一个废弃的石灰窑。另有 20 多人在扩宽水渠，这条水渠将利用水力为学校下面河边的一家新的羊毛和棉花纺纱厂提供动力。基于这一切，再加上学校里管理难民的工作人员寥寥无几，我无法按照要求为《泰晤士报教育副

刊》或其他报社写文章。我希望能尽快做到。

我们刚刚接待了很多来自重庆的"高鼻梁"人：公谊救护队中国区的负责人及其副手，救济机构人员和其他一些人。一下子看到这么多人，真是有趣。其中有一位是英国大使馆的工作人员，他带来了一罐可可，留在了我们家。我们和学校的四十个男孩以及所有的难民开了一个大会。男孩们非常受欢迎，他们自己发明了一种特殊的游戏：一个男孩模仿英语演讲，另一个男孩翻译。真的很有趣——虽然他们只是说了一串听不懂的话，但说得非常严肃，这种用餐后装腔作势的样子是他们从来过这里的各种英美客人那里听到的。这所学校氛围自由，男孩们对待外国人态度自然，给客人留下了深刻的印象。他们说，在重庆或成都从没见过这种学校，即便那里全都是正规教会和其他学校。所以我相信我们真的在做一些特别的事情。

我想要一段假期，想要一位妻子，但现在这些都是微不足道的愿望。我可能更想从炮弹休克症中恢复过来，想多要一只胳膊或一条腿，或者往前走，就像千百万个像我一样的人目前需要的那样。

1943 年 6 月，乔治·何克短暂访问了西安，他在信中写道：

不是斯莫尔本医生，而是张医生。不是"阿登·格罗夫家诊所"，而是北大街上的"白色幸福医院"。向窗外望去，看到的不是车站入口，而是一条路，路边树下有一口井，许多孩子和车夫在那里乘凉。阴凉处的温度是华氏 104 度。术业有专攻。多亏了我的牙齿状况良好，牙疼得不太厉害，也不会疼很久，自从在哈彭登看过斯莫尔本医生以后，就没有人碰过我的牙齿。牙疼应该是我小时候你们给我吃了太多脆饼干导致的。除此之外，我想不出别的理由。

第一天，我因为牙疼去找张医生，他找不出哪颗牙疼，我也说不清楚。于是我出门找了一家很棒的冰淇淋店。吃了几根冰淇淋之后，牙疼的位置很明显了，我高兴地回去想告诉他，让他马上把牙疼止住。但门已经锁了，他今天下班了，所以我不得不忍受一天一夜的剧烈牙疼。现在一切都好了，今晚我要经宝鸡回学校了。

我想，这些天你们在英国是买不到冰淇淋的。在这里，有钱什么都能买到，没钱什么都买不到。富人和穷人之间的差距变得越来越大，这相当可怕。

为了在宝鸡和双石铺之间往返，我想出一个很好的办法。我骑着自行车去大山脚下的一个村庄，停在那里吃早饭，等一辆卡车开过来，接着立马骑上自行车，把它挂在卡车后面，登上山顶。这样很安全，因为山很陡，所以卡车开得很慢。至今为止，我已经这样做了八次，其中有六次，司机都会惊讶地停下卡车，建议我把自行车放到卡车上，然后让我搭免费的顺风车到双石铺。

有一次，乔治·何克在宝鸡争取一笔现金基金，争取到之后已经很晚了，在路上没有机动车的情况下，他深夜骑着自行车回到了双石铺。下坡的时候，他瞥见前面路边有一群人。速度很快，坡度很陡，他的自行车根本停不下来。他怀疑前面是土匪，于是加大了蹬车的力度，扯着洪亮的嗓门大喊。最后一刻，他蜷起身子，把自己缩小一些，像一只从地狱里飞出来的蝙蝠一样，飞快地穿过了惊讶的人群。

他在信中继续写道：

这所学校发展得相当不错。现在我们受托保存一些非常重要的小型机器：一台 25 锭的高频羊毛纺纱机，一台由哈里·菲茨帕特里克（Harry Fitzpatrick）设计的英国机器，以及一台印度高希牌三百锭小型棉纺机，它们不用水轮就可以工作，效率很高，产品可以媲美城里工厂的产品。我们会培训工匠使用它们，同时在我们的机械车间复刻这些机器。各地的合作社将合资购买这些机器，并邀请我们的学生出去展示如何操作这些机器。现在我们正在为这些机器盖厂房、挖水渠，它们很快就会陆续到达。来自河南饥荒地区的难民正在做一项艰巨的任务：烧制石灰、伐木、运输木材、制砖、建造、挖渠……所有人吃的蔬菜都是另一群难民种的，我们给他们开辟一块菜地，帮助他们度过最初的几个月。

一切都很有趣！但让人有点累，因为有很多极其烦人的困难。钱归我管！你们能想象还有谁比我更不适合管钱吗？这确实让我很头疼，现在钱几乎没用了。很快人们就会用它来烧火，因为它比柴火还便宜。

现在我们想开办一所类似的农林学校，让男孩们和机械工、纺织工一起生活在同一个集体里。

一个月后：

我们刚刚开始在这里安装那些重要的机器，也把孩子们从成都接了回来，他们已经在那里学习过如何使用这些机器。这是学校的重要历史时刻。

　　对我们来说，早期把最好的学生都送去成都意义重大，因为我们已经把他们培养得差不多了，且还要招收新的学生，这也很重要。现在我们的新学生培养得很好，老学员也回来了，所以整个学校感觉壮大了起来。学校正在把自己的精神发扬光大，这是必不可少的。经过一番努力，我们已经培养出一两位老师，他们现在认为自己是学校的一部分了。最开始，老师们往往只能忍气吞声地留下来，因为他们找不到其他称心如意的工作。我作为一个英国人，自然会被怀疑可能恃强凌弱，坚信帝国主义，或者怀有种族偏见，所以我从来不试图苛求老师，也不会在他们懈怠的时候严厉批评他们。我和安迪只能把他们没做的事自己做了。最终，我们的工作取得了成效，一些老师对学校产生了真正的兴趣和忠诚。还有两名毕业生，他们确实把后进生教得很好。所以我们内部很快就会团结起来，但要得到外部支持就是另外一回事了。

　　又高又帅的万事通安迪·布雷德很快就要结婚了。他的未婚妻在美国夏威夷出生，就是那个不知道什么是"小鸡鸡"的华裔女孩，目前在华西协合大学教社会科学。之后她会到宝鸡的妇女部门来工作。在安迪拥有的诸多技能之外，他还是一名经验丰富的护士。他让我们所有的男孩保持健康，街坊邻居对此啧啧称奇，除此之外，他还经营着这里的工合诊所。

乔治·何克八月的信中提到了学校进一步的发展：

　　这所学校发展得很快。前几天，路易·艾黎从洛阳培黎学校带了七个男孩过来，那所学校位于饥荒地区，所以不得不关闭。但我们人数已经满了，没有地方给这些新来的孩子们睡觉。我不畏艰难，对自己说，如果真的要挤的话，那不妨再挤一挤。我又从宝鸡找来五个身体健康的孩子——三个是河南难民，两个是陕西本地人。

现在，我们有了一批优秀的新员工，一切都有条不紊。我希望再过一个月左右，我可以离开这个地方一阵子，去看看成都和兰州的学校。现在轮到我负责日常生活和纪律事务。这意味着天不亮就要起床，在河里洗澡、晨练，等等——这意味着可能和孩子们一起从白天一直待到晚上。这群孩子身体很好。我们通过大量的运动和深呼吸让他们保持良好的身体状态！这里还有孙中山夫人从美国带给我们的浓缩鱼油。

1943 年 8 月初，乔治·何克出版书的事定下来了。他把这本书命名为《守望黄河》（*Yellow River Watch*），但出版时却用了《我看到一个新的中国》（*I See a New China*）这个名字。

前几天，美国最好的出版社之一利特尔·布朗出版社为我即将出版的大作《守望黄河》送来了一份合同。不幸的是，所有有趣的部分都被删掉了，包括第七章所有内容，所以剩下的都比较含混不清。这都是我自愿的，因为我认为实际工作比纸上谈兵更重要，如果所有这些内容都出版的话，我就得休假了。现在还不是时候！还记得我曾经给你们写过的关于法国的信吗？记住，牛奶膨胀之后，泡沫终有一天会破裂。泡沫破裂时，牛奶会变酸，单靠牙刷洗不掉飞溅的污渍，臭味会散发好几年。所以，如果能把有趣的部分留在《守望黄河》就更好了。这本书最晚于 1944 年 1 月 31 日出版。我想你们知道，应该会安排出版英文版。

在旁人强烈反对的情况下，乔治·何克同意了大幅删改内容，但他一直不确定同意删改是不是正确的选择。他向自己保证，会在已经开始写的下一本书里弥补那些缺失的内容。

早在 1942 年夏天，艾黎和乔治·何克就已经讨论过，为了熬过接下来的战争，学校几乎不得不向北或向西迁移，这样才能继续发展，为自由和重建做好准备。但是，几乎不可能带着所有的学生和设备向北通过封锁线到达延安，所以向西迁移的可能性最大。但是，他们决定把这件事交给周恩来。如果他想让他们去延安，那就去。他们传去一条消息，如果得不到周恩来的回信，就准备时机一到就向西迁移。

1943 年夏天的一个晚上，总部位于成都的中英科学合作馆派来一辆卡车，驶入双石铺。当时卡车上坏了一个弹簧，正在修理，馆长李约瑟博士（Joseph Needham）迅速渡河，穿过田地和被侵蚀的隘谷，找到了通往装着木门的窑洞的路。晚餐是玉米棒子、蜂蜜和当地的面包。他们谈到西部的资源，一直谈到深夜。李约瑟当时正沿着丝绸之路前往玉门油田去解决一些技术问题。艾黎可以跟他一起去亲眼看看河西走廊什么样。河西走廊是一片狭窄的山口和半沙漠地带，位于蒙古高原和青藏高原之间。甘肃西部是中国西北欠发达地区之一。离开兰州大约 10 天的车程后，考察队来到了敦煌，那里有 309 座佛教石窟，位于戈壁中间，在中国长城西段尽头的最后一个要塞——嘉峪关的西边。由于发动机轴承受到磨损，他们不得不在敦煌附近停留了大约一个月，这也方便了他们彻底探索石窟。石窟墙壁上的壁画展示了中国从 4 世纪到 12 世纪的生活和文化。有些画可以说是现代象征主义艺术，还有一些看起来就像出自时尚杂志的设计图。这里也有马上长矛比武的画，和中世纪的欧洲一模一样。还有一个景教十字架和一幅看起来像《最后的晚餐》的画。返程途中，他们在山丹停了下来——山丹是河西走廊最窄处的一连串绿洲城镇之一，海拔超过 1500 米，有着悠久而辉煌的历史。古时候，山丹县人口曾达 24 万之多。到 20 世纪 40 年代，人口就只有 9 万了。艾黎被山丹丰富的资源所吸引，他萌生了一个想法：需要从双石铺撤离时，山丹或许可以作为培黎学校的选址。

1943 年 11 月 12 日，乔治·何克写道：

学校现在可真是蒸蒸日上，到处都有人来找我们的学生。也许我们很快就能送一些学生去美国了。生意方面仍然让我很头疼，但目前我不仅要管理学校，还要管理各种外部生产工厂的建设。难民们发现了一座新的煤矿，勘探结果很好。我们刚刚生产了一辆装有卡车轮子和充气轮胎的大车。我们还没有足够的钱买骡子，所以目前我们只能用"公共经理"的马。他也烧着我们的难民开采的煤，作为回报，他允许我们所有学生和员工每周去他的淡水浴场泡一次澡。这种友好的共识、私人的约定，无论是私下还是公开达成的，仍然是在这里做事的唯一方式。

这周，我坐卡车离开，往北 70 公里，那里的粮食和其他东西都比较便宜。我带着 10 万元，顺利为学校采购了大量物资，这多亏了一名年长的学生的帮助，他是本地人，名叫王金，绰号"笨蛋"，是我们派到成都学习操作新机器的学生之一。他刚刚回来，显得风度翩翩，但仍然质朴。他读了很多书，所以懂得不少，能坚持自己的立场，但同时也能倾情支持农民伙伴，与他们保持密切联系。这样很好。事实上，在我们看来，这才是真正的成功。所以，一天早上我俩在那里长谈了一场，之后我非常高兴。他说的话非常有代表性，能为我的下一本书提供很好的素材。

结束了计划已久的旅行和考察之后，乔治·何克回到双石铺，他在家书中写道：

我离开的三个月里，孩子们的课业和实践都取得了很大进步。一年或一年半前，他们中的一些人还只是农家子弟，现在却能直接对着机器自己绘制复杂的机械图，而且，他们比受过九到十年教育的高等技校学生做得更好。丁先生，这个总是想往外跑的不安分的年轻人，现在是一名一流的培黎老师，对工作充满热情，所谓"愚笨"的农家子弟在学习机械制图方面取得了巨大成功，他的教学功不可没。我希望有一天我们能把他和一帮男孩一起送到美国去，因为他是我所知道的学东西最快、最擅长讲解的人。他有必要的教育背景，还拥有智慧、罕见的幽默感和对普通人的爱，跟所有常见的"海归"学生心态形成鲜明对比。我们的老师们之前认为这所学校是个奇怪的地方，在别的地方找到更好的"饭碗"之前，不如先吃这口饭，但他们现在却真正对自己的工作感到自豪，也似乎明白他们参与了一项重大的实验。从外部而言，当地人的看法也发生了变化，这在很大程度上要归功于培黎男孩给镇里带来了单纯的、实际的影响。也许这一点在二月份最为明显，当时艾黎让他们都穿上短裤、衬衫，戴上帽子，带领他们去挖高希机的供水渠。早起的人惊讶地说道，他们早上五点半就看到一群疯狂的男孩冲进河里，但实际上他们去得更早。

英语课进展很顺利。在"我织布，你制衣""他用锤子和锻炉做钉子""他是谁""他要去哪里""你在学校学什么""那辆卡车坏了吗""是的，你能修好吗"等 10 个句子的测试中，他们的得分大多是 70 到 80 分，只有两个低于 60 分。假期班上，我有时会让他们互相提问，他们讲话的声音就变小了。他们会说"你有几个老婆""他女朋友的脖子干净吗""你晚饭吃了什么""你身上有股臭味""你是个坏蛋"，等等。

老三掉了两颗门牙，所以看起来很好玩。老四一天比一天圆润，一天比一天红润，我们不知道他这么胖好不好。长胖得有个限度吗？他们俩现在都在园子里帮忙搭篱笆来种西红柿。老四刚刚发现了一颗很大的豆子，他拿来给我看，建议我们买点肉，一起煎着当午饭吃。他人生最大的目标是变得更圆润。

1944年7月23日，乔治·何克写道：

我刚把睡午觉的老四叫醒，给他洗了脸，拍了拍他的屁股，打发他出去吃晚饭。我告诉他，如果他除了吃饭和睡觉什么也不做的话，会变成一头胖胖的小猪，我们就不得不把他切成臊子油炸了。可惜他把这句话当真了，有一段时间都很不高兴。他们组成了一个很好的家。今天老三得了疟疾。我不知道是他传给我的还是我传给他的。不管怎样，我们都礼貌地把责任推到了蚊子身上。午饭时，老四的两个哥哥从学校冲进来，手里挥舞着他们爸爸寄来的一封信——这是一年多来的第一封信。老四完全不记得自己的爸爸了。老三也几乎不记得，只记得爸爸不在家时，妈妈经常打他的屁股，这一点还是爸爸好。有朝一日，这个幸福的家庭终会团聚。我和艾黎希望我们能参与其中。艾黎曾教了老四一篇非常浮夸的演讲，是一篇专业的战时爱国演讲，引发了不少尖叫，里面说道："今天我们的家族要吃肉，明天我们的家族要吃肉，后天我们的家族要吃肉。"无论在形式还是思想上，这跟许多年轻人日常被要求花很多时间聆听的普通演讲差不多。但奇怪的是，我们的老四以最大的真诚和希望发表了这篇演讲，因为这是他目前的生活目标。

你和巴布（Barb）帮我找了这些人做"妻子"，真是太好了。我不太知道什么时候能来把她们接回去。我的四个儿子怎么办呢？但是，当然了，也许到那个时候，他们就可以回到真正的爸爸身边了。事实上，他们四个各有特点，尤其是老四。你看到他第一眼，就绝对再也没法控制住当祖母的本能。唯一的问题是他总尿床。怎么办呢？让他自己把鼻子凑上去好好嗅嗅？昨天，我让他把手放在尿湿的地方，像在证人席上宣誓一样，做了一个简短的演讲，以表他的忏悔和决心。然后，他还得把床单拿到河边去洗。老四只有五岁，除了吃饭，其他方面都比较迟钝，尿个床算不上太糟。他还会洗衣服呢。我想我是七岁的时候学会洗衣服的，在去瑞士上学之前，你带我到英国埃克斯茅斯，做了离别时妈妈们会做的事——教我洗衣服。另一个问题是，老四得到了所有客人的关注。在中国，根本没有关于个人言论的规定或不成文的惯例。事实上，即使对成年人来说，再露骨的个人言论也无伤大雅。老四受关注的事实让老三不觉嫉妒起来，于是他经常对老四说："你就是一头小肥猪。除了吃和睡，你啥也不会！"或者说："你身上的部位不是太大就是太小；大的就是你的头和你的肚子。"诸如此类的话，都是在客人离开之后说的。

有人从重庆给我寄来一份《中央时事周报》的剪报，上面有一份来自美国马萨诸塞州波士顿的电报，写着"乔治·何克的新书已由利特尔·布朗出版社出版。乔治·何克是英国人……"所以，就是这样。这里是新的中国，但我们不确定能不能看到它。这就是艾达·普鲁伊特，她生平第一次被叫作胆小鬼，还有乔治，他永远被称为妥协者，是不是？但不管怎么说，能以任何形式出版一本书，就非常令人欣慰了，不是吗？我对艾达·普鲁伊特感激不尽，感谢她为这本书的出版所付出的汗和泪（如果没有血的话），我也非常感谢海伦·斯诺的帮助和启发，没有这些，这本书永远不可能出版。

第二十四章   苹果树、山羊和 应征士兵

在 1944 年 9 月 11 日的一封家书中，乔治·何克写道：

> 你们的战争似乎快结束了，但我们有种预感，在这场战争结束前，很多事情会发生在我们和其他人身上。日本人在太平洋战场上被打败后，我们或许很快就会迎来激动人心的时刻。

> 最近伙食不错。花园里的西红柿长势喜人。使馆的朋友送的腌牛肉还没吃完。刚从一位即将退休的传教士那儿买的华夫饼机今天开始用了，这台机器用蛋清作为发酵剂，需要单独打发。土豆正当季，豆浆总是很好的备用食品，西藏地区带来的蜂蜜又纯又白——比当地掺了麦芽的牌子好得多。老四胖得几乎走不动路。老三正坚持与他多病的体质作斗争。"多吃点儿，"艾黎说，"我们可能不会在这里待太久了。"

> 艾黎并不完全是个悲观主义者，但他坚定地认为日本人就要来了，而且很快。因此，诸如此类的话不断扰乱我内心的宁静——乔治，你走的时候别忘了苹果树；要小心地把它们运走，根部用稻草包着；抑或是"我想知道山羊能否经受住这样的旅程？"

麻烦的是，除了其他东西，我们还有约15吨重的基本机械，却没有卡车——只有两辆马车，骡子也不够用。所以，我有时候很想揍他一顿。当然，这样做并没有任何好处。艾黎的大脑就是这样运转的——主意源源不断地往外冒，但前后不一定有关联。这样的头脑真是大有用处，想到一个问题，就能联想到所有稍微有点关系的东西，而且通常是普通人想不到或者容易忽视的重要细节。他也想得很开。当遇到一些困难，例如"没有卡车"，他就转念一想，转而关注苹果树和山羊。似乎他是把困难抛之脑后了，其实不然，或者说至少我希望如此。他仍像纽基海滩上回旋的回头浪一般，惦记着这个问题，最终出其不意地给出解决方案，比如："反正我们不需要卡车，明天有六架军用飞机过来。"说到艾黎，他刚走出去看他的起绒刺果。这是一种和美国刺球相像的植物，长着尖尖的刺，可以把毛织品和毯子等物品上的绒毛拉出来。

不必走出窑洞口多远，我们就能清楚了解到应征士兵的生活。在炎炎夏日的几个月里，那口长满青苔的棺材每周都要从我们门口经过几次，往山腰上抬。棺材里每次都装着一具刚死或死了一段时间的士兵的尸体。我们养的狗总是红着眼睛回来，不好意思地夹起尾巴，直到有一天它死于一种怪病。一天晚上，翻着白眼珠子、皮肤绷得紧紧的黄皮肤士兵像鬼一样排成长列，背着薪柴和其他要卖的东西，步履蹒跚地从汉中方向走来，他们在刺刀尖下排着队沿河边走，然后被锁在马厩里过夜。次日清晨，在河边常常会发现有一两个士兵已经死去或已奄奄一息了，身上的衣服也被剥光。随即棺材被抬了来，要装进去的尸体就胡乱堆放在我们窑洞的后面。一天，丁齐生和三个孩子异常激动地出现在学校：

"哎呀！宝鸡公路上士兵的尸体排成长队啦。真吓人！我们用手遮住脸，气也不敢出。昨天晚上，我们去高希纺织厂路上的时候，他们之中还有不少人活着，但今天早上，他们差不多全死了。"刚过桥，我就看见一个瘦得几乎只剩骨头架的人躺在坡上，暴晒在阳光下。他背上仍然背着包袱，脖子上还系着一根取水用的竹管。他颧骨很高，还有个四川人的鹰钩鼻，周围的皮肤绷得紧紧的。他张大嘴喘气，翻动着白眼珠，可是竟然没人注意到他。

"他昨天晚上就在这儿啦，"一个小男孩见我问，说道，"我估计他是要往河边去。他们大多数人都爱到那里去死。"苍蝇在清晨活力十足，围着他的脑袋嗡嗡作响，在他一条裤腿上流出的痢疾分泌物处爬来爬去。我像别人一样向前走，刚到转角处就碰上了公共卫生局的一位医生。

"这些士兵是得什么病死的？"我一边问他，一边和他一起往回走，"这个转角刚刚就有一个，宝鸡公路上就更多了。"

"就是饿死的，何先生，"医生回复道，"今天早上，我已经亲眼见了五个。"当我们看着那个躺在路上的四川人时，有几个"局里的先生"缓步走了过来。

"你们要把他送去医院吗？"其中一个人问道。

"那怎么行？"医生回答道，"我们不是为当兵的服务的，我们是为老百姓服务的。"

"那当然，那当然。"那个人赶紧打马虎眼，免得给人留下提了什么建议的印象。这位医生和我一起去取了些水。我们向一位河南难民妇女借了只碗，但她马上反应过来我要把水给谁喝，抢过碗就跑走了。她丈夫倒和她不一样。"我去给你们拿只碗。"说罢，回家拿了一只旧碗来。

"这些事应该由残疾军人站来照管。"医生说。

"残疾军人站在哪儿？"我问。

"站长住在对面的那个旅馆里。"我这才想起来，那个旅馆是用免费的士兵充当劳力建造的，站长以高价出售，还在楼角给自己留了间房。

"我们去找他。"我说。

"不能去，我去那里提建议起不到任何作用，"医生说，"我们一起去找地方政府吧。"地方政府的负责人不在。我们坐在他通风良好的办公室里，边等边讨论公共卫生工作。

"我必须马上离开双石铺，"那个心地善良的医生说，"这里开展工作太难了。我本来应该全天在医院值班，但是那些当官的和官太太们派佣人来找我，我只能离开医院出诊。如果我不去，就是给他们难堪了，就是在这个局或那个局里结了仇。这个地方的官方局子太多，河南疏散后，来了许多官太太。她们大多数看上去都是快临产的。上个礼拜，我被叫出去接生了八次。"

"你们没有助产士吗？"

"没有，我们没资金啊。我已经申请了增加一笔经费来付助产士的工资，但是进展很慢。给工作人员发放粮食补助的公文得先送到我们重庆总部，再从总部送到常务处，然后由常务处的人上报给粮食部。粮食部批准后，再转发至财政部和中央银行。中央银行再给我们发另一份公文，让我们上报详细情况。这非常复杂，而我们希望六个月之内能有所行动。"就在这时，地方政府的负责人进来了——他长得很胖，穿着一身内衣，摇着扇子，还在流汗。

我们坐下来喝茶，那位医生解释了一下情况："……为了良心，为了国家，为了人道主义，"他忧心忡忡地说道，"何先生和我觉得应该采取些措施，所以到这来请您帮帮忙。"

汗涔涔的政府负责人剔着牙。看他脸上的表情，你会以为他不知道什么是应征士兵。突然，他把牙签一扔。"我还在想这个士兵跑哪儿去了呢，"他说，"昨晚，他们让我开证明，申报15人死亡，但今天早上，连死带活的总共找到14个，我把他们身上都做了记号，点了数。昨晚他们都活着，只有两个死了；但今早14个人死了7个。其余的都在宝鸡公路上。所以我没看见你们在桥边找到的这个人。这真是忍不了，但我们有什么办法？我们只是地方政府罢了，军队的事我们不能干涉。"

"我们在想你能不能找残疾军人站的站长呢？"我追问。

"没用，我已经试过了。他说他只负责从前线回来的士兵，不管去前线的士兵。事实上，还没人被指派来管这个事。上面的人没有指定哪个官方部门来处理这个问题，所以他们对此一无所知，告诉他们也没用。下面的人又没有收到要求采取行动的授权文书，因此谁想管就得自掏腰包，自担风险，而且日后很可能有人控诉你抢了他的饭碗。这是职权划分的问题。"

"如果你能找间房，把病患集中起来，"医生建议道，"我乐意来给他们治疗，如果期间有什么花费的话，何先生和我一起来支付。如何？"

"好，那就好办了，"地方长官说道，"但起码我们不用出伙食费。我们一直是让老百姓来给他们提供米粥的，但他们甚至连粥都咽不下去。太好了，我立刻让人去把他们集中起来。"我们又坐下谈了一会儿，喝了一会儿茶，直到长官的手下进来报告。

"你知道，"长官说，他现在没出那么多汗了，"去年夏天，我们在这儿埋了115个人。问题就是没东西吃。每人每天只限一斤半面，但实际上能拿到一斤就很幸运了。"

"剩下的面去哪儿了呢？"

他耸了耸肩。

"是啊，让这些士兵背着货和其他东西，"医生说，"当然了，被迫饿着肚子，一路负重从四川来到这里，他们的体力就耗尽了。还被传染了病菌——痢疾、疟疾、伤寒、黑热病、登革热，或别的病菌——然后他们就完了。尽管每个人都有一定数额的医疗补助，但他们对此一无所知。"

"可是，为什么他们要把四川士兵送到这儿来呢？"我问道，"这里的气候和吃的东西他们都不习惯。"

"当然，这和国外不一样，所以你不知道。"医生解释道，"在我们中国，北方士兵被送到南方，南方士兵则往北方送。这是为了防止他们逃跑。至于饥饿问题，一个连长有一天跟我抱怨，他手下的士兵很多都生病了。我问他为什么不给他们吃好一点。他告诉我说，我不太了解这些新兵。如果吃得好，他们就摩拳擦掌，计划逃跑。我告诉他情况正相反。如果他们吃得好，就没有理由逃跑，变成乞丐。他们越是饿着，越想逃跑。他笑话我，但我说的是实话。上面的人从来不了解下面的情况，否则，他们就能把事情安排得更好一些。他们离我们下面的人太远了。这才是真正的问题所在。"

"从医学角度，严格来说，"医生说，"他们主要是被毒打致死的。他们生病或是劳累，都没什么关系，只是被迫走个不停罢了。如果他们不走，就要挨打，直到累垮为止。这样的事我见多了。"

"在军队里，"地方官员继续说道，"新兵就像一堆物品，要在某个时间、某个地点交货。没有条件可讲。拿住宿举例，这个我最了解。管事的军官总找我要没窗户的屋子。晚饭后，新兵被下令要求出去活动活动。然后他们就被塞进一间没有窗户的屋子，房间里很挤，他们或许只能一个压着一个地躺在地板上。门口站着持枪的守卫，不允许任何人外出。无论是得了痢疾还是想小便，都不允许走出那扇门，只能在地板上解决。但是，地板上没有空隙，所有人都紧紧挤在一起。你可以想象，在最近这样炎热的晚上，那会是怎样一番光景。这当然非常伤眼睛，"最后他把话拉回医学，对医生表达了尊重，"难怪他们之中很多人都瞎了。"

"他们伙食怎么供应？"我问，"是你负责还是军队负责？"

"哎，这个我可以给你讲得清清楚楚。负责新兵的军官随身携带公文，写明他负责多少人，每个人该发多少面粉、食用油和蔬菜。按照要求，当地政府据此向老百姓征收粮食。但最近颁布了一道新命令，说'为了减轻人民的负担，粮、油和蔬菜费用应按当地市价结算，以现金形式交给带队军官。'这让新兵的处境更糟了。用老办法的话，至少带队的军官没那么容易把克扣下来的份额卖出去；但现在收上来的全是现金，他可以把没花完的钱直接放进自己的腰包。"

"假设新兵死亡或者逃跑了，军官们还会以原来的人数照常领饷吗？"

"如果在四川交给他们 1000 名士兵，他们的证件上就登记

1000 人，我们没法去调查，他们照常领 1000 人的军饷。他们到西安时就麻烦了。按照登记的 1000 名新兵，他们必须要交出 850 名新兵——允许有 150 个死亡或逃跑的——否则就得按人头数交罚款。这就是为什么快接近目的地时，他们连那些半死不活的也要挥着鞭子往前赶，为的就是凑齐人数。如果缺太多人，他们就会强征入伍。这里头有趣得很！那天，他们强行征召，抓到一位县政府官员头上，那位官员是下乡调查什么事的。他出示了自己的证件，但没用。军官们扯下他的徽章，烧了他的证件。他不得不背着一口袋面，一路走到宝鸡，才被发现弄错了。当然，他要不是当官的，就一点希望也没了，除非他在宝鸡有一些有钱的朋友。"

"这些士兵经过这里时状态都差不多吗？"我问。

"不太一样，"他承认，"你没看到那天从甘肃来这儿的那队新兵？他们的情况好多了，没有一个生病的。从甘肃到这里不用走多远，因为我们离甘肃边界不远。另外，他们也适应这里的气候。也许四川新兵刚离开家时感觉还行，也许家里给了吃的和别的什么让他们带着。但甚至还没出四川，这些东西早就被吃光了。你可以看到甘肃士兵拉着的大车上还装着媳妇给他们的馒头呢。"

报告出来了——八个人集中治疗，七个人埋掉。医生走开去调查了。几个小时后，在他回家的路上，我碰到了他。"我们在桥附近看到的那个男人死了，"他说，"另外两个人也死了。现在还剩四个人，但可能只有两个能活下来。这两个人一个得了肺结核，另一个得了痢疾，但我们用磺胺噻唑也许能救活。"

"磺胺噻唑，这药要 250 美元一粒吧？"

"是的，现在只剩几百粒了。我们的药品供应已经断了一年了。"

几周后，我碰巧搭上一辆空座的军用卡车到宝鸡去。车在一个叫红花村的地方停了下来，装上来许多棉袄，这是一队逃跑的运输队士兵扔下的。卡车开过去装衣服时，我去路旁的一户人家喝了加土豆的玉米粥，还吃了热气腾腾的发面饼。

"你们村送人去当兵吗？"我问。

"送，前几天我们送了八个。"一位老妇人告诉我。

"每年一次吗？"

"说不准他们什么时候来征兵。他们说来就来，一年来好几次。虽然现在我们村里已经没剩多少年轻人了。他们把隔壁村最后一个年轻小伙子带走了，家里只剩下老人和孩子。如果我们的男人回来，他们就是逃兵，我们就要受牵连。"

"你看见那伙人了吗？他们把成捆的衣服扔在地上，跑了。"

"看见了。他们是四川人，都很瘦。"我喝了好几碗粥，这时，卡车过来了，捡回来的衣服在车上堆得老高。我舒舒服服地坐在上面，就这样一路晃到了宝鸡。有消息说，总司令在重庆视察了一处新兵营房，当场枪决了营房的负责人，还给新兵的下顿饭多添了几道菜，算是庆祝。我想，"要是在双石铺有个总司令，在红花村有个总司令，在四川和陕西的山道上有个总司令，在宝鸡安置两三个总司令，在新兵火车上再安置一个总司令，当日本飞机来轰炸时，下令打开门，这样西北的新兵们待遇或许会好一些。"但是总司令在于"总"，只能有一个总司令，而且他每次也只能在一个地方出现。

再去兰州的时候，艾黎拜访了负责重建的政府专员、甘肃农学家张心一，他非常希望甘肃在西北地区重建中发挥引领作用。他向张解释了双石铺的情况，并说明了迁往甘肃的意义。问过艾黎想把学校搬去哪儿后，张绘制了一张地图，提出了几点建议。艾黎看着这些距离兰州很近的地方思索片刻，然后指着山丹问："张掖以东六十公里的这个小地方怎么样？"张投来怀疑的目光。"山丹有煤炭、高岭土、大量的房屋和水，是片荒芜的平原。夹在这么高的两座山之间，肯定不会有人来伤害我们。那儿大部分地区荒无人烟。"张笑着同意了，并让人制作了一张旅行通行证。后来，张被任命为山丹培黎学校的名誉校长，此举后来被证明是明智的政治选择。山丹培黎工艺学校成立之初的几个月里，在山丹县地方政府的一次宴会后，一位地方官前来拜访，醉醺醺地大吼大叫，说大家都觉得这个学校只是"一群红帽子"的聚集地。很显然，学校必须在这次搬迁中利用好工合的名头和优势。工合总部应该请求甘肃省当局为山丹县换一位更有同情心的县长。张心一为平息政治风波做出的第一个重大贡献，就是让老县官退休，回到他的原籍临洮。

在双石铺的一个晚上，艾黎打断了乔治·何克的打字工作。他正在阅读《马可·波罗游记》，想着这就是他们接下来旅行的库克指南。"当你夜晚走在沙漠里，乔治，"他说，"如果听到钟声、锣声、哭泣声和咬牙切齿的声音，别害怕。人人都说是鬼魂作祟，但其实那是沙地表层的热沙在寒冷的夜晚收缩；当人踢到沙地表面的沙子，让它们受到干扰时，就会发出这种声音。"

"谢了，艾黎。我会牢记的，老伙计。"

在一封家书中，乔治·何克提到了他反复发作的疟疾热：

　　我刚找到一张纸条，上面只写着"疟疾——神奇"几个字。没有日期。但我知道它意味着什么。大病将临时，确实让人感到神奇。先是手指关节疼痛，然后会食欲大增。紧接着就是第一次脊骨颤抖。这种时候我总是感觉十分兴奋——像是要去冒险似的；又像是在火车站等待某位密友。"他还有三分半钟就要到了。我既没办法阻止他来，也没办法让他快点儿来。我能看到远处的列车正沿着蓝铃林地（the Bluebell Woods）而下。当他抵达时，所有的一切都会截然不同。"有一次发作时，我正在机器车间里——那是个酷热的夏天，车间的人正在熔铁。我尽可能地靠着炼铁炉站着，太阳晒在背上，我却浑身发冷！当然，疟疾真发作起来，就再没什么神奇之处了。这时候，人就会开始想家，产生一些消极的想法，比如"这地方确实不怎么样。毕竟，我已经在这儿待了七年了。这里很有趣，但我不能指望干出什么事业来。他们从没有真正信任我们"。

　　关于那张纸条，我已经记不太清了，但我记得用铅笔在床板上写了一些笔记，所以要把打字机拿过去。是的，笔记还在那儿，只是被擦掉了。据我所见：

生病

牛奶

周日晚上的麦片

冷水

巧克力冰淇淋

在收音机前阅读，之后外出打橄榄球或网球

透过母亲卧室窗户看到的月食

再也不回中国了

好转

把这些孩子带回家会很有趣

不知道这些孩子进入真正的大工厂会怎么想

不知道这些孩子会怎么看待橄榄球

不知道再玩橄榄球是什么感觉

我会恢复健康吗？邦德队长代表哈彭登对阵学校时，他多大年纪？

病好多了

也许暂时还没必要回家！

你们千万不要以为我经常得疟疾。我每年大约发作一次，而且每次都能很快止住。我得的是间日疟，隔日发作一次，给人时间在发作间隙中休养生息，反攻病魔。诊所现在设在我们的后窑洞里。理论上，我们只在午餐时间为病人看病，但很多农民的孩子、饿得半死的难民老妇人、儿童之类的人会在不固定的时间前来，造成混乱。昨天是周末，但可怜的艾黎一整天都没休息。最先来的是那个牧童。这个孩子每天早晚都会赶着十一只羊经过我们的窑洞。他叫吴思（音译 Wu See），长得像个腺样体肿大的类人猿，把安迪的旧夹克当大衣穿，一边咧嘴笑，一边结结巴巴地说个不停。他提着装了八个鸡蛋的篮子走了进来，像个类人猿似的摇摆着身子，双臂如蝙蝠一样挥动，再加上比平时更灿烂的笑容，暗示着他的慷慨。"你真不用这样，"我说，"把这些鸡蛋带回家给你的老母亲吧。""别客气，何先生，这是给你的晚餐。"这样来回拉扯了一阵子。最后，我收下这些鸡蛋才摆脱了他，继续读我刚刚在看的书。但门几乎是刚关上就又被打开了，进来的是吴思，和另一位缩小版的"吴思"。"这是我弟弟，"吴思说，"他两腿之间有个大裂口，已经走不了路了。"送鸡蛋的动机已经显而易见，除了让他把裤子脱下来，似乎别无他法了。裤子上果然沾满了脓血。"我的上帝啊！"艾黎说，然后转身回到他的打字机前。于是，我猜该轮到我了。

后来我就报复了他，看见有三个疥疮和梅毒患者从门口走进来，我就溜走了。我和吴思用高锰酸钾溶液浸泡了一会儿他弟弟长疥疮的部位，吴思不屑一顾地对他说，"别这么哭……哭哭啼啼的。"然后，吴思把裤子拿了出去，在我们门口擦了擦。"这下可干……干净了。"吴思笑嘻嘻地说，然后把裤子递给他弟弟。"拿上这些鸡蛋吧？"我最后说道，把鸡蛋推了回去。又是一番客套，最后吴思赢了。反正我也并非真心拒绝，因为我们想要一些鸡蛋做华夫饼。最后，有两个鸡蛋变质了。

安息日的早晨就这样过去了；我五点钟起床，到学校做完杂务后才回家休息。"你什么时候回来？"艾黎叫住我问道，因为他见我从大门偷溜出去，把三个长疥疮和梅毒的病人留给他。"可能下个月。"我回复道，之后就偷偷走进学校宿舍旁的一间房里，想安静地打个盹儿。那间房里有张好床，床上有条被子。我用被单蒙住了脑袋。多暖和！多想打个盹儿！毕竟这真的是个周日！可就在这时，我听得一点儿也没错，学校里那个年纪最小、最爱闯祸的马振升和张天才高声吵起架来，像是芝加哥最混乱的街道上最粗鲁的孩子，激烈程度令人胆战。我大声呼喊他们，空气立马安静下来。接着门开了，两个无疑长着天使般脸庞的男孩蹑手蹑脚地进来了，流着忏悔的"鳄鱼泪"。不过，他们上了我的当，因为我都没把被单从头上掀开，没去看他们那副请求原谅的可怜相。"如果你们要骂人，请走远点儿骂，我可想睡觉了。"我说道。不知道是由于正统的观念，还是道德或是品格培养使然，他们走开了，我也睡着了。

在离开诊所前，请允许我向你们介绍我们的挑水夫卢庚（音译Lu Keng）。他是个从河南来的难民——挺年轻的一个小伙子，长着一张淘气的脸，翘翘的鼻子，一双忽闪忽闪的眼睛，现在想起来，好像是蓝色的，当然这不可能。他爱唱河南民歌。唱的是太阳出来如红瓜，腾空而起快又快。还有什么坐在犁旁看大路，老婆来把早饭送，饭菜香不香，怎么送老婆回家，告诉她午饭时再来，但要把孩子留在家等等。

卢庚给我们诊所送来了不少病人。我指的不是由某个心怀感激之情的病人客客气气介绍而来的病人。完全不是一回事。在某些情况下，卢庚会突然从一个眼睛亮晶晶的大孩子变成一头猛兽。

他会抓起棍子、竹竿、柴禾棒或菜刀冲向人们。冲着什么人呢？任何人吗？不是的。我必须承认，他发动攻击的先决条件非常简单，并且很坚决。事实上，只需一件简单的事就能让他变成一头怒气冲冲的野兽，就像是一只保护小狼的母狼一样，那就是谁对他用汗水养大的孩子——他桶里的水怀有非分之想。卢庚自己不大洗衣服，所以他眼中的"非分之想"指的就是用水擦洗身子。任何拿着水瓢靠近厨房的人都需要先确认卢庚不在，才能舀水。否则就会听到吓人的一声吼叫，听到他当场抄家伙撞在水勺上发出的哐啷声，还有水勺啪嗒落地的声音。此时想洗澡的人已经逃之夭夭。我们警告过卢庚许多次，但并没什么用。总的来说，大家还算喜欢他，也很容易原谅他，尤其是不太喜欢洗澡的人。

几天前，卢庚发现他眼皮上长了个大疖子。当时鲍勃·纽厄尔是负责人，尽管他是个勤勉的护士，但他惜时如金。卢庚对水的吝啬激起了可怜受害者的怒火，使鲍勃在计划建造灰铁（铸铁）铸造厂的时候被屡次打断，因此现在鲍勃要与他算一算这笔账。"所以，你就是卢庚？"他问道。在我看来，他神色相当不悦。"我想，也许我们需要一些热的东西，让毒物浮出来。啊，对了！我有个好主意！把辣椒切成小块，敷在眼皮上的患处！"卢庚斜睨了一眼，但还是乖乖地坐下来等待。几分钟后，他伤心地离开了，就像他之前送到我们那儿的病人一样。但他仍然相信这位外国医生给了他最好的治疗。这就是白人的光环。但这份信任并没有持续到当天晚上。痛了 12 个小时后，卢庚摸索着来到城里，找了当地的马医。

要下雨的兆头让卢庚的眼睛闪烁着别样的光彩。刚下了几滴雨，他便急忙搜寻所有的锅碗瓢盆，仔细地摆放在屋檐下，接住随着第一阵雨流落下的所有东西——树叶、鸟粪、死老鼠、旧凉鞋，等等。接着他愉快地回到厨房，伸手拿起他那把独弦胡琴，把身子往后一靠，得意地拉起一支老曲。

很久以前，卢庚在一间制作胶水的血汗工厂做学徒。有一天，师傅来找他。当时他一个人躲在灌木丛后面，刚解完手。"庚子，"师傅说，"你是个好孩子。只要你加倍努力工作，到了年底，我就额外奖励你一双鞋，也许还有一件衬衫。你可不要让别人知道。"卢庚回去以后得意洋洋，因为师傅注意到他工作勤奋，在接下来的六个月里，他都拼死拼活地工作。就在元旦前，那个师傅卷款而逃，从此杳无音信。反正厂房和里面所有的设备都是别人的，学徒拿不到任何东西。滑稽的是，当学徒们开始互相谈论起这位师傅时，才发现他曾偷偷找过每一个人，承诺只要他们好好干，就会得到额外的奖励。

我看到了画得很专业的体温图表。从第4天到第13天，温度线在华氏104度和华氏106度之间剧烈波动，第14天时，体温完全降了下来；这是一张完美的斑疹伤寒体温图表。病案记录如下：

（1）第9天，手臂出现皮疹。肌肉疼痛。

（2）第12天，服一片磺胺吡啶，以预防肺部并发症。

（3）第4天后，每两日服一次灌肠剂，否则便秘。

（4）第13天，患者濒临崩溃。让喝一杯咖啡刺激心脏；患者精力看上去好多了；晚上服灌肠剂。

我还清楚地记得第13天！值班的孩子很早就叫了我们。"他情况看上去很危险。"他说。的确如此。他看上去完全没救了。我们另外一位纺织技术员周某进来了。他和患者张魁元是老乡，都来自河南某城。周说："这根本不是斑疹伤寒。这是一种在中国很常见的病，叫'羊疮'。你只需要用针把病人身上的肉挑几片下来，用刀剁碎了，病马上就会好。否则他就死定了。"

艾黎不同意，把周打发走了。周去了学校，把一些老师和学生叫到自己身边。"这只是常见的羊疮病，"他说，"我马上就能治好。当然，国外没有这种病，所以洋人是治不了这病的。"那时我回到了学校，有位老师过来找我。"让老周给张魁元治治看，怎么样？"他说，"反正也没有什么坏处。到了这个时候，我们不能放过任何机会。不管怎样，起码心里能好受点儿。"于是，那位老师和我又去找艾黎了。"不行，"艾黎从眼镜上方抬眼看了看，坚定地说，"不行。周技术员或许是位优秀的纺织工，但我不会让他在这里胡闹。"就这样定了。艾黎当时气得不行，甚至建议把周从学校辞退。

11点的时候，我又回来了。艾黎已经决定要去宝鸡。显然，那个奄奄一息的孩子归我管了。一并交予我的还有白人的信誉。如果这孩子死了，我该怎么说呢？大家都半信半疑，或者几乎相信，只要用一根针扎几下，再用小刀戳几下，他就能被救活。我们也很难解释为什么不给孩子用药。"目前仍未发明出治疗斑疹伤寒的药物，只能精心护理。"这话由一位有英国医学会背书的医生或在哈利街享有盛誉的医生说出来，信服力十足。但是换成一位孤身在双石铺、非医学专业出身的外国人来说，就相当无力了；中国人往往什么都不信，这就更不足为奇了。

临别时，艾黎灵机一动，提议喝杯咖啡。喝了两匙咖啡后，我就去学校召开了一次群众大会，与会者包括厨师、园丁等。有些人以为是战况形势急转直下，还有人以为这是张魁元的追悼会。其实，这是一次关于斑疹伤寒的课程，目的是转述《传教士医疗手册》中记载的相关历史、病因和治疗方法。黑板上贴着张魁元的体温图表，还有一张我们护理工作的全程记录。当体温图表上的温度在黑板上急剧上升时，大家都倒吸了一口气，因为这是免疫力和病毒之间旗鼓相当的较量。到了第12天、第13天和第14天，随着较量双方的实力减弱，每日最高和最低体温间的起伏越来越大。病情看似占据上风，紧接着，免疫力重整旗鼓，压倒病魔，之后又偃旗息鼓，给病魔可乘之机，东山再起。在座的人对此闻所未闻。会议结束了，大家都急忙把自己的床拖出来，消灭大大小小的老鼠虫害。最令人欣慰的是，在我们开会时，张魁元的病情好转了，而且再也没反复过。那天下午，某位表兄弟朋友的父亲带着一个装满金针和银针的烟盒来了。"这是我的羊疖（穿刺）针，"他说道，"我和其他医生不一样。我的办法是把针深深地扎进内脏。它是一种特殊的软金针，可以直达患处，恰到好处地激发阴阳之力。有人建议放血。我的方案是找准位置下针，然后即刻将针取出。凭借此法，我已经治好了上千人，名声传遍宝鸡到洛阳的铁路沿线。我人还在火车上时，消息就传开了。我在站台上救治患者，人们就帮着拦停火车。"

"尊敬的先生，"我说，"太欢迎您了。请先坐下喝杯茶吧。"我继续忙着打字，直到他明白了我的意思，起身离开。"您不再多坐一会儿吗？"

"谢谢，不用了，不用送了。"他说道，表示完全理解。

我有没有跟你说过附近的凤县寺庙，以及这里为什么会有两座寺庙？从前，在嫂子的帮衬下，有一位美丽的新娘忙着为丈夫缝被子过冬。当她们收拾好东西进屋后，嫂子弄丢了一枚戒指，四处寻找未果，便指责新娘偷了戒指。双方争吵起来，最后新娘说："我们明天凌晨去寺庙求佛吧。我会烧纸向佛祖祈祷，如果我真的拿了你的戒指，佛祖会让我在离开寺庙大门时摔倒，摔断腿。"

第二天一大早，她们按照约定来到河对岸山上的寺庙，新娘烧纸焚香，虔诚祈祷。然后，两个女人转身要走，但在跨过石门时，新娘滑了一跤，摔断了腿。嫂子说："啊，这下应验了。"新娘无话可说，被抬回了家，不肯吃饭，躺在床上，一副生不如死的样子。这时，新娘的丈夫回到家，焦急地询问事情的经过。一切似乎都顺理成章。那天晚上，他在床上翻来覆去睡不着，感觉身下有个硬硬的东西，原来是那枚戒指。他破口大骂，爬上山来到寺庙，买来好心僧人给他的所有纸钱和香，放起了大火。在烟雾缭绕中，他手舞足蹈，挥舞着双臂，像个疯子一样对着佛祖破口大骂。"所以佛祖你也一样……你也会受贿，你的判断也会被各种因素左右。"

隔天，在辛辛苦苦地扑灭烧香和烧纸引起的大火后，僧侣们睡过头了，一醒来惊恐地发现佛祖的位置上除了一个底座空无一物！就在这时，一个农民跑了过来，几乎说不出话来。"哦，好师父，"他说，"老佛祖就坐在对面的山上，就在我最上面的玉米地边上，没有任何遮挡。他看起来很悲伤，雨水冲刷着他鼻子上多年的粘鸟胶，流进了他的嘴里。我们该怎么办？"

"快去召集村里的人，"僧人叮嘱道，"让他们带上结实的绳子和抗重杆。"于是，所有的人都跑了下来，有的人是为了看看粘鸟胶从老佛祖鼻子上一个像痈一样的地方流下来，流进他的嘴里；有的人则是为了用绳子把老佛祖绑起来护好，背回老庙里。"老佛祖在流泪。"一位妇女说。但谁也不能确定是不是因为下雨的缘故。

隔天晚上，同样的事情再次发生——佛祖失踪了，人们在对面的山上找到了他。虔诚的农民又一次好言好语地把佛祖抬了回去，但无济于事。佛祖似乎觉得自己无颜继续待在老庙里了，于是善良的农民们给他搭了个草棚挡雨。这就是为什么凤县有两座寺庙，分别坐落在河对岸的两座山上。农民们把那个遮雨草棚改建成一座新寺庙，他们说，"老佛祖啊，和我们一样，他也会犯错；和我们一样，他也需要得到宽恕。"

有一天，艾黎和老三、老四坐在一起吃晚饭，田野里传来了国歌的旋律，学生们正在那里降旗。老三跳起来立正行注目礼，老四从凳子上翻下来，差点一屁股坐在地上，然后也挣扎着摆出了看似正确的站姿。"如果你要立正行注目礼，在室内是做不好的。"艾黎说。老三冲了出去，老四紧随其后。一出大门，他们就看到跛脚的老吴（音译 Lao Wu）正坐在长满草的山坡上，旁边还躺着三只山羊。"老吴，你没听到国歌吗？为什么你不起立？你不是个中国人吗？"

"但是就算我起立，山羊也不会起立，它们也是中国羊，"老吴说，"你不能指望山羊起立行注目礼，是吧？"争论结束时，国歌早已奏完，国旗也降下来了。

终于，我成功找到一个人，把过去四五年来我脑海里出现的所有歌曲都写了下来。歌确实有很多。其中大多数都是民歌，还有一些现代中文歌曲，这些歌曲受到强烈的西方影响，但仍具有典型的中国特色。这位来自成都的音乐老师厉害极了。她像速记员一样，记录下了这些歌曲。我唱完一句很长的歌词后，她会记下来，然后唱给我听，基本全对，再唱第二遍就完美了。很快，我们在三个小时内完成了大约 15 首歌。这些都是美妙的歌谣，但还有许多更胜一筹的歌。等她抄写好了，我会用某种安全的方式给你寄一份，这样的话，你、斯蒂芬和罗斯玛丽就可以拿着它们自由发挥了。其中有些曲子确实是无价之宝。你可曾意识到，中国也有精美绝伦的音乐，与我们的音乐不分伯仲？我想大多数西方人把京剧乐曲视作典型的中国音乐，而实际上，民歌才是中国人真正的音乐。李约瑟也对中国民歌相当感兴趣。我会给他几份歌曲的抄写本。李约瑟是一个相当了不起的人，会跳莫里斯舞和剑舞。有一天在重庆，他把我和一位美国民歌专家请到他的房间，我们唱得很开心。

写于 1944 年 10 月 22 日：

　　就在艾黎、鲍勃·纽厄尔和我三个人都以为雨季已经结束，各自分头行动时，这个雨季才姗姗来迟。艾黎大吃苦头。他和五个孩子组成的先遣队带着高频机械设备先行前往山丹，但在前往兰州路上的一个村子里被困了大约几个礼拜。大雨淹没了院子和茅厕，农家场院的味道和其他难闻的气味混杂在一起，和着脏水从门缝涌进来。显而易见，艾黎忙于写各种信件和电报之类的。目前为止，他写的不是诗，但也说不准。如果他真写了，就算不是用诗意的语言强调电气化、机械化和卫生化的重要性，语气也会比平时重一些。

　　鲍勃运气最好。他最远到了汉中，准备去成都接应一队卡车，把车开回这里，这样我们就可以用卡车把我们的人和东西运到兰州和山丹。作为美国小伙子们的贵客，鲍勃就住在汉中招待所，读读杂志，无疑还能帮他们喝喝咖啡，消耗些巧克力。雨停后，他穿上自己最好的衣服，像个美国佬一样神气十足地大步迈向机场，登上了一架飞往成都的美国飞机。

　　我下车时还算顺利——处境处于他们两者之间。下那场大雨时，我正好在从西安回宝鸡的火车上，然后在宝鸡滞留了两个礼拜。我住在我还是"外事秘书"时住过的房间，后来彼得·汤森、安迪·布雷德都住过这里，现在住着公谊救护队的成员鲍勃·贝希尔斯（Bob Beshears）。我不知道鲍勃是否和我一样，对我待在宝鸡感到开心，因为他非常高尚地把床让给我睡，自己却睡在地板上，以为我最多待个一两天就会离开。日子不断过去，我当然越来越不愿意放弃霸占那张床，而鲍勃，秉持着美国人真正热情好客的态度，也同样不愿意让我睡在其他地方。他的好客战胜了我的懒惰，所以我还是睡在床上。

　　他有一台讨人厌的打字机，弄碎色带的速度比我见过的任何东西都快。这种色带可不好搞到，所以这机器算得上有大毛病。我们轮流使用这台打字机。他为卢广绵写信和报告，而我则写出了很多过去两年双石铺周边发生的事情。有一天，他收到了从美国寄来的信，信中他姐姐告诉他自己正在读的一本新书，并问他是否见过写这本书的人——一个叫乔治·何克的人。天啊，我太受鼓舞了！

得知日军开始新一轮向西推进的消息后，乔治·何克写信给在纽约的艾达·普鲁伊特，内容如下：

　　如果你仔细读了报纸，你也许想知道我们是如何准备应对紧急情况的。首先就是电告成都，筹集资金；如果太晚，可能办不下来，所以我们必须尽快把资金拿到手。与此同时，我们要计划好如果最坏的情况出现，我们能转移到哪里去。我们的学生来自北方各条线路，所以找一个人把所有的农舍谷仓提供给我们，在路边不远处作为临时学校，应该不难。如果情况还不明朗，我们可以继续徒步前行，估计最后会到达兰州，在那里建立学校。我们要秘密开展所有行动，否则会被人们指责是在制造恐慌，但我们必须做好计划。我们还要计划好替代的路线，以防主路遭到轰炸。从我们在附近的各种徒步考察来看，这也不是什么难事。运输是最大的问题。我们有一辆推车和几匹马。这是辆好车，配了卡车后轮、车轴等零件，轮胎也很好。但即便如此，这辆车一次也只能装下一台高希机的部分零件。我们估算，大约15个大木箱能装得下所有高希机床，这需要四五辆车的装载量。除此之外，我们还有学校的车床、高频机、一台卡车发动机、两台小型柴油发动机、一台纺纱机和四台织布机——所有这些货物在运输时都享有绝对优先权。现在还有两个办法：一是增加车辆，二是用牲口和人力分批运送。

高希机很容易拆分成小部件，但这样做会有许多弊端。在研究如何将机器拆分成小单元组的同时，我们还着手规划更好的运输方式。首先，我们找来了一些旧卡车轮辋和轮胎，还有一些钢管，用来做推车的车轴。我们把这些东西带到机械合作社，请郭工程师尽快为我们制造其他必要的零部件。郭工程师相当沮丧，他在考虑如何处理他那八十多吨宝贵的材料和机器，但他还是同意立即完成这项工作。来自徽县的小伙子们答应从附近的农场买些马匹，这样问题就解决了一大半。也许到时候我们还能搞到一辆卡车（如果真的情况紧急）。想了这么多，我们又进一步思考了一个问题：如果我们要在另一个地方重新安装所有机器，那该怎么办呢？我们没有任何机器蓝图或图纸以供参考。之前完全是靠某个人的经验组装完成的。等到了新的根据地，他可能都不在我们左右了。

所以今天，我们让制图员丁齐生带着 15 个孩子，绘制了所有高希机的详细图纸。我今天早上在场，看到草图画得极好，每种机器的零部件都摆成一排，小伙子们拿着画笔、尺子、草图本和铅笔对着画。这是个好装备，我真不想离开这里。但我们至少要做好万全的准备，我们必须牺牲一切来拯救高希机。想想看，如果西安和宝鸡真发生了什么事，我们的高希机就成了整个西北地区唯一的一套纺纱设备！

回到学校，年纪更小的孩子们玩得很开心。由于每个班级的人数越来越少，孩子们得到了老师更多的关注，也能获得更多的个性化辅导。我立刻注意到，在英语课上，一些以前从来没怎么问过问题的孩子，现在对英语课产生了浓厚的兴趣。机械车间的工作也是如此。一位年轻难民曾帮助建造了高希机机房，作为奖励，他来到了学校，这是他第一次有机会在车床上工作。好吧，好吧，这里的生活很健康，社区也运作得很好。我想在任何情况下，我们都能团结一致，即使什么事情都没发生。就算真发生了什么事，我们也只会更团结。

我已经离开双石铺三周了，回到双石铺，有很多事情要做。我们的民主仍需密切关注，否则就会与其他事情混为一谈——孩子们和老师们之前各成一派，自有一套处事规则。同时，高希纺织机合作社的技术员罢工了，导致十二个孩子三个礼拜无事可做。到目前为止，罢工的技术员还没有真正干任何实事，所以我现在把他辞退了。12个孩子完全被晾在一边三个礼拜，居然没有发生任何严重的危机，这真是个奇迹。我对高希机采取了"全部带走"的政策，试图在整顿学校的同时，把那里的现状维持一个礼拜。

三天前，我从这里搬到了高希纺纱厂。望着地上散落的一堆堆机器零件，我燃起希望，于是告诉技术员水车应该很快就会转动起来，让他估算一下机器到时候是否准备就绪。他已经三四个月没有工作了，他的懒惰和其他坏习惯破坏了整个工厂的精神面貌。

"给我两万美元奖金，我就给你写一份保证书，保证在一个月内让工厂运转起来。"他主动说道。

"我欣赏你的坦率，"我说，"唯一的问题是——你为什么不能在两个月前就这么坦率，在当时就要价两万美元呢？现在你已经浪费了我们两个月的时间。这样吧，这段时间你没有工作，把薪水退给我们，然后我们再谈。"

"哦，那不行，那不是我们中国人的处事方式。"他说。

"哪来的什么'中国人的处事方式'？你拿了我们的工资，要么为我们工作，要么滚蛋。在任何国家都是这样。"

"是。"他回复说，"不光我们中国人有自己的处事方式，你们西方人不也有不光彩的地方吗？"他问道。

"我们确实有。但我从来没听说过，一个英国人被发现自己做事不光彩时，会用'这是英国人的处事方式'来为自己开脱。"

"当然不会，"我们的中间人郭工程师插话道，"而且也没人选你来代表中国人说话。"

我发现有很多工作是不需要技术人员来做的，而且我们现在自己做得很快。技术人员走的那天，高希机上的小伙子们自己开始忙碌起来，从第一阶段的机器开始，一道工序一道工序地检查，为正式的调整做测试。何里正（音译 Ho Li Zheng），成都学校派回来的一位不速之客，被推选为监事长，肖仁（音译 Xiao Jen）和慢条斯理、反应迟钝的周长令协助他工作。从成都回来的其他六位成立了自己的车间委员会，负责管理生产。学校还派来了三个小伙子，分别担任会计、仓库管理员和房屋管理员，合作社变得更加完整了。我搬进了技术员现在空出来的宿舍，随时待命。老高石灰合作社的所有难民工人都带着镐头、撬棍和爆破粉回到这里，他们要在这里工作几个星期，帮我们完成堤坝的收尾工作，而其余的十二个高希机上的小伙子则在室内操作机器。

我们的资深教师，年仅25岁，本应负责学校纪律、学生思想、生活起居等诸如此类的事情，却在前天做了件蠢事，毁了自己的一生。这位老师试图以一种最幼稚的方式挪用六万美元，无疑，此举一定会被发现。我说的"试图挪用"，意思是真的挪用了，但在昨天不得不归还之前，还没来得及消化这笔钱。

"昨天那张六万美元的支票是怎么回事？"当我从高希车间回到学校时，学校会计陈四魁问我。

"支票？"我琢磨了一会儿，觉得尽管自己是出了名的马大哈，但六万美元还是应该会留下点印象的。

"你昨天在高希车间盖的签名章，送回来给我兑现了。"陈四魁好心地提醒道，他对我还是很了解的。

"有吗？"我说，开始怀疑大事不妙，"你也盖了章吗？"

"我当然盖了，"他有点恼火地说，"你已经签好字盖章了，我不好拒绝。"

"我让谁把支票送过来给你的？"

"怎么，老李啊。你竟然不记得了，真是好笑！"他对我当下表现出的令人瞠目的糊涂劲儿颇为不满，然后扭头走了。我随即去找老李，发现他正在打篮球。

"我昨天是不是给了你一张六万美元的支票？"我用抱歉的口吻问道。

"没有啊，"他说，"什么支票？"我们又回去找陈四魁。

"你不记得了吗？"当我让他们面对面对质时，陈四魁问老李，说道，"你昨天在招待所门口拦住我，说何克让你把支票兑现，把钱拿回去给他。"

"不记得了，"李一脸茫然地说，"我不记得了。"陈四魁一言不发地去了银行，而李则回去继续毫无破绽地打着他的篮球。我坐在那里，双手抱着头，回想着自从每周有一便士零花钱开始，我做过的所有关于存款不翼而飞的噩梦，最后发现我只是忘记了钱在哪。但这次是真的，有人偷盖了我的章，不是陈就是李，他给支票盖了签章，从银行取走了所有的钱。如果是老陈，他是我们的老学生，那学校就完了，他会成为"劳动人民腐败分子"的典型，也就是人人都不断告诫我们说"靠不住"的那种人，他也会成为敌人用来攻击我们的最佳把柄。如果是老李，我们的纪律老师和资深职员、青年团的中坚力量、模范高中毕业生，以及基督教牧师的儿子，他怎么会这么愚蠢？难道在他的印象里，我的敏锐度如此之差，以至于他以为我会对六万美元的消失置若罔闻？如果老李真的把支票拿给老陈签字了，他现在还有脸否认吗？这太不可思议了，简直是发疯。

匆匆忙忙找了一整天线索后，我决定把老李叫到窑洞，安静地聊一聊。喝了最后一杯咖啡，又吃了几片蜂蜜吐司，我开始了一番言语上的施压，说我想帮他，但他就是不肯告诉我实情。不到五分钟他就哭了起来。然后，我又说了一些让人唏嘘不已的话，变着花样地说我们欠他多少，我们是多么要好的朋友，如果真的有可能是他干的，我相信他是出于好意，我当然会把整件事情掩护过去。"你为什么要这么做？"我问，"是你家里有麻烦了吗？"不，不是那样的。"那就是你个人欠了些债？"不，不是。"你是想说你想快速发财？"不，当然不是，呜呼，怎么能这么想。"也许你觉得缺乏安全感，需要多买些物资以防紧急情况或货币贬值？"不，绝对不是。"那么，为什么呢？"之后就是长久的沉默，有抽鼻子的声音，然后是更长时间的沉默。"这关乎我个人的精神生活。"啊，我想我现在明白了："你是说你想用这笔钱出国留学？"不，也不是。"我对我的现状感到不满。""是吗？""我对音乐很感兴趣。我想用这笔钱买些乐器。我对自己的精神生活感到不满。"

他亲笔签名的忏悔书读起来就像一首赞美诗。"我从培黎学校银行账户上取走六万美元既不是为了个人私利，也不是出于贪财的动机，更不是为了在抗战时期囤积物资，而是为了满足我个人的精神需求，此外没有其他原因。"但对他来说，事情远称不上大祸临头。他很清楚，在中国，监狱不是给像他一样的乡绅的儿子准备的，除非他们运气不好或愚蠢至极，冒犯到了权贵。他唯一关心的是如何保全面子，也通过忏悔书达成了目的。当然，现在消息并不灵通，如果他去了国内其他地方，也许能找到一份工作，过上好日子，但为了他的精神生活（他不是真正的音乐家，真的），他还是毁了自己，至少在西北地区是这样。这就是各地的基调。道德与否很大程度上取决于社会的褒贬。当社会还是一个稳定的乡村型和村庄型社会时，这个模式行之有效。每个人都对村子里的其他人了如指掌，因此，尽管"面子"有其弊端，但也很管用。但当一切都在变化和不确定当中，人们也一天一个样，道德又会发生什么变化呢？我真的不知道西方人会怎样应对这种环境。但是，每个人内心都有自己的标准，让别人说什么都见鬼去吧，这也是有道理的。

随着战事延长，"货币通胀"愈演愈烈，与之并驾齐驱的是它的密友——"道德败坏"。日常事务中的腐败现象越来越明显，更不用说人们从四面八方听到的大肆敲诈勒索的现象了。

第一次有一位店主问我："这张发票——我该开多少钱？"我对这家伙的愚蠢感到惊讶。"我不是刚给了你1000美元吗？那就开1000美元的发票吧。"但我把愚蠢和生意经两者混为一谈了。店主们已经习惯给顾客开他们认为可以在自己的账户上蒙混过关的金额的发票——而且"顾客永远是对的"。当一家商店开始这样做时，其他商店就必须效仿，否则政府机关的采购人员就会去办事更易通融的地方。

1944年初冬，双石铺的木炭价格突然暴涨，一骑绝尘。当地驻军在进城的所有小路上巡逻，强迫农民卸炭，然后自己把木炭运进城以高价出售。操纵这场勒索的士兵在进城前小心翼翼地把他们的军装翻了个面，或者取下他们的身份徽章，但他们的军官不可能不知道发生了什么。士兵们正火速将寺院山上的树木砍伐一空，将当地农民珍贵的柴草仓库洗劫一空，面对这样的指控，军官不可能辩称不知情。

货车本应只用于国家军事要务，但在前往重庆的途中，经常可以看到军用卡车经过双石铺，车上堆满了从日占区买来的商品，并有身着国民党军制服的士兵护送。国民党军在各条公路上设置了检查哨所，要求每辆卡车出示一大堆许可证和证件，并且占用了每个人大量时间；但只要证件齐全，他们对将军的私人战利品就无话可说。检查哨所通过电话对全国各地的货物进行定价，并对路上每辆卡车的命运拥有绝对的控制权，这些检查哨所本身也在进行着声势浩大的交易。

沿路上，无论白天黑夜，任何值钱的东西都必须被牢牢地坐在屁股下看住。一支救援车队将装满石头的几个板条箱拉了1000多英里，在兰州得意洋洋地交货了，还自以为箱子里是医疗用品呢。西安和宝鸡商店出售的商品价格出奇的高，只有将军和投机商才能买得起，商店卖的是从美国进口的特制维生素 A 和维生素 D，名叫"奥拉多伊"，这两类维生素专供官方授权的从事救援工作的医院和组织使用。1944 年，一位在河南大撤退中发挥了领导作用的将军找到宝鸡工合，表示愿意以优惠价把他所有库存的军毯卖给我们。这些毯子起初是由我们的合作社制造的，它们与目前合同上交付的毯子没有区别，因此，他理直气壮地建议我们把这些毯子交给军队的供应人员，并重新以全价购入。西安的军方官员甚至购入了大批"私人囤积"的美国航空燃料。

至于那些从事高等教育的人，他们似乎和其他人一样受到了"人不为己，天诛地灭"的普遍意识的影响。《大公报》和其他的重庆报纸都报道了教授和学生之间心照不宣的试卷交易，以及由政府出资送往美国的学生在印度短暂停留，当起了钢笔和手表走私贩的事件。我在成都时，人们都在谈论，中国大学教职员工的工资甚至不够养活一个小家庭，因此教师们被迫做兼职生意。社会腐败现象十分普遍，双石铺也不能幸免于难。

受过现代教育的中国国民党人都以不谈国事为荣，他们说，"中国这个国家，实在是太可悲了，无法用言语来形容"。只要汽车、咖啡壶和可口可乐这些物品的短缺问题能在大城市得到解决，这些人就没什么可担心的了。这种态度普遍存在，不仅是整日西装笔挺、焦急地在大城市里穿梭的大学生和归国留学生，甚至已经蔓延到整个官僚阶层，并从官僚阶层蔓延到他们的追随者。"我们中国的事件"这个词的意思是"我们中国人自己的事情"，它涵盖了擢发难数的罪恶，以至于仅仅是听到偶然的谈话，人们就可能借此把形形色色的压榨和欺骗想象成是中国人的发明，并且给他们打上效率低下的标签。银行里的一个跑腿小弟向我吐露："当外国人说他们要做一件事时，"他的话很可能是从他上司那里听来的，"他们常常就去做了。但当我们中国人说我们要做一件事时，那只是意味着我们想知道如果我们真的去做了，别人会怎么说。我们中国人常常一哄而起去做某件事情，只要有人说'到这边来看看'或'我们到那边去揍那个人'，我们就一哄而去了。我们总是如此。"还有个挺好笑的例子，考虑到主人翁自身的难处，我们也许可以在接下来这件事里一窥他仿佛置身事外的态度。一位在天津受过培训的卡车司机在向汽车的水箱中倒入一桶浓稠的泥水时说了这样一句话："泥水能防止水箱漏水——这就是我们中国式的化学！"

第二十七章

高希（机）！
我们在行进！

1944年11月初，乔治·何克在一封家书中谈到了为西进做的准备工作：

今天是周日，40个小伙子从学校赶来，拖着手推车，扛着杆子，拿着篮子、镐、铁锹、绳子什么的，成群涌到河床，吵吵闹闹，确实也干了不少活。晚上下班后，我们在收拾好的新球场上举行篮球比赛：高希纺织队对阵雷斯特队，成都队对阵双石铺队。

艾黎对高希机的计划是，将重庆制造的原装设备打包，装车运往山丹，将双石铺机械厂合作社制造的南城原装设备留在这里。小伙子们几乎把所有的旧设备都打包好，并列出了清单，每种机器都保留了一台。机器的包装箱堆在一个角落里。今天下午我们会开始引进更多郭工程师的双石铺设备。

我们的包装箱足够装满鲍勃·纽厄尔设法弄来的卡车。

水道已经完成了大约两百码，现在我们正在河道的半路上做最后的工作，准备将整条河流改道引入我们的水道。这很有趣，我们都做得很开心，可能世界上任何一个孩子都会有如此感觉。

八个最大的孩子牵着马、推着车，把巨石运到防波堤的外缘，一些工人在那儿用自制的火药爆破更多的石头，还有许多工人在防波堤上摆放石头。小一点的一队孩子提着篮子，运来更小的石子儿，填满防波堤外侧两排大石头之间的空隙。

日复一日，老高的施工队将加固的大坝不断延伸。车间里，小伙子们在高希机上热火朝天地工作着，发动小型柴油机，逐步安装、擦拭和测试机器。每隔一段时间，他们就会赶去给水车的轴承上油，以确保水车在当日就能投入使用。

"你们以前为什么不这样做？"我问张天才。他和现在不那么文质彬彬的段迎福以及一个身材魁梧的甘肃农民小伙子郭扬忱组成了车间委员会。"技术员在这里的话，我们怎么能这样做呢？"他回答说，"只要他说了算，没有他的指示，我们什么也做不了。在任何工厂都一样，如果你自己擅作主张，这位发号施令的人马上就会抱怨：'你想做什么——砸我的饭碗？'这样的话你就树敌了，并且他再也不会教你做任何东西了。"

我们培黎学校的卡车刚刚从头顶的公路上驶过，开往宝鸡。车上有一位年纪大点的小伙子，现在是我们学校的会计和会计老师，他要去宝鸡买布做学校冬天的棉袄。当卡车缓缓驶上山坡时，大家都暂时停下手头的工作，疯狂地欢呼起来。这是个大日子，整个世界都在为培黎学校喝彩。我们已经计划在下周日举行盛大的水车运作典礼——或是宣布在工作日放假——来庆贺过去十个月的血汗和辛劳换来的成功。难道我们现在就要抛下这一切，到一无所有的山丹从头再来吗？尽管势在必行，但是我们会尽可能在这里再多留一段时间。在日本人逼近之前就这样离开，未免让人难以割舍。

1944年11月10日发生了一件大事……

　　我很晚才回到这里，听到了一阵轻快的叮当作响声和嗖嗖声。我跑下山去，发现孩子们在烛光下目不转睛地盯着转动的水车，任由桨叶上的水花肆意飞溅。历经一年多的建设，又曾在快完工时被洪水冲走，我们终于让这东西正常运转起来了——这切实证明了中国不必急于在贫民窟和拥挤的城市里实现工业化。其实，在乡村就可以实现高效工业化，而且并不会破坏其原有的社会基础，也不会经历英国工业革命带来的阵痛。这装置是基于鲍勃·纽厄尔新绘制的设计图建好的，看起来非常不错。昨天晚上，听着巨大的铁齿轮发出的奇怪铿锵声，我被吵醒了好几次。尽管如此，我宁愿被这个声音吵醒，没有什么声音比它更叫人高兴了。第二天吃早饭前，我在大坝上深深吸了几口存在于想象中的咸咸的海风，向下望去，一边是深绿色的河水，另一边是几近干涸的卵石河床，再往后望去，是一排排木板组成的水闸。水闸上方，风吹动了鲍勃·纽厄尔式的多翼水车顶部，吹起了细细的水花。从水车往远处看，我能看到和尚山，老高和难民们在那里砍伐木材，用于建造水坝和水道，以及大车间的横梁和椽子。我回到了屋里，河水发出的电力当然属于我们，因为它是用我们的汗水换来的，肩膀压得酸痛，手指被折断——还有老梁的命，他被从窑里拉石灰的大车活活碾死。电力以每分钟60周波的频率从水车轮沿着地下竖井，经过宽宽的皮革传送带输送到石灰井里，然后通过狭窄的一号皮带分散到车间的小纺纱机上。一群群穿着工作服的孩子围着每台机器聚精会神地工作着。我走过时，有些人抬起头咧嘴一笑，有些则全神贯注，压根儿没注意到我。哪里有河，我们培黎学校的孩子和难民们就能在哪里建立一个社会！

我们才刚刚修建了一条通往学校的公路，可以跑汽车，水车也开始运转起来。但现在看来，我们很快又要搬走了，而且不得不在更加艰苦的环境中从头再来！虽然令人沮丧，但我们希望在新的地方，未来会更加光明。

一周后，于 1944 年 11 月 17 日：

目前，我既是高希纺织合作社的经理、技术员和出纳员，又是学校的校长、出纳员和业务经理，还是诊所的主治医生、窑洞的屋主，以及难民委员会的负责人；我还在尝试写一本书，并同时与许多情报人员作斗争。昨天我过得极其糟糕。我想，这一切足以让你变成一个狂热好战的暴力分子。有机会我会跟你细讲这件事。

艾黎昨天从山丹发来了电报："房屋已购。火速将机器运来。"

艾黎已随先遣队到达山丹。城里多数大房子都空置了。山丹有 50 多座寺庙，其中一些已沦为废墟，另一些仍屹立不倒，但已不再使用。当地政府就像马步芳匪帮手中的面团，任其摆布。艾黎得到机会，租用废弃的发塔寺。马步芳的骑兵队不久前曾在这里驻扎马匹。寺庙的门窗都被用作燃料，成群的鸽子得以自由进出。木柱已被饥饿的马匹啃食殆尽。大厅里冷风阵阵，摆放着数百个佛像，整个地方显得残破不堪。主街上的几栋房屋被租下作为临时住所，准备好迎接来自双石铺的第一支队伍。

乔治·何克在信中还写道：

我想，用不了多久，鲍勃·纽厄尔就会带着第一辆卡车从成都过来，我们就可以动身了。今天，有位老师正带着妻子回父母家，好提前做好准备。重要的是我们得保证，一切都要正常运转，直到最后一刻。我们要把全部生产装置运去，以便大家一到山丹就可以各得其所地开始工作。还要在双石铺留个空架子，以免我们前脚刚走，后脚房屋就被占了。好吧，好吧，相当令人兴奋。艾黎还写了很多说明，告诉我们如何装运苹果树、山羊，运送残疾难民、牧羊人兼保姆，以及5岁和7岁的"婴孩"。可钱打哪儿来？这可把我难住了。从兰州开到双石铺，一辆卡车要花8.7万美元，而制造一辆手推车要花费7000美元左右，所以艾黎的说明根本派不上用场。

落款日期 1944 年 11 月 26 日：

哦，孩子，哦，孩子们！后天，我们可能就要启程前往兰州，踏上前往应许之地的前半段旅程，远离那些疯狂的官僚，而今天，高希纺织机上的小伙子们第一次真正生产出了上好的细棉纱。这里程碑式的突破和重大成就，作为临别时的纪念再合适不过。它给了我们信心和希望，使我们在接下来的冬天里，在风沙弥漫、食不果腹的荒漠里坚持下去。我们成功了！

我从宝鸡回来后，发现丁齐生已把他母亲打发到他父亲那里去了。他变卖了自己的书、鞋子、闲置的衣服和小提琴，用所得的钱预付给了一家饭馆，买了15只烧鸡，一天吃一只。正要吃第七只鸡的时候，一个电话打来，说他母亲又和父亲吵架，住在宝

鸡，断粮了。但那时，丁齐生已自愿报名参加了国民党新组建的
"知识青年军"。报纸上的文章和三民主义青年团对知识青年远征
军的宣传细节含糊不清，但大致的规划逐渐浮出水面：这支军队将
飞越喜马拉雅山脉远赴印度，在那里进行装备，并由美国教官开
展机械化战争作战能力训练，然后入缅作战并取道回国。丁齐生
是双石铺第一个加入青年军的人。"三青团的人从此都不再说我思
想不端正了，"他笑着说，"现在征兵军官在他的征兵动员演说中把
我捧成了中国爱国青年的好榜样。"没过几天，征兵军官带着随行
人员来到学校，亲自作了一次动员演说。我们用旗帜和标语为他
装点了房间。当时河南刚刚发生了一次大撤退，许多孩子失去了
家园，所以他的听众都很容易被打动。几周前，根据宝鸡工合办
事处的指示，我校所有年满 17 岁的学生都自动加入了三青团，但
在我们学校举行真正意义上的三青团仪式，这还是第一次。

"这都是政府承诺的，"他兴奋地说，"你们将坐飞机前往印
度。在印度接受训练后，你们实际上大概需要服六个月的兵役就
能回家。想想那时你们该多么受人欢迎! 你们会被所有人敬仰，
别忘了，军事训练对任何一种职业来说都是一个良好的开端。委
员长不也是从黄埔军校开始的吗? 来吧，谁会是第一个勇敢的小
伙子? 今天我就发电报到西安，你们所有人的名字都会出现在报
纸上。"

第二位军官站起来发言，他比第一位军官略显严肃。"来吧。"
他高举双手，像是在做祷告。"谁先来?"他满怀期待地环顾四周，
试探性地拍了拍手，以示鼓励。"别犹豫。别害怕。没什么可顾虑
的。你们知道，这可不是在兜售什么专利药——此乃国家大事。

之后会有专车把你们送到汉中，在那里乘飞机。你们一步路也不用走。"康世俊（音译 Keng Si Qin）一跃而起，他现在确信，自己可以通过在军队里获取荣誉，然后去到美国，就像他到校头一天就坚信自己一定会到美国学习工程学一样。当他站起来大步走上前去签名时，全场响起了热烈的掌声。紧接着站起来的是张志汉（音译 Zhang Qi Han），他说不出话来，脸红到了脖子根，像个庄稼汉。他在成都学得很快，但要学会读书人的那一套，他还差得远。两年半前，目不识丁的他被父亲送出家门，以减少家中符合应征条件的男性数量，这样他的二哥就不用入伍了。现在，能以"知识青年"的身份志愿入伍，他觉得挺好的。第三个男孩站起来说话了，他是老河口肥皂生产合作社的一名学徒，长着满脸的麻子。"我早就想当兵了。只是我身上有缺陷，不知道碍不碍事？"

"你是说你并不完美的肤色？"征兵军官问道，"无妨。上来签字吧。"其他人也跟着签了字：有些人像康世俊一样，出身于早就破落的中产阶级家庭，现在正为有机会重拾失去的精英地位而沾沾自喜；有些像张志汉一样的农民，一想到飞机、军官制服和广受赞誉的受教育志愿兵的身份就激动得不知所措。他不用像他哥哥那样，成为应征入伍的农民，不用被拉壮丁，风尘仆仆地四处奔波。

很快，丁齐生的母亲就开始不断数落他。几天下来，丁齐生都紧绷着脸、面色苍白，闷闷不乐，他下定决心，觉得离开母亲既不孝顺，也不道德。征兵军官很快就通过康世俊得知丁齐生改变了主意，并迅速派了一名下属护送丁齐生去见他。已经有几个人打退堂鼓了，他担心，如果丁也决定退出，那么当初跟随他的许多人也会退出。在三青团总部，征兵军官又重弹了半个小时的老调："你根本不用打仗。我可以保证给你找个搞音乐的工作"，等等。

"我15岁就在军队里待过，"丁反驳道，"我上过手铐，戴过脚镣。我当过兵，什么苦都能吃。但这一回我说什么也不去了。"

征兵军官的语气于是变了。"这太好办了，"他说，"如果你不去，我只好打报告，说你的思想很危险，很复杂，受叛党特务的指使，违背蒋委员长的命令。"

丁笑了："您过奖了。我哪儿有这么大能耐！"

"你别说了！你要是不去就会影响许多人。去吧，放明白点，否则我只好写报告汇报你的思想了。怎么样？"丁仍旧装作无所谓的样子，放声大笑。他被押送去了警察所。警察所长盛情款待了丁，让他饱餐一顿，把三青团的人和征兵军官痛骂了一顿。这时，我由征兵军官的手下陪同，在去往三青团总部的路上。"长官今天很不高兴，"手下说，"他说什么你最好照办，要不他会揍你的。"我们经过双石铺最大的妓院时，姑娘们已经打扮好，为晚上做足了准备，正围坐在门口搔首弄姿招揽客人，享受着阳光。"你喜欢哪个？"手下问道，"告诉我，我把她送到你的窑洞里去。多好的妞！哈哈！"

原来征兵军官想让我充当担保人，担保丁到时会参加青年远征军。我说这不关我的事。我们达成了一项折中协议，我担保丁在十天之内不离开学校。在担保书上签字画押之后，警所就把丁释放了。不管怎样，丁已经帮不上他母亲什么忙了，心里还更好受些。无论发生什么事，责任都不在他了。他把剩下的烧鸡吃了。

到走的那天，丁齐生被派了个掌管卡车的活儿，他的卡车开在最前头。整个车队在一片欢呼声中出发了。一路上家家户户门前都放了张桌子，桌子上摆着一盘盘橘子、瓜子和糕点，来招待这些"知识青年"。号角吹响，妓女们欢呼着，爆竹声响彻云霄。初雪落下，景象甚美，一队衣衫褴褛的四川新兵还穿着夏装，穿过对面的人群，没有停脚，径直向城那头走去。

从 1944 年 12 月到 1945 年 1 月，整整三个月，西北公路上挤满了"知识青年"军的车队。几个星期里，载着成千上万新兵的车队从双石铺开过。我们从报上得知，蒋介石原计划征兵 10 万人，现已超出了一倍多。到 1945 年仲夏，又开始扩招 10 万名新兵。

由于没有隆重欢迎过路的志愿兵，四名兰州到汉中段西北公路沿线的地方县官挨了打。许多沿途的饭馆也因提供的饭菜不合这群"文化人"的口味而惨遭捣毁。一卡车的青年军袭击了一个哨兵，因为他叫其中一个青年军走远一点，不要在他门前撒尿。这个哨兵被打得在潮湿、沾满灰尘的地上打滚。陇海铁路咸阳车站站长因为给这些志愿兵乘坐的一趟列车加燃料时多花了十分钟，也遭到一顿毒打。和在这些等着坐飞机前往云南的"知识青年"打了几个星期的交道后，西安的澡堂、戏院、电影院、饭店和妓院都纷纷闭门谢客，大门紧锁。显而易见，这群青年志愿兵不在乎外界的看法，已经决意要成为一支贵族部队了。

中国的知识分子阶层历来是超然于战争动乱和内部冲突之上的。他们的笔杆子是舆论的喉舌，每到天下大乱，铁腕人物都得仰仗他们。因为如果没有他们舞文弄墨，当权者赖以维持统治的政府机制就无法运转。因此，中国的读书人不必像欧洲中世纪的学者那样靠教会来供养。几个世纪以来，他们垄断文字游戏的规则，把事情搞得微妙又复杂，借此在一个常常是四分五裂的国家里自成一体。因此，那种息事宁人的态度成了中国道德家们倍加称颂的美德，倒也不足为奇。与之相反，农民中有着同样显著的传统：绿林好汉，杀富济贫。只有那些得以置身于斗争之外的人，才有时间关心伦理道德，将思考付诸笔头。他们知道，只要动动笔杆子完成分内之事，就不愁无米为炊；只要儿孙有闲暇去研究文字游戏的门道，便可保家族延续。

然而，新的影响因素正在出现，推翻这一历史角色。这并不是因为群众有一种参军杀敌的爱国主义愿望，毕竟抗日战争已经持续十三年半了。那么是通货膨胀、家庭和社会分崩离析、普遍的营养不良、领导力缺乏，以及对本可以制止的敲诈勒索行为听之任之而导致的幻灭感？或许吧，但总体局势很复杂，这只是其中的一小部分因素。这场征兵宣传很难让人拒绝：出国进修以开启职业生涯、不用费大力气、没有危险，也不用实际作战。靠着美国教官和外国设备，中国官方可能很快就会拥有一支前所未有的机械化军队。这支军队的士兵不论是家庭背景还是教育程度都和军官们有很强的共鸣。要争取到他们，靠的是激励，而不是饥饿。问题在于，靠着激励来感召这群知识青年，是否也能对他们起到振奋军队战斗精神的作用？

我们应该牢记"在中国，一切皆有可能"这句老话，它反映的不是中国的变化莫测，而是西方并没有探寻到中国事务的根本。我们只有时刻保持谦逊，继续努力。

1944年12月底，一封家书中写道：

尽管更愿意待在这儿，但是我可能要去宝鸡过圣诞节了。这些天我们玩得很开心——学校大部分人都走了，我在这里等最后一批卡车。我很享受居家生活，白天写作，晚上陪孩子们玩。我们玩"绿色大比拼"之类的游戏。最好玩的是"点菜游戏"。在这个游戏中，每个人都是"一道菜"，一个人负责"点菜"，需要记住正确的"菜名"。当这个人"点菜"时，相应的"菜"就会站起来，跟着他在房间里走来走去，而他则要对这些菜的口味做出评价。一旦他说"我吃饱了"，所有人必须找个位置坐下。因为椅子的数量比玩游戏的人数少一把，谁找不到椅子，谁就要在下一轮游戏中"点菜"。老四觉得好极了，因为吃饭是他最喜欢的事情。他有时会把菜名弄错，比如"la zi ji"指的是"辣子鸡"，他经常念成"da zi ji"，也就是"打字机"；"suan la du si tang"指的是"酸辣肚丝汤"，他的发音略有不同，意思就变成了"酸辣胃痛"。然后，每天晚上我都要讲故事：《老四和三只熊》、《双石铺的魔笛手》等等。真希望我还记得加里（Garry）的《糊涂的邮差》。我记不住太多故事，这对想象力要求很高。

过去两周，我一直坚持写作，新书已经完成一多半了。为了在离开这里前完成第一章到第五章，我拼命地写。第六章是关于途中跋涉的。第七章会讲讲我们抵达之后的故事。我还没想好书的名字。书里几乎都是对话，以及从中得出的结论。第一章通过介绍四种不同的人——双石铺本地人、河南难民、官员和我们窑洞的人——在周六晚上的所作所为，一窥双石铺这个地方。第二章介绍了学校、学生会议、高希机的工作等。第三章讲的是在成都的故事，我们在成都碰到的麻烦事，还有很多在公共汽车上的对话。第四章是"家事"，讲的是我们的窑洞、诊所等等。第五章是"破产"——讲的大致是这个社会。第六章是"在路上"，第七章是"远离疯狂的官僚"，或是诸如此类的话题。我希望能尽快写完一到五章。或许我可以让人直接给你带一份复印版。

我忘了告诉你这里有多冷。有一天，我突发奇想，想把打字机放在火炉边烤烤，暖一暖再用。倒霉的是，我放得太近了，有五个字母键掉了下来！我已经把它送到成都去修了。幸好这里还有另一台，不然我就惨了。

在兰州，他们租用了一辆老旧的公路货车，帮助这支由33名小伙子组成的队伍，分批从双石铺徒步前往兰州，完成前往山丹的前半段旅程。卡车上装满了在兰州能买到的各种补给品，上面铺满了孩子们的被褥。每个学生都穿上了新棉衣和羊皮大衣，以抵御冬季戈壁的严寒。他们把帽子的遮耳盖在耳朵上，还用小手巾盖住了鼻子和嘴巴，以防灰尘太大。小伙子们堆坐在卡车上的被褥上，背对高原山口的凛冽寒风。他们花了四天才从兰州抵达山丹。在横渡一条结冰的河流时，一辆货车的车轮冲破了冰层，只此一遭。在共同努力下，大家才摆脱了困境。在最后一晚的黄昏时分，当他们从海拔三千多米的焉支山定羌庙山口，沿着中国长城的残垣断壁，顺着长长的坡道向山丹方向行驶时，突然有什么东西从破了的车窗飞进司机的眼睛，导致车偏离了马路中央。外侧前轮碾过了路边的一堆石头，将几个男孩掀翻在路上。大家都穿着厚厚的棉衣御寒，所以没有受什么大伤。但当他们到达山丹主街上又黑又冷的房子时，当务之急是治疗多处扭伤和擦伤。第二天，也就是圣诞节，课程在略微通风的二楼房间里开始了，房间是专门为上课预留的。上午上课，下午实践——这是我们熟悉的双石铺授课模式。下午的实践活动包括规整寺庙，使其能够投入使用；用随处可见的砖石铺设教室；清理出适合机器车间和纺织部门重要机器使用的区域。乔治·何克将领着第二批分遣队和其余重要机械在大约两个月后抵达，因此寺庙和周边地区必须做好准备。

在佛祖的注视下

山丹培黎学校的操场，背景是舍利塔

山丹培黎学校大门

『文化大革命』结束后重建的

乔治·何克墓

George Aylwin
Hogg
July 22nd 1945

"And Life is Colour
and Warmth and Light,
And a striving ever-
more for these.
And he is dead who
will not fight
And who dies fighting
has increase."

艾黎与何克陵园内

乔治·何克的墓

为纪念乔治·何克而建的位于山丹培黎图书馆的乔治·何克雕像

1946年，山丹南门乔治·何克墓地悼念日游行队伍

山丹

很久以前，北亚的广大地区居住着各种游牧部落，在中国通常被称为"胡人"。某个部落有时会定居在一个地区，那里就成为一个王国，就像尉迟部落一样，尉迟部落所在的地区相当于如今的甘肃西部。后来，尉迟部落建立的王国被逐渐强大的其他游牧部族政权消灭了。在最强大的部落中，各位王子夺权，再加上领土被占领，导致该地区屠杀不断。张掖，一个建于约2000年前的汉代绿洲小镇，位于山丹以西约60公里处，是许多斗争发生的地方。马可·波罗四处旅行时，曾在此游历一年左右。他在书中称其为"坎皮丘"。这个名字后来又恢复到原来的"张掖"，这是一个汉语词汇，意思是"伸出的手臂"。

战争仍然是游牧部落在其众多王国中的主要活动，但后来一群以阿史那为氏族名称的匈奴家族崛起，统治了这一地区。当时的中国北方由北魏王朝统治。北魏努力并积极地将这一地区纳入中国的势力范围。为了躲避北魏，阿史那部的五百户人家逃到了一个天然堡垒——金山，就在如今的山丹旁边。在这附近形成了一条山脉，山脉北部（阿拉山）与蒙古大草原接壤，其中有一座宏伟的山峰，现代中国人称之为龙首山。由于这座山的形状很像匈奴人的头盔，阿史那人用自己的语言称它为"头盔山"或"土尔克"，不久，他们就称自己为"土尔克人"或"突厥人"。

有一段时间，突厥人在凉州（即今武威）为柔然炼铁，他们又被称为"锻奴"。突厥人兴盛起来，在张掖和兰州之间的地区建立了一个强大的王国，该国的两位首领在今天的山丹附近坐朝。

良驹对匈奴来说至关重要。山丹附近的大马营马场是什么时候建成的，目前还不清楚。然而，众所周知，这个马场每年为唐朝的军队提供八万匹马，因此这个马场已经有 1000 多年的历史了，而且在某种程度上，它今天仍然在运作。

唐朝时，马匹贸易的主要货币是丝绸，山丹（当时叫金山）正是在这一时期发展成为丝绸之路上一个体量庞大、财富盈门的贸易之城。这座城不仅有城墙，还有 58 条街。山间溪流被巨大的水车引到城墙顶部的沟渠里，用于灌溉菜园。唐朝的一位皇子驻扎在山丹，接待来自西方的外国商人，和他们进行贸易往来。这座城的确十分辉煌，以至于阿拉伯商人以为自己已经到达了中国的都城。但当时真正的都城是长安，即今天的西安。

辉煌的金山城在党项人征服该地区时被彻底摧毁，但后来，由于他们需要一个首都，党项人在穿过北部山脉的一条通道对面建立了今天的山丹，这条通道通往西夏王朝的首都。"山丹"这个名字由两个汉字组成，意为在金色夕阳下的悬崖峭壁上闪闪发光。13 世纪初，成吉思汗率领蒙古人灭了西夏，然后一位蒙古王子定都山丹。

明朝时，尽管频繁的地震造成了破坏，但这座城镇的规模开始扩大，变得更加辉煌。该地建造了一座名为发塔寺的大寺庙，并建造了一座舍利塔，里面有一个盒子，装着据说是印度第一位皈依佛教的统治者——阿育王的头发。丝绸之路是佛教传入中国的主要路线之一，在山丹的繁荣时期，许多寺庙建了起来。到 1945 年我舅舅去山丹的时候，这些寺庙中有许多还在，但修复得很差。其中一些刚被军阀马步芳的军队作为马厩征用。

学校在包括发塔寺在内的一些寺庙里设立了车间和实验室，学生们在巨大的寺庙雕像的守护下，在车床、织布机和实验台前工作。这些现在都已不复存在，但同一时期的一座寺庙仍然矗立在张掖附近。这座寺庙供奉着中国最大的全木质卧佛，从头到脚长约 34.5 米。马可·波罗曾在那里待了一年，他记录下了这尊佛像。

明朝时，一位姓黄的县令实施了一项了不起的工程，将大通河从祁连山青海一侧经扁都口改道，为山丹的干旱地区和邻近的永昌地区带来了充足的灌溉用水。这个方法非常成功，所以黄县令在死后被奉为城隍。20 世纪 90 年代，政府在探索重新启动该方法的可能性，以便再次为极度干旱的山丹带来充足的水源。

在清朝末年"同治国乱"期间，甘肃西部的屠杀事件屡见不鲜。民国时期，在张国焘的错误领导下，红军西路军试图开辟一条通往中苏边境基地的道路。青海回族马家军在国民党的支持下对他们进行了无情的攻击。当时，山丹是一个红军基地，在那里，长征的年轻士兵们在戈壁严酷的冬天里冻得要命，忍饥挨饿。虽然年轻的红军英勇抵抗，但最终却因寡不敌众被马家军击败。艾黎回忆说，山丹的穷人穿的衣服很少，甚至赤身裸体，在稀疏的草原上采集发菜。发菜是一种像头发一样的植物，有市场价值，可以卖到中国东部和南部。他们对付狼的唯一武器就是随身携带的一根短棍。这一地区的狼多而凶猛。12 月中旬，一个寒冷的日子里，一位老人和他的孙子牵着一头驮着货物的驴艰难地走着，全都被狼咬死了。狼还从水闸穿过城墙进入城内，抢走了一个婴儿，而婴儿的母亲当时正在附近洗衣服。她转身去追那头狼，却给了另一头狼可乘之机，它跟在后面进来，叼走了她正在附近玩耍的另一个孩子。

　　20 世纪 40 年代初的山丹是一个非常美丽的地方。那时，城墙包围下的山丹并不大，但寺庙林立，是最早的"庙市"。大多数仍然屹立的寺庙建于唐宋时期。很久以前，茂密的森林遍布山坡，湍急的河水流过。羊群和马群在草原上吃草，肥沃的山谷里种植着许多庄稼。现在，群山荒芜，河流干涸。在海拔约 2000 米、距离海岸约数千公里的地方，气候多变，从极冷到酷热，不一而足。这里很少下雨，年平均降雨量只有几英寸。15 公里开外的北部山脉形成了甘肃和内蒙古之间的边界。向南约 70 公里是白雪皑皑的祁连山脉，与青藏高原相接。

　　城墙高大，用土砌成，高 30 英尺左右，东南西北各有城门。北门名存实亡，因为它面向北部山脉，成吉思汗就是从这个方向率领他的蒙古大军穿过长城攻下这座城镇的。通常情况下，城墙的每个入口都有两个门，彼此呈直角。这样设置一是为了阻止入侵者，二是抵御沙尘暴；三是出于迷信。人们相信旅行的人总是会被恶灵尾随，但恶灵不会转弯。所以，进城时走过一个直角拐弯处，旅行的人就被净化了，恶灵被留在外面。然而，现代卡车要进城就很困难了。这条路以主要的入口——东门为起点，首先经过县衙门，然后通往位于大十字路口的集市，这是四条主要街道的交汇处。在集市周围的路边，商人们每天都会架起他们的木板桌，出售蔬菜、肉类、面点和当地的粗布。这条主街有某种魅力。在树木繁茂的林荫道后面是雕刻精美的小门廊，它们是每户庭院的入口。精心雕刻的门柱上装饰着唐代的瓦片、狮子的头和可怕的龙。令人遗憾的是，丝绸之路上的其他城镇没有展现出这种优雅。几年前，国民党曾下令在那里进行清理运动，拆除了这些城门，取而代之的是千篇一律的黑漆木门和百叶窗。南门外是一座小城，有清真寺、旅店和食品摊。城镇的北部荒凉贫瘠，绵延几公里的区域散落着成千上万的墓冢，一直延伸到长城的残垣断壁，有些墓碑是用从山上拖来的岩石凿成的。

城镇的南部土地肥沃，榆树和杨树与耕地接壤，农民种植小麦、土豆和小米。再往南就是干燥的沙漠，一直延伸到青海边界的山脉。

当时的主要出口"商品"是鸦片和年轻姑娘。城市肮脏的一面暴露无遗：城门口有乞丐，卖鸦片的商店散发出鸦片的臭气；国民党士兵会途经此地，地方政府掌握在地主和匪徒手中，他们对被剥削的人民毫无怜悯。用一头驴的一半价格就能买下一个年轻姑娘。

这年2月，乔治·何克抵达兰州，在那里他收集了物资和设备，还租了一些卡车，为前往山丹的最后一段旅程做准备。马车已经从兰州出发了。此时，另一场重大的工合危机在重庆爆发，要求艾黎出席，以确保国际委员会继续为山丹项目提供资金。在从山丹到兰州的路上，艾黎在兰州以北约110公里的永登的一个旅店院子里遇到了乔治·何克。乔治·何克坐在一辆满载货物的卡车上尽情打字写书，对面的小伙子们在打篮球。他们跟着马车从双石铺走到兰州，一路以来有许多奇遇。从戈壁吹来的一层黄土掩盖了光滑的冰面，使冰封的山路变得更加危险。由于一辆马车掉进了陡峭的沟底，一些人差点丧命。还有一拨人乘坐的卡车与弹药车相撞，在两辆卡车起火并爆炸的情况下死里逃生，令人惊讶。

1945年4月2日，乔治·何克第一次从山丹写信回家：

> 不是的，我们不需要推手推车——那是紧急情况下用的，以防我们找不到交通工具，而日本人又来得太快。但最后，没有手推车，事情也进展得很顺利。不过，我们确实不得不用上骡子车队，车是充气轮胎车，每辆最多载重两吨，由三或五头骡子拉。在从双石铺到兰州的半路上，我坐的卡车在天水赶上了其中的一支车队，于是我下了卡车，跟着车队走了一会儿。五天之内，我们翻越群山，走了57公里，两辆车翻了！这是20年来最冷的冬

天，也是高山上一年里天气最糟糕的时候（我从你们的信中看出你们也经历了最冷的冬天），道路上满是冰雪。我们从兰州租了六辆老式（1936年产）梅赛德斯·奔驰柴油卡车。这些车太老了，没法自行启动，所以这些"老宝贝"必须由一辆"年轻的"道奇汽油卡车带着走。每天早上，道奇拖着1号柴油卡车上下颠簸，直到它发出痛苦的哼鸣并启动，然后1号拖着2号，直到2号启动，以此类推。接着，所有车一起出发，道奇在后面"赶车"，以防哪辆"老男孩"掉队。

既然我们到了这里，这些手推车每天都能派上用场——清理我们学校所在的那座古庙（现在在很多方面看起来都很新）里的淤泥，把周围我们买来以供拆迁的房子里的建筑材料搬进来。离得最近的可用木材在大约60公里外青海的民乐，所以我们只好拆掉旧房子，利用其中的木材和砖块。

在这里，手推车是一件奇珍异宝。几百年前，人们还没有发明手推车，他们就造了一尊大约100英尺高的木制佛像，佛像周围是一栋多层楼房。有一层完全由耳朵、眼睛和鼻子组成。耳朵有我们两个最高的男孩那么高。没有手推车，但是有佛像。这可真是浪费木材（在这些地方木材可是稀罕物）。

尽管当地人很担心，但我们还是把几乎所有的佛像都从我们学校的寺庙里搬了出来。根据我们的合同条款，必须留下三尊最大的佛像，再加上两座小佛塔和两尊护法神。这些都放在我们的纺纱店。这三尊大佛像都镀了金，非常宏伟。他们伫立在我们店的后面，直冲高高的天花板，看着我们工作。人们以为佛塔里装满了珍贵的资料，但结果却是空的。那两尊强壮的护法神，我们让他们休息，给他们盖上席子，他们现在守卫着我们商店的入口。

我们还在忙着装修各个车间。整个院子的一侧都是用来工作的：木工机器、蒸汽机、发电机、车床、刨床、铣床、工作台和羊毛纺纱机。中间最大的寺庙里有我们的高希棉纺机和剩下的三尊佛像。另一侧都是教室。后面是宿舍。高悬在教室上方的庙铃提醒着我们去完成各种任务。不幸的是，铃舌不见了，有人用大锤代替，结果把铃敲碎了。但铃的声音仍然大得足以让整个城镇都听到。

我忘了说牙刷机，它是由江西的一家合作社生产并送给我们的。虽然这里有制作牙刷所需的所有材料（牛骨和猪鬃），但全省各地想刷牙的人要么用日本牙刷，要么从西安或汉中购买牙刷。我们要生产"平民"用的牙刷。机器已经修好了，如果他们肯用这种牙刷，那我们就愿意自掏腰包提供刷毛。

锅炉、蒸汽机还有发电机是我们未来的命脉。我们可以用发电机给整个城镇提供照明电源，作为回报，他们会给我们免费的煤。同时，我们可以在教室里照明，还可以为我们的机械车间和纺纱店供电。锅炉还是有点毛病，但我们很快就会修好的。

院子的另一侧都是教室。中间的另一座大庙，我们已经清理干净，粉刷成我们的孙中山纪念馆。里面一边是我们的图书馆和阅览室，另一边摆着机械制图桌。纪念馆也将充当会议室。

当然，当地所有人和官员都为我们的到来感到很高兴，他们的态度与双石铺形成了鲜明对比。事实上，这里的生活总体上更有希望。在那里，我们一直在争吵，没有取得多大进展。在这里，如果我们不能取得进展，那就只能怪我们自己了。

这里的另一个优点是紧凑。我的小房间俯瞰着一座残破的高塔，通向一个独立的院子，里面有我在双石铺的所有设施，还有很多其他的东西。我可以在一个小时内完成我在双石铺要劳累一天时间才能完成的工作。

现在我们这里只有60个男孩，夏天还会有20个年龄小一点的从兰州来，也许还会来一些本地的孩子。他们去过洛阳、宝鸡、双石铺、成都、重庆和兰州的培黎学校，现在统一安置在这里，看看他们是不是真的能干成一番事情。这里还有一群优秀的骨干教师。

昨天晚上，我们5个老师和25个男孩开始了我们的第一堂蒙古语会话课。我们还没能找到藏族老师，但很快就能联系上。

几天后，英国国会议员乔治·伍兹（George Woods）、他的技术顾问还有其他一些人会来这里。他们从兰州专程来看我们，这很特殊，给足了我们面子。我会尽量让他们把这封信带回去给你们，并邮寄一份副本。彼得·汤森、艾黎和我的一些朋友也会来，所以我非常期待。他们应该会带一些咖啡、蛋糕之类的东西，这些都很受欢迎。

孩子们用中国墨水在我们新粉刷的墙上画满了机器图，难民们刚刚把我们所有的柱子都刷成了红色。一位当地的工匠来给我们绘制了一块巨大的红底金字牌匾，挂在我们的孙中山纪念堂——这块古老的牌匾是我们在屋子后面寺庙屋顶的佛像头上发现的。牌匾的边缘装饰有金龙。所以我想这会给他们留下深刻的印象。

听说我的书被维克多·格兰茨的左派图书俱乐部（Left Book

Club）选中了，我很高兴；这非常鼓舞人心。离开双石铺后，我没有太多时间去管第二本书，但我收集了相当多的新材料——如果能有两三个星期的空闲时间，我就能写完了。利特尔·布朗出版社寄来了一封信，要求我就想写的主题写一篇文章。不过恐怕还要再等一段时间。

我刚刚在我的房间里摆好了两个用包装箱做成的大书柜，里面放满了书。看起来很不错。不幸的是（对我来说，不是对学校来说），这些书几乎都是技术类书籍。其他的书，我只有一本没有读过。昨天，我利用来这里后的第一段空闲时间读了这本书，读完第一页感觉还不错，最后却发现这是本烂书。这里没有报纸，什么都没有。寄一封信到兰州要花一个星期，奇怪的是，发电报似乎至少要花两个星期！

这里经常摆很多宴席，但大多是各种肥肉。就普通菜肴而言，牛羊肉相当便宜，而且味道不错，因为这里的人主要是回族。鸡蛋的价格大约是双石铺的一半。在周日，牛肉汤煮鸡蛋就是一顿美味的早餐。

老三和老四这俩孩子是和我一起坐卡车来的；老大和老二是之前第一批过来的。每天早上老三和老四都高高兴兴地去上小学（老四是头一回上小学）。他们似乎对隔壁道观里的各种"牛鬼蛇神"格外感兴趣。在老三连续两周每天都恳求之后，我陪他去看了学校旁边道观里的"吊死鬼"——一个可怕的东西，眼睛滴血，舌头吐出。"吊死鬼"前面摆着一盒香灰和几支香烛，所以我猜当地人会向他祈祷，希望他能阻止自己的家人自杀。但似乎没有什么能阻止老四尿床。也许是害怕夜里出现"吊死鬼"，他才不敢起床在夜壶里尿尿。你们还没有把对症的药方寄给我。我还在等。昨晚睡觉前我问："你今晚会尿床吗？""不会。"他说。"如果你尿床了怎么办？""那我早餐就不吃鸡蛋，也不吃豆瓣酱。"

一个月后，也就是 1945 年 5 月 5 日和 9 日，他写道：

我想知道你是否收到了我经乔治·伍兹议员之手寄给你们的信？我最近收到了你们的两封信——一封是 1943 年 12 月 20 日的，另一封是 1944 年 6 月 22 日的。我想知道这是怎么回事儿。不过，迟来总比不来好！在写这两封信的那段时间里，你们似乎都卷入了不少家务事，双胞胎（乔治·何克的哥哥丹尼尔的女儿们），另一对双胞胎（他姐姐芭芭拉的儿子们），腮腺炎，麻疹，洗碗，还有坚持要睡在父母床上的孩子们。对于最后一条，你们无需担心，在这里这是一个普遍现象，不是意外情况；但关于如何处理老四的尿床问题，却依然没有答复。乔治·伍兹带了一本心理学书籍给我们在兰州的人。根据这本书的理论，孩子尿床是一种对母亲的报复。不知道这是否能解释所有的尿床现象，但对老四来说解释得通，因为他的母亲以前经常打他。

我想知道行路居现在怎么样了。我越长大，就越想念红山墙。你们可能会想知道，过去几个星期天，我抽了一部分时间阅读李约瑟写的《时间，清新之河》(Time-the Refreshing River)，这本书由艾伦与昂温（Allen & Unwin）出版社于 1943 年出版。我想知道你们有没有读过它。正如我之前告诉你的，这里没有太多值得一读的书。伍兹一行人还带来了一本我预备在格兰茨左派图书俱乐部出版的书的样本。

艾黎和伍兹一行人在重庆。如果可以的话，他应该会在月底回来。与此同时，我们仍然在努力解决问题、组织事务；自从我们到双石铺以来，我似乎一直在做这件事。事情还没有步入正轨，一部分是因为找人难，另一部分是因为首席管理员是我——对如何在这个复杂无比、新旧交融的环境下运作，我了解甚少，还有部分是因为环境本身——它与我们的频率完全不同，经常让我不知所措，总是能对我们造成严重的干扰。现在我们必须解决这些问题，如果不去解决，就可能为时已晚。

你们那边的战争似乎快结束了。虽然我们这里的新闻七零八落，而且晚了两周，但看来苏联人和美国人已经占领了柏林，戈培尔（Goebbels）自杀了。还没有希特勒（Hitler）和戈林（Goering）的消息。我们的战争还将持续，我预计可能会出现一些奇怪的新转折。

我今天早上刚吃了四个煎蛋。不要惊讶，中国的鸡蛋比你们那里小得多。我想知道你是不是很快也能享受到这样的食物。伍兹带来的《图画邮报》（*Picture Post*）中有一则带有实物图的碎麦片广告，看得我想流口水。我们的孩子们，还有工作日的我自己，几乎完全靠蒸馒头、小米汤和土豆生活。这个地方不产蔬菜，但我们已经种上了自己的菜园，从明年七八月份开始到冬天应该足够我们吃了。我们每周还会吃两次肉，吃肉可是很奢侈的。

拉尔夫·莱伯伍德很快就要回国了，写信到上述地址（中国甘肃省山丹县山丹培黎学校）可能还行得通，但寄给"安迪·布雷德，国际 AACIC 委员会，四川成都华西坝 1 号医学大楼"或许更保险些。

自从到了山丹，直到上个星期天为止，我都没时间写书。或许我可以每周抽出几个小时，加上整个星期天，争取在暑假前完成。恐怕没法更早了。

老三和老四就住在沿路的屋子里，有一个难民和他的妻子在照顾他们。昨晚天黑后，我从他们那里回来，惊讶地发现旗帜仍在杆上飘扬。随后我被告知德国已经投降，所有的旗帜将连升三天；听起来不错，但目前还没听到任何细节。我刚刚在一本美国杂志《自由世界》(Free World) 上读到一篇文章，说德国永远不可能投降，因为没有人有足够的信誉签署和约，所以我们（盟军）将不得不开着坦克踏平德国的每一个村庄。

1945年5月31日，乔治·何克对于欧洲摆脱希特勒后的情况感到好奇：

我猜想鸡蛋之类的配给应该已经增加了，你们正沉浸在各种美好的事物中。我不太清楚这里会发生什么。也许还有半年或一年的正式战争，之后可能是另一种性质的东西。我认为，除非发生了什么意外，一年内这所学校应该能够自给自足了。

我刚刚接待了徐维廉，中国工业合作社的总干事和其他大人物。一边尝试安排事务、保持运作、安排娱乐活动，一边招待访客，这可真让人大汗淋漓。李约瑟下个月可能会和他的妻子一起来这里。他给我们寄来了很多设备和技术类的文献。

本身差不多已经准备好了，但蒸汽机和锅炉缺不少东西，我们得自己制造。也许在几个月内，我们将拥有自己的电灯和电力，用于纺织机等设备。那将是伟大的一天。我们有一台李约瑟送的幻灯机（不透明投影仪），用来度过漫长的冬夜。

我们有一支年轻的员工团队，秉持着"现在不做永远都不会做了"的态度。我们一起解决问题，尝试建立一个在必要时其他人也能操作的系统。难点在于建立的这个系统得既严丝合缝，又不至沦为官僚体系，否则就会适得其反。

我抽不出时间写信。上个星期天全被一场银行的愚蠢宴会浪费了。你必须参加这样的活动，否则就会传出你骄傲、冷漠之类的言论，那么一切都结束了。在中国，个人关系和商业关系几乎没有分界线。如果你人际关系好，就能大开方便之门；如果不好，就压根寸步难行。

我想知道丹尔是否已经去欧洲了。

总干事徐维廉和其他工合总部来的随行人员对在山丹看到的一切印象深刻，因此，山丹培黎学校正式得到了工合的认证。

一个月后，1945 年 7 月 3 日：

我刚收到你们的信，里面有关于我的英文版书作的全部评论。相当鼓舞人心！我很惊讶能收到《旁观者》（*The Spectator*）和所有那些高级报纸的评论，特别是《泰晤士报》（*The Times*）的那篇好评。我想，自从你们的战争明确结束以来，这是我写的第一封信。我们这里的战争尚未结束，我的个人战争也没有；可能要再过一两年。我猜想丹尔现在可能已经被派往某个国际热点地区去维护和平了。在这一点上，他的语言能力将非常有用；但他将服务谁呢？毫无疑问，他已经考虑过这一点了。

我们自己的母山羊下了一窝崽（或者以别的任何形式称呼的小山羊），所以我们的羊奶供应中断了，直到我在街上遇到一个农民，他背着大小不一的罐子，每个都装满了羊奶。现在，我每天都从他那里买一罐奶，我们的脸色因此都变得红润了，老四比以往任何时候都要胖。

不，别给我寄钱。钱在这里的购买力只有在英国的四分之一，而且我有足够的钱。在这所学校能够永久运行之前，我不能回家。我不知道那会是什么时候，可能是明年。不用担心。当我回来时，我可能会跳上我的私人飞机，很快就能和你们团聚啦。

前几天，有人试图给我寄20美元。我不知道是你们还是代理人。无论如何，我不想要。按照目前的官方汇率，钱在这里大约只值在英国的百分之一。此外，我有一份相当可观的薪水，足以满足我一切需求。我在纽约的时候甚至都可以轻松地存下一些钱，但目前我正在建房子！它建在一个高高土丘的脚下，这个土丘被称为"擂台"，意思是"雷神的祭坛"，这曾是几个世纪前用于摔跤比赛的平台。它由土和砖砌成，高约30或40英尺。过去，胜利者常将对手抛出擂台边缘。在那个过去的时代，山丹人民有闲暇主动享受这些事物。后来，各种各样的强盗以各色面目出现，使他们陷入赤贫，以至于今天，闲暇时光仅仅意味着冬天蹲在自家的炕上，夏天坐在破旧的门廊外。

我们目前正经历着干旱，如果旱情不尽快缓解，小麦产量会减少三成，我真不知道那时候我们要吃什么。在政府官员和地主乡绅的带领下，学生、农民、村长及其他所有人每天好几次成群结队地到某个寺庙祈雨。他们一路敲锣打鼓，有时甚至彻夜不休。那些政府官员也许根本不相信这种方法能带来雨水，但为了维持在地主乡绅和当地农民中的好声誉，他们必须非常热情地装模作样，这可真是难为他们了。几年前，有一个县长连续跪拜了几天才下雨。

现任县长带领着一支队伍进行跪行烧香。他只坚持了三个小时左右，因此这位县长在当地相当不受待见！

大约三个星期前的一个星期天，我完成了第二本书中唯一一个困难的章节——大约 70 页的主体内容、结论、预测等。那是第五章。前三章早在双石铺就完成了。第四章是关于我们的窑洞和家庭生活的一个简单章节，我现在正在写。我可以再花两三个星期天写完它。一周中的其他任何一天都很难找到写作的时间，因为通常要做很多其他事情，而且无法不间断地思考。现在我是机械车间的经理了！我稍后会把一到五章和其他章节给你们寄来。

我和乔治·伍兹一行人去了著名的玉门油田。这是一次不错的旅行，他是个不错的旅伴。

他们快要走了，我没有时间写下去了。

山丹，1945 年 7 月 8 日：

我认为你会喜欢我正在写的第四章。这章写的是我的家庭、窑洞里的生活、我们的诊所、路易·艾黎、鲍勃·纽厄尔、那个差点死于斑疹伤寒的男孩，等等。昨天放假，所以我做完了一些工作，今天是星期天，所以我又完成了一些。书稿比我预期的要长很多，这是件好事。

昨天是卢沟桥事变的纪念日、国际合作社日，以及我们邻近寺庙的守护神的生日。这非常幸运，因为第一个日子是公历的 7 月 7 日；第二个日子是 7 月的第一个星期六，两年前是 7 月 4 日，去年是 7 月 6 日；第三个日子是中国农历的五月二十八。这三个日子交汇在同一天几乎是千载难逢。当天有一个大会议，县长、我、地主乡绅等发表了演讲。我的演讲大约持续了四十分钟，在中国算是相当短的，内容涉及这三个重要日子之间的联系：合作与结束战争所付出的努力，合作与和平，合作与地方习俗，地方习俗与战争，罗奇代尔先锋者（Rochdale pioneers）的四个简明原则及其对世界的影响，合作与孙中山的三民主义，以及各种虔诚的希望和劝导。

会议结束时，我们的孩子们唱了五首歌——两首抗日歌曲，一首反对投机倒把的歌曲，以及两首合作社歌曲。他们现在唱得相当好——嘴巴大张，发音清晰，人们能够清楚地听到他们唱的是什么。这样的表现在这些地方是相当难得的。他们的嘴巴开合一致，看起来赏心悦目。棕色的脸颊，洁白的牙齿，棕色的脖子和手臂，白色的运动棉背心，蓝色的短裤，棕色的腿，然后是凉鞋；孩子们给人一种干净、健壮的良好印象。会议结束后，当地官员和地主乡绅特地到学校来向我鞠躬，这挺好的——不是因为我想要别人向我鞠躬，而是因为这意味着他们会帮助学校。

晚上我们表演了一部四幕剧，讲的是上海爱国地下党的生活，从战争伊始演到英美与中国结成抗日盟友。我告诉你们，孩子们只排练了大约一周，就几乎背得一字不差，你们就明白了：中国人的记性很好。这可能是因为很久以来的传统，即背诵经典全书。直到大约十年前，背书还是常见的学校教育形式，在现在的农村地区依旧相当普遍。我们在户外舞台上演出时，狂风大作，沙尘扬起，空气中满是来自戈壁的尘土；农民们从五十英里外进城里参加庙里的庆典，挤过来想听得更清楚。最后不得不出动警察甚至军队维持秩序。两盏灯吹灭了一盏。县长和所有大人物直到第二幕开始才到达。但总的来说，这是一场相当不错的演出。

前一年，一位造访双石铺的美国人觉得对乔治·何克这样的大个子来说，他显得太瘦了，因此建议工合国际委员会给乔治·何克加薪，对方回复道："给乔治·何克加薪从来都没用，他只会多收养几个儿子。"

乔治·何克在来信中继续写道：

> 我们家里新来了一个孩子，名叫张维善，他是我们这里一个孩子的弟弟。他们全家都为了建造机场被驱逐。他说的方言很奇怪，除了老三和老四几乎没人能听懂，幸运的是，他们已经和他成为了非常好的朋友。他们三个横着睡在一张大木床上。周一和周二，老三在早上整理床铺、倒夜壶、扫地、整理橱柜。周三和周四轮到小张做同样的事情，而周五和周六，老四在另外一个人的帮助下完成他的家务。这是他们自己的安排，不是我安排的，而且似乎运作得很好。"在星期天，"老四告诉我，特别强调了这点，"我们大家一起做家务！"

> 今天我吃了一盆奶皮。把羊奶在脸盆里放 24 小时，奶的表面就会结成奶皮；它很醇厚，质地如奶油一般，略带酸味，非常清爽且营养丰富。

> 艾黎要带着一群地质学家来这里，对山丹的矿产资源进行勘探，他们随时都会来。我们也期待着更多新老师的到来，这会让我们的日子更轻松。

艾黎忙于处理工合运动的危机，2 月份之后，大部分时间都不在山丹，但偶尔会带着特别的访客短暂探访。到了 7 月，寺庙及其周围已经成为一所学校。棉纺厂正在生产纱线，织布机正在生产布料。机械车间全速运转，课程已经稳定下来。年长的学生承担着越来越多的责任，也新来了几个当地的男孩加入工作。

建于 1000 多年前的舍利塔壮观雄伟，主宰着整个城市，并成为山丹培黎学校的中心。舍利塔旁边是发塔寺，化学部门设在此处，生产洗手间用的肥皂和教室用的粉笔。紧挨着是电气部门，为学校提供照明，给焊工提供动力。对于远道而来的当地人来说，电灯有巨大的吸引力，他们伫立着，凝视着电灯在发电机的轰鸣中发出的光亮。有一天，一个农民赶来，焦急万分，说他的妻子要生了，能不能把发电机关掉，因为他担心邪灵发出的噪音可能会伤害他的妻子和孩子。他话音刚落，艾黎都没来得及开口，发电机的噪音就停止了，因为当天的焊接已经结束了。艾黎一动不动就能让咆哮的怪物安静下来——这成为了一个传说。

在运输场地，男孩们夜以继日地工作，使得卡车一直在远距离运送物资的路上。马路对面是机械车间，那里有一个巨大的蒸汽锅炉为高希纺织机械提供动力，紧挨着三尊更加巨大的佛像。院子的另一边是学校的综合商店，其后是宿舍、教室和图书馆。沿路走去，有两座当地人仍在使用的道教寺庙，那里的擂台就是乔治·何克自己的房子的所在地。擂台后面是建筑部门，前面是一家小诊所，后来成为了会计部门。再往前是印刷店，生产所有教科书，编织部门用当地羊毛制作毛衣和袜子，裁缝部门生产所有棉质夏装以及厚棉衣。道路更远处设有地质和测量部门。在接下来的两年里，城市南门外的地区会涌现出一个工业区。这个区域包括一个制革厂，那里会准备好皮革，用于制作学生穿的皮夹克。

沙漠中有很多瞪羚，它们的皮被大量使用。狐狸和狼的皮毛被用来制作毛皮帽。羊皮被用来制作长冬衣，内衬是羊毛，外面是皮。后来，纺织部门就设立在那里，羊毛被纺织、染色，用于制作地毯和毯子。造纸部门用沙漠中的干芨芨草造纸，供教室使用。紧挨着造纸部门的是玻璃制造部门，原材料是附近沙漠中合用的、取之不尽的沙子。该地区发现了大量优质黏土，从高岭土到赤陶土都有。陶瓷部门生产学校所需的所有碗、盘、杯、马克杯和茶壶，但不仅限于这几样产品。

7月9日，艾黎带着李约瑟和由布莱恩·哈兰德（Brian Harland）带领的地质学家到达。布莱恩·哈兰德在当天的报告中写道：

> 乔治·何克与艾黎一起负责这所学校，他们可能是在中国真正做出重大贡献的少数外国人之一……这似乎是一个悖论——我知道艾黎和何克会忙着否认——但他们在传达英国公立学校系统中真正有价值的东西，而不是什么次要的东西，比如学术专业化和阶级优越感。他们在培养领导者，工厂的领导者：学生们从被招募进工厂开始就将一步步脚踏实地向前走，直到能领导一整个厂子。
>
> 这种教育形式花费不菲，因为它意味着要运行全规模的机械车间、纺织机械、制革厂等，以训练男孩们的实操。他们在数学和机械绘图上达到了相当高的标准，并培养了读、写、算的基本功（three Rs）。但首先，如果他们的工作需要合作，拥有团队精神是非常必要的。我必须说，这是我在中国看到的最有希望的事情之一，也是我常有冲动想要加入的事业，尽管如此，或许我在旁边辅助才会更有用；因为一旦真正地投入自己的全部，几乎意味着放弃其他一切，正如乔治·何克所做的那样。

　　乔治·何克感觉身体不大舒服。他工作相当拼命，而且山丹的饮食供应很匮乏。他可能已经十分虚弱了。他的症状看起来像普通感冒或夏季流感。

　　艾黎回忆起了一个他回到山丹不久后的 7 月下午：

　　　　我们当时住在山丹的一座大大的老房子里。在从众多可供选择的房子中，我们象征性地付了一点租金把它租了下来。我选择它作为我的家，是因为他正在学校操场的擂台附近搭建自己的小屋，身体不适，心情也有些烦躁。他把自己提议并撰写的第五章递给我。"我已经寄了一份副本给重庆的一个朋友，他会把它和其余的手稿一并寄给出版商，"他说，"但你最好再看一眼，告诉我你的想法。"老四是他非常喜欢的孩子，刚洗完澡，正等着乔治倒掉盆里的水，然后把他抱起来扛到自己肩膀上。乔治也这么做了，老四发出一阵欢呼声，特别有感染力，他（乔治）发出了他曾经的笑声——这是我最后一次听到他的笑声。

　　　　没有人可以完全确定（乔治·何克生病的原因），但大家普遍且始终认为，乔治·何克是在和男孩们打篮球时伤了脚趾。他总是穿着中国农民的凉鞋，这种鞋虽然既舒适又方便，但对于西方人的脚来说还是太小了。他一直没找到穿得下的鞋子。因此，他的大脚趾总是露在外面，很容易被碰伤。

到达兰州之后，艾黎就前往山丹，他注意到乔治·何克的大脚趾肿了起来。乔治·何克说他撞到了脚趾，指甲下面长了个水泡。艾黎从兰州带来了几双超大号的凉鞋，乔治·何克换上后说感觉好多了。他很忙，看起来很疲惫。他说，趁艾黎回来了，他想去一趟兰州，找一两个重要的人。艾黎几乎没在山丹待过，他惊讶于这里自 2 月以来的巨大进展。

孩子们的精神状态很好，技术上的进步十分显著。学校开始呈现出一切向好的样子——就像他们努力争取的那样。然而，乔治·何克并没有好好吃饭，经常跳过饭点继续工作。艾黎问他何时去兰州，乔治·何克说他要等到学运会和夏季登山徒步结束后再去，这是他暑假的全部计划，他想等夏季学期开始后再离开。

7 月 15 日，乔治·何克去了艾黎在西街上的家，说他的脚很痛。因为家里没有碘酒，他把脚泡在热肥皂水中，然后抹上硼酸软膏包扎。艾黎对乔治·何克的脚伤复发并不惊讶，因为他回想起乔治·何克脚上的其他旧伤，特别是有一次，生锈的钉子直接穿透了凉鞋。乔治·何克一直忙于举办运动会，安排这个，安排那个，邀请当地地主乡绅参加宴会，以答谢他们的帮助，并解决了一些人际问题。他看起来比平时更疲惫。

艾黎阅读了更多的乔治·何克打印稿，并在乔治·何克洗澡、包扎肿胀疼痛的脚趾时和他谈了谈。艾黎告诉乔治·何克，他认为如果这篇文章发表了，国民党不会允许他留在山丹。他认为这番对统一战线的宣传如此直截了当，很难被蒋介石之流接受，因为现在他们的观点与共产党南辕北辙。蒋介石认为整个共产党军队应该事事都服从他，如果他愿意，他们就会遭受与新四军相同的命运。共产党的想法则是两党应该为了击败共同的敌人合作，而不是与敌人联合——就像蒋介石多次试图做的那样。国民党不会指挥人民阵线，只会压迫，在战争即将终结之际，它变得更加无情。尽管乔治·何克和艾黎只是两名"左派"的外国人，但他们也设定了自己的任务，要将学校阵营团结在一起，这会使他们成为敌人容易消除的目标。听了艾黎的话，乔治·何克有些情绪化，回答道："我已把那章的调子降低了许多。要缓和语气是没有底的，你说呢？我写出来的还不及心里想要说的一半呢。我没有指名道姓。对梁、赵、铁、傅和其他人只用外号相称。"

"好吧，既然你都寄出去了，事情就这样吧。"艾黎说着，乔治·何克离开了，在下午结束之前去机械车间转了一圈。

乔治·何克离开后，艾黎再次仔细阅读了那一章，挑了几页过于敏感、不宜在山丹的家中保留的文件，把它们拿别针别好，连同其他危险文件一起锁了起来。1949 年，当艾黎被告知学校不久将被突袭搜查时，他觉得有必要销毁这堆文件。

乔治·何克未向艾黎展示的前三章已从双石铺寄往重庆。接下来的两章从山丹寄出，也寄给了同一个朋友。时隔 20 多年，艾黎无法找出收件人，没有留下任何记录。显然，出版商没收到任何打印稿。没人听说过它。艾黎不得不得出结论：打印稿可能在邮局被国民党特工拦截，甚至没有走完第一段旅程。乔治·何克的遗物中也没有任何前几个章节的备份。

7 月 18 日，乔治·何克说会和艾黎一起吃午餐，但他没来。他迟到了，说觉得很累，要小睡一会儿。醒来后，他说自己可能着凉了，因为肩膀和脖子很僵硬，然后他回了学校。他们喊来了当地卫生站的杜医生。他的作用主要是让病人安心："没什么事，压根没什么事。"他确信这不过是夏季流感，休息一下就能好。

第二天，乔治·何克再次缺席了午餐。艾黎去找他，发现他坐在冷掉的卷心菜汤和馒头前，捂着下巴。他说他感觉不太好。"我想我要休息了。这流感让我头晕。"下午晚些时候，艾黎发现乔治·何克在机械车间里，双手托着脸，看起来很痛苦。杜医生又被叫来，并对乔治·何克的病可能是破伤风的想法大加嘲笑。他脚趾上的伤口现在已经愈合，看起来正常。他说现在流感盛行，这只是流感加上一些灰尘导致的严重喉炎。他建议服用磺胺噻唑和两片阿司匹林，乔治·何克吃完药就上床睡觉了。

凌晨三点，孩子们来到艾黎那里，艾黎要带他们去焉支山，进行为期三天的徒步登山旅行。艾黎先去看了乔治·何克，他精神似乎好了一些。"你去吧，"他说，"等你回来的时候我就好了。"徒步者们出发一个小时后，做地质调查的布莱恩·哈兰德跨过乡间地头来找他们，建议由他来带队，而艾黎应该回去。乔治·何克发生了痉挛。显然，他得的是破伤风。因为手头没有血清，艾黎感到非常懊恼。那些旧房子和作为马厩的寺庙正是破伤风弧菌滋生的完美场所。他向张掖、武威和兰州几个或远或近的地方发去了电报。张掖没有回复。武威边境任务团发来电报表示愿意提供帮助，但他们没有交通工具，只好派出了一辆卡车。第二天早上，乔治·何克情况不大好，但到中午时有所好转。武威的徐医生坐着回来的卡车赶到，但没有血清，只带来了硫酸镁和一些小药品。他接替了杜医生。下午，乔治·何克的情况有所改善。他的下巴放松了一些，可以被扶着喝一点水。痉挛的持续时间变短了。一切看起来更有希望。乔治·何克要求艾黎给他读一些埃德加·斯诺《红星照耀中国》中的段落。艾黎读到某几段时，乔治·何克微笑了，说："那时候我思考了很多。"后来，他让艾黎挑一些《共产党宣言》给他读。"这很有道理。"他在听了几遍后说，然后睡着了。另一次痉挛让他惊醒。几个和艾黎一起回来的高年级学生轮流陪护乔治·何克。樊国强和范文海睡着时，任

重远和孙必栋接替他们值白天的班。兰州来了一份电报，说张心一（1945
年《工业合作》刊文显示为张官廉，本章后同。——译者注）带了一位医生
和血清赶来。那个晚上比前一晚好过了一些。孩子们表现得很好，很快就学
会了如何让乔治·何克变得好受些。范文海和樊国强在场时，乔治·何克问
他们要来笔和纸，写下"我把一切献给培黎学校"。两个孩子在艾黎的注视
下见证了遗嘱，乔治·何克说："我想我会挺过去的，但人总得有所准备。"

他们在兰州找到了一位医生，但出现了接二连三的延误：先是车辆，然
后是司机，接着是燃料，最后是药品和血清。如果病人能再挺几天，医生相
当有信心能治愈疾病；而乔治·何克也正努力抵抗病魔。然而，医生一行人
不得不在山口过夜，尽管他们破晓时就出发了，但还是没赶上。

7月22日，早上还不算太糟糕，但十一点之后，乔治·何克开始变得非
常虚弱。此时，他的下巴已经僵硬了。孩子们设法通过他拔牙留下的缝隙，
用吸管喂给他一些液体。中午过后不久，乔治·何克出现了一次长时间的痉
挛，持续了一个小时，紧接着是一个短暂的间歇，然后是下一次痉挛。乔
治·何克变得平静、放松了一些。他喝了一点水，但被呛到了。徒步的学生
正在返回，许多孩子尝试了针对溺水者的一切急救方法。杜安芳和聂广淳（乔
治·何克最大的养子——老大）进来帮着急救，但乔治·何克的呼吸没有恢
复。孩子们已经知道了真相，他们一个接一个悄悄地溜走，放声哭泣。

艾黎向成都、兰州和重庆发去了电报。县政府在南门外留了一块地
作为坟墓。下午，艾黎和地方官员、地主乡绅一起去勘察这个地方。布莱
恩·哈兰德帮忙安排一切。

对于老师和孩子们来说，能够整夜辛勤工作来准备葬礼以表达他们对
乔治·何克的爱和奉献，是一种深切的慰藉。

1945年7月23日，葬礼当天阳光明媚。积雪的祁连山看起来非常雄

伟，清澈的溪水在坟墓后面的杨树旁粼粼发光。坟墓内部用砖砌成，打理得很好。10点钟，地方官员到来后，他们就出发了。在将遗体放入棺材之前，男孩们先在里面铺了一床中央军队的毯子，然后再盖上一床学校制作的毯子。他们准备了一面大旗子，上面写着他们的名字和各种称呼——"老师""敬爱的老师"等等。学校的旗帜也放在了棺材上，棺材外面覆盖着黑布。16个男孩抬着沉重的大棺材，20个男孩用两段长长的布带从前面拉着，地方官员跟在后面，其他的孩子走在最后。在坟墓周围，因为担心大家过于激动，仪式并不太长。他的学校，还有他的家人，唱了校歌，鞠了三次躬，放下了花束和花圈。男孩们穿着白衬衫和蓝短裤站在周围，没有人能说得出话来。突然，男孩们抓起铁锹。坟墓被木板覆盖，男孩们花了很大力气把土填上去，再用砖把土堆砌起来。

他们刚完成这一切，张心一就带着普医生、孙医生从兰州乘车赶来。徐医生早上就回了武威。晚上，他们拜访了当地绅士和地方官员，感谢他们的帮助。地方官员觉得乔治·何克客死他乡是一种悲哀。艾黎说，他确信就"撒手人寰"这件事而言，乔治·何克由和他一起工作的孩子们抬着，被安葬在他决心为之奋斗的地方，这是一种特权，人人都会羡慕他的。悲剧在于一切来得太早了，而乔治·何克已经做了那么多，无人能及。

随后，艾黎就开始安排第二天上课的事宜。

葬礼过后的第二天清晨，老三、老四两个孩子和厨师老余一起去坟墓烧纸、鞠躬。他们为乔治·何克放上了咖啡和面包作为早餐。老三问英格兰在哪个方向，他想向乔治·何克的父母鞠躬。不久后，艾黎去看了坟墓，并在日记中写道："它孤独地矗立在山谷和山脉环抱而成的'圆形剧场'中，令人目不忍视……"

他们又去拜访了地方官员，安排了第二天的仪式，邀请所有当地人参加并要求他们遵守适当的礼仪。为举办仪式，男孩们把大门和孙中山纪念堂都罩了起来。第二天，7月25日，纪念堂和大门已经井然有序。屋内挂起了数百个花圈。几个男孩画了乔治·何克的大幅遗像，在下面放了花圈。在学校帮忙的工人提出要帮忙修葺坟墓。学校的办公室提供西瓜、葡萄干、茶、瓜子等小吃，男孩们把一切都打理得很好。艾黎在日记中记录道：

> 仪式举办得很好；讲话都克制而理智——县地方官员讲话，张心一和男孩们代表范文海讲话，我自己讲了两次（第二次代表他的家人致谢），党员以及其他人讲话。然后是宣读官方悼词，再然后点香，供上酒杯及其他规定的供品。一切都非常庄严。大家唱校歌并鞠躬。仪式从上午10:30开始，到12:15结束。只有一个男孩晕倒了，是苏清河。许多当地人都来了。张心一讲述了何克生命的意义，讲得很好——一个新时代的人，在工作中获得了幸福。我只是讲述了我所知道的他的经历。男孩们看起来很不错。他们剪了头发，对访客表现得彬彬有礼。下午，我们举行了学校会议，在张心一的帮助下安排了下一阶段的工作事宜。下午孩子们去了车间工作。

> 最近没下什么雨，当地人对此感到担忧。

艾黎稍后写道：

> 何克没有离开这个地方，一切都还充满着他的气息。男孩们每次吃饭、聊天的时候都会提起他的名字。他们说好了，永远不提他已经去世了；关于轮到谁扫地、谁做餐厅服务等事项，何克的命令依然如铁律般存在。老三用英语说"乔治·何克"，老四说"何先生"，小张也采用了他们的说法称呼他。昨天我从陶瓷厂回来，

在他坟墓后面的河里洗了个澡。我朝坟那边看去，看到三个黝黑的脑袋在杨树下看着坟墓。那是在星期天下午，他的三个儿子自己去了那里。

几周后：

学校的孩子们表现得很出色，但如此出色很大程度上体现的是何克的风采。他们在评价事物等方面深受他的影响。我尽我所能继续前行，维持一切的稳定。如果我不留下，尽我所能把这项最基本的工作做好，乔治永远不会原谅我。他留下的孩子们都很好，但他们想念父亲那强有力的手掌了。

从乔治·何克的坟头，可以看到南面祁连山白雪皑皑的壮丽景色，而树木繁茂的弱水（一条额济纳河的支流），紧靠着他的坟墓流过。为了保留有关他的记忆，他们计划在那里建一个小亭子，为刻有英文铭文的墓碑遮风挡雨。在附近的一侧准备了篮球和排球场地，乔治·何克如果还活着，肯定会喜欢的。不久后，各种生产单位围绕着这座纪念碑兴建起来。这是对乔治·何克最好的纪念方式。从那以后，每年的 7 月 22 日都会放假，学生们会在河里游泳、玩游戏，在美好的回忆中愉快地度过这天。

他墓碑上镌刻的是从军诗人朱利安·格伦费尔（Julian Grenfell）的诗歌《进入战斗》（*Into Battle*）第一节的最后四行，乔治·何克很喜欢这首诗：

彩色绚丽的生命啊，光辉而又温暖，

为了它，人们一直奋发向前；

他已逝去了，从此不再奋战；

在战斗中，逝者的生命，却更辉煌灿烂。

起初，乔治·何克的亲密伙伴们一直在想"要是……要是……就好了"，但一位了解他的人写道："生活的规则不带任何假设，我认为乔治不会希望有这种徒劳无功的猜测。他接受他所发现的事物，接纳心怀悲伤和身处悲剧的人们，他看着他的朋友死去，看着他们的希望破灭。这就是他所生活的世界，他是其中的一部分，或生或死。"

另一位密切接触过他的人写道："因为腐败盛行、欺诈猖獗，他讨厌和官员打交道；迫不得已时，他还是会谈笑风生，但这些会让他心力交瘁。他也会十分沮丧，他努力抹去人们脸上的悲伤，而这些悲伤却转移到了他脸上。"

同一个人写到艾黎和乔治·何克之间的根本区别："艾黎的无尽善良被乔治·何克的批评和鼓励两相平衡的模式所取代；艾黎是观音菩萨，一位仁慈的神祇，有千手千眼；而乔治·何克是圣保罗，拥有强烈的热情和爱心，能站在所有人——包括孩子们——的立场上考虑。农民们向他寻求帮助和保护，以解决他们的一切烦恼和压迫，并完全信赖他的话。他从未让他们失望。"

值得注意的是，许多对他的纪念强调了乔治·何克与共同生活的群众融洽相处的天赋："能真正融入中国人民生活的外国友人不多，乔治·何克是其中之一。尽管同事和朋友称他为'洋秘书'，但他们从不把他当成外国人，因为他们从来没有在任何方面觉得他像个外来者。他确实树立了一种新的传教士典范。"（卢广绵）

"乔治·何克讲一口流利的中文，工作起来如同受到了某种灵感的启发。他了解他负责的每一个孩子的问题，并且给予他们一对一的帮助。乔治·何克总是随叫随到，随时准备帮助他们。现在他走了，他生活和教导的方式更是备受学生和同事珍视。他虽然与世长辞，但那些有幸受到他的影响的人永远怀念他鼓舞人心的领导力。"［张富亮（音译 Zhang Fuliang）］

1945 年的春天，乔治·何克写了一首歌《我们在山丹重生——我们将留在山丹直到死亡》。他对山丹学校爱得深沉。艾黎为学校的墙报写下了一些关于乔治·何克生命意义的话语：

> 所以我们看着，惊叹：这样短暂的一生。为了他与我们共度的七年，他准备了如此多的事情。很难有像他这样的人。他无法被取代，因为他属于一个新时代，属于有创造力的普通人的时代。很少有人具有他一样深厚的共情能力。他学会了如何为他建立起来的群体而生活，并在其中发掘出巨大的快乐。他对学校孩子们的记录充满了理解。一个更幸福的中国——这是我们都想要的结果，也是他希望在有生之年看到的工作成果。人们问我，我们想用什么东西来记住他。当然，他为之奋斗的事情有很多。但我们知道他最希望看到的是学校保持高水平的精神状态，知道它仍在运作。这个由普通人组成的学院正在夯实基础，这样就不用担心它无法兑现对新时代的承诺。乔治·何克是一个成功的人。他学会了如何找到他想做的事情，一旦找到了，他就有力量完成他的工作，取得成功。他仍然是我们所有人的一部分，我希望我们从他那里获得的东西，也能帮助我们取得成功。

艾黎采用了一句话作为他的墓志铭，他曾把这句话写在乔治·何克的书《我看到一个新的中国》的"说明"中。这句话激发了人们的想象，四十多年后的纪念仪式上，我听到这句话被一遍遍提起：

> 他一生辛勤，
>
> 使原本荒芜之地，
>
> 变得芳草如茵。

1986年，老大、老三和路易·艾黎

1986年，老二、老四和小任

　　1988 年，作者与他的"表兄弟"老大、老三、老四和山丹培黎学校校长倪才旺在兰州

1966 年，乔治·何克的姐姐罗斯玛丽和他们的母亲凯瑟琳·何克

　　路易·艾黎继续留在山丹办学校，尽管困难重重，不一而足，学校依然欣欣向荣地发展着。1947年，为部分解决工合的重大财务困难，兰州培黎学校关闭，迁至山丹，带来了60名学生和许多优质机械设备。此外，当宝鸡工合孤儿院解散之时，又有9名女学生来到这里。到1947年秋天，学校拥有了200名学生。学校发展成为一个小型工业综合体，大规模发展了农业生产，这就需要大范围地建造灌溉系统，将大片半沙漠化的土地投入使用。

　　随着在邻近地区扩招，学生人数达到了400人的高峰。教职员工数量也相应增加，而且还有临时工人在建筑项目、农场和矿场工作，总数超过200人。对于当时的中国，尤其是对于甘肃来说，这是一个异常庞大的综合体。当然，学校有一批忠诚的中国教师，但要说服足够多的人到偏远的西北地区工作是很困难的。当时学校有由不同组织在不同时间派遣的30多名外国人，他们来自8个不同的国家，拥有不同的职业背景，且掌握了一系列技能，没有他们的鼎力相助，学校就无法成功。直到新中国成立前，关于学校如何发展成为工业综合体，以及其中涉及的众多外国人的故事，足以写满另一本书，甚至好几本书。

早在 1944 年之前，工合总部就对国际委员会为学校提供的资金感到不满。随着抗日战争结束，工合准备将总部从重庆迁至上海，他们更希望把提供给培黎学校的资金用于支付办公室员工的工资。兰州的工合提倡者也认为山丹的项目就是浪费钱，认为甘肃的所有工合活动应该在兰州进行，接受国民党的严密监督。此后国民党又将整个甘肃交给马步芳控制，自此之后，山丹的情况就更加糟糕了。因此，在新中国成立前，发生了不少刺激甚至惊险的故事。

1951 年，政府接管了学校，路易·艾黎成了校长。1953 年，艾黎被召回北京工作，他决定将学校搬迁到兰州，与那里的石油技术学校合并。1954年，在山丹县中心发生灾难性地震之前，最后一批装载学校设备的卡车正在从山丹撤出，又一个传奇诞生了——农民们很好奇艾黎是如何知道城镇会崩塌的。他似乎无所不能。

在多数中国人称之为"十年浩劫"的那场灾难，即所谓的"文化大革命"期间，工合及其相关一切组织都被解散。在此期间，"四人帮"要求外国出生的路易·艾黎、马海德等人写文章批评这个、批评那个。他们拒绝了，因此受到"四人帮"的厌恶。这群外国人相信此般疯狂终会过去，但这十年已经过得提心吊胆、忧心忡忡，在此期间，他们想方设法定期见面，互相鼓励、支持。在周恩来的保护下，他们的身体安健地幸存了下来。此外，他们保持镇静以及正确的价值观和历史观。这使他们在精神上也幸存下来，依旧坚定不移地热爱着中国人民。1980 年，一些老工合发起人向中国人民政治协商会议提议，应尽快恢复中国工业合作社运动，即工合运动。1983 年 11月，路易·艾黎实现了他的复兴梦想。

1982 年，兰州石油技工学校庆祝成立 40 周年之际，学校复名为"培黎石油技工学校"。

　　1984 年 9 月，路易·艾黎最后一次访问山丹，为纪念乔治·何克而开放了培黎图书馆。它位于由中国人民对外友好协会建造的博物馆对面，该博物馆于 1982 年在省政府的提议下建成。图书馆的书籍是用老山丹学校校友和一些外国朋友筹集的资金购买的。在开幕式之际，图书馆举行了盛大庆典，当地人民、兰州官员以及一大批来自北京的人士都出席了，包括路易·艾黎、聂家四兄弟和小任（在这之前，大家都认为她已经在战争中去世了）。在"文化大革命"毫无意义的疯狂行径中，乔治·何克的墓地、亭子和纪念碑均被毁，此后也得到了修复。现在他的墓旁是一所可容纳 2000 名孩子就读的小学。

　　几个世纪以来，山丹地区的土地一直干旱且脆弱，因过度放牧和森林管理不善而面临着土壤侵蚀和沙漠化。在去世前几年，路易·艾黎启动了创建新的山丹培黎农林牧学校的计划。该计划得到了甘肃省政府的大力支持，新西兰、英国和美国也为特殊项目和设备捐赠了资金，以便学校顺利起步。建设工作始于 1987 年 4 月，也就是路易·艾黎 1987 年 12 月 27 日去世前的几个月。1987 年秋，第一批学生开始在部分建成的校舍中学习。在我第一次访问山丹时，路易·艾黎的纪念活动正在进行，学校仍在建设中，但已经有了农田和建筑物。秋天，当我为了拍摄电视短剧再次造访山丹时，农场正在开发中，学校已经招收了第二批学生。校长倪才旺曾是双石铺和山丹培黎技术学校的学生，颇有能力，在他的指挥之下，学校逐渐成形。

　　在中国各地由工合国际（ICCIC）主办的新工合运动持续发展的同时，山丹的学校也继续蓬勃发展。路易·艾黎在我舅舅乔治·何克墓志铭中提到的那些芳草的确是"春风吹又生"。

　　乔治·何克的母校哈彭登圣乔治学校已在大力宣传他的事迹，以求对学生们起到激励作用。

英中了解协会（SACU）在 2016 年 11 月设立了"乔治·何克基金"，这是最近一次对我舅舅毕生工作价值的显著认可。这一基金旨在促进英中教育交流，特别是山丹培黎学校。更多有关这个基金的信息可以查询该协会的网站 www.sacu.org。

译后记

　　"一位中文名字叫作何克的英国记者，积极投身中国人民抗日战争……"2015 年，乔治·何克的故事经由习近平主席访英时的讲述而广为传扬。那时我正在英国留学，作为来自湖北黄石的孩子，初次了解乔治·何克的故事是通过 2008 年上映的电影《黄石的孩子》，没想到多年后再结这个缘分。2019 年，我有机会与本书作者马克·托马斯在伦敦见面，托马斯在讲述舅舅乔治·何克的故事时，忘情得像个孩子，他整理了乔治·何克的书信文章，并在此基础上为乔治·何克作传。那一刻我有了想法，要把乔治·何克动人的故事译介给更多读者。

　　乔治·何克人生不长却流芳后世，因献出生命而得到生命。乔治·何克 1915 年生于英国，1938 年首次来华，1945 年在甘肃山丹去世。在家族氛围和教育环境熏陶下，乔治·何克在来华之前已游历欧美亚三大洲，对复杂多变的国际局势有着清醒的认知。在华近八年时间里，乔治·何克积极投身中国人民的抗日战争，他曾担任英美等多家媒体在华记者、中国工合西北办事处"洋秘书"、陕西双石铺培黎学校校长等，向国际社会撰文报道中国抗战，参与中国工业合作运动，深度记录战时社会生活，直至为带领学生向安全地区转移付出了年轻的生命，最终长眠在中国。乔治·何克的一生平凡而伟大、短暂而永恒，值得我们永远怀念。

乔治·何克不远万里来到中国，为我们留下了一种精神。史沫特莱曾评价，乔治·何克与其他记者最大的不同在于他是"不带任何成见地来到中国"。战时中国军民的境遇和坚韧让何克深受触动，通过与斯诺、史沫特莱、路易·艾黎、凯瑟琳·霍尔等人的交往，乔治·何克逐渐明确了方向和选择。他努力克服语言文化的障碍和艰苦条件的限制，辗转中国各地，既到过日占区和国统区，也到过晋察冀边区和延安，深入调研了中国军民的武装斗争和生产生活，这些经历使乔治·何克完成了从游历者到报道者再到建设者的转变。值得一提的是，乔治·何克通过深入考察，认为中国西北是"新中国诞生的理想之地"，并写出了《我看到一个新的中国》。

本书讲述的正是乔治·何克的这些故事。阅读这本书，可以感受到何克丰富独特的游历见闻，对风土社会的观察思考，对美好生活的期许向往。书中引用了乔治·何克的数十封家书，这些家书目前藏于牛津大学，从饱含真情的文字中，可以感受到乔治·何克对故土亲人的思念，对中国人民的深情，对世界和平的热爱。

本书中文版能够顺利呈现给读者，离不开大家的支持帮助。感谢本书作者马克·托马斯先生的大力支持，感谢英中了解协会前主席孙如意女士和理事彼得·贾维斯先生的热心帮助，感谢赵启正先生的关心鼓励。感谢刘国忠、况鹰先生等研究者的专业支持，感谢北京外国语大学蔡知谕、陈靖怡、黄子怡、靳雅彤、张紫微同学的辛勤付出。在此，还要感谢有关部门、人民出版社以及多位专业人士。

2025 年是中国人民抗日战争暨世界反法西斯战争胜利 80 周年，是乔治·何克诞辰 110 周年和去世 80 周年。如今，我们所处的时代发生了很大变化，在这个纷繁复杂的世界中，乔治·何克留下的精神弥足珍贵。期待这种精神赋予更多人以智慧和力量，持续助力中英友好，引领我们共创更加美好的未来。

李琳熙

2025 年 1 月

致 谢

首先，我要感谢我的姨妈罗斯玛丽·贝克（Rosemary Baker）和她的丈夫西里尔（Cyril），以及我的大家庭，他们集体选中了我代表家族参加 1988 年春天中国的那场难忘的纪念活动。在那里，我意识到了乔治·何克的伟大。同时，我要再次感谢罗斯玛丽，感谢她鼓励我在中国电视短剧中扮演她心爱的弟弟乔治·何克，她告诉我"只需做自己，你和他非常相像"。1988 年的经历让我有一种冲动，用乔治·何克家庭的视角撰写他的故事。

我还要感谢詹姆斯·麦克马纳斯（James MacManus）。1984 年，他作为《每日电讯报》（Telegraph）的记者，在北京的一家酒吧里偶然发现了关于我舅舅的不凡故事，回到英国后他联系了罗斯玛丽·贝克。基于此，他写成的剧本最终成为罗杰·斯波蒂伍德（Roger Spottiswoode）执导的电影《黄石的孩子》（The Children of Huang Shi），以及他自己的书《洋鬼子：乔治·何克的生平与传奇》（Ocean Devil: the Life and Legend of George Hogg）。詹姆斯对我舅舅的故事如此执着，这也激励了我将自己家族的故事传播出去。

我感激所有在参考文献列表中提到的人。由于我在 25 年前就开始书写、研究这本书，他们中的许多人现在不可避免地不幸去世了。生活之烦琐曾耗费掉我很长的时间，但现在我退休了，终于能够集中精力将这本书出版。

　　在哈彭登的圣乔治学校，我舅舅的故事仍然被口口相传。我衷心感谢帕姆·贝恩布里奇（Pam Bainbridge）和所有参与此事的教职员工，他们的工作促进了中国和英国更好理解彼此，并通过传播我舅舅不幸在而立之年早逝之前所做的事情，以期激励当今年轻人。

　　我非常感谢我的表姐凡妮莎·丁利（Vanessa Dingley）——斯蒂芬·何克的女儿，感谢她鼓励的话语，感谢她全力支持我完成这项工作。

　　最后，我同样要感谢刘国忠，他快速检查了我偶尔使用的普通话短语，使每个短语都符合现代拼音用法，并用他的人际网络在书籍发布前给予了我极大帮助。

推荐阅读

《洋鬼子：乔治·何克的生平与传奇》（*Ocean Devil: The Life and Legend of George Hogg*）

作者：詹姆斯·麦克马纳斯，哈珀·柯林斯出版公司（Harper Collins）2008 年版。

《白求恩的天使：凯瑟琳·霍尔的生活》（*Dr.Bethune's Angel: The Life of Kathleen Hall*）

作者：汤姆·纽纳姆，图画出版社（Graphic Publications）2002 年版。

《世界和平之母：穆里尔·莱斯特的生活》（*Mother of World Peace: The Life of Murie Lester*）

作者：吉尔·华莉丝，希沙立克出版社（Hisarlik Press）1993 年版。

文献来源 ————————————————————————

我的祖母凯瑟琳·何克自己用于心灵宣泄的手稿，是一部未发表的作品，写作的过程帮助她抚平了最小的儿子不幸早逝带来的悲痛，以及她丈夫罗伯特去世后的悲伤。

书　籍

艾里·威利斯：《中国的学习者》（克赖斯特彻奇，1970 年）。

路易·艾黎：《来自山丹笔记本的片段》（克赖斯特彻奇，1950 年）。

路易·艾黎：《有办法！》（北京，1952 年）。

路易·艾黎：《山丹：创意教育的冒险》（克赖斯特彻奇，1959 年）。

路易·艾黎：《我们的七个——他们的五个——工合故事的片段》（北京，1963 年）。

路易·艾黎：《希望之果：乔治·埃尔文·何克的故事》（克赖斯特彻奇，1967 年）。

路易·艾黎：《九十岁：我在中国的回忆录》（北京，1986 年）。

杰夫·查普尔：《路易·艾黎在中国》（奥克兰，1980 年）。

多萝西·何克：《东方的挑战》（伦敦，1938 年）。

乔治·何克：《我看到一个新的中国》（波士顿，1944 年）。

穆里尔·莱斯特：《我所遭遇的》（伦敦，1942 年）。

穆里尔·莱斯特：《就这么发生了》（纽约，1947 年）。

汤姆·纽纳姆：《何明清：凯瑟琳·霍尔的一生》（奥克兰，1992 年）。

埃德加·斯诺：《红星照耀中国》（伦敦，1937 年）。

芭芭拉·斯宾塞：《中国沙漠医院》（伦敦，1954 年）。

档　案

乔治·何克的信件和手稿在 1991 年完整地交给了作者，并用于撰写本书，此前由他的姨妈罗斯玛丽·贝克保管。2010 年，这些文件被交给了英国哈彭登圣乔治学校的档案管理员，本书出版时正转移至英国牛津大学博德利图书馆进行存档。

简报和报告

《工合简报》1944—1949

《山丹培黎学校总报告》1947

写给乔治·何克父母的信件

Rewi Alley 路易·艾黎	Ida Pruitt 艾达·普鲁伊特
Muriel Lester 穆里尔·莱斯特	Brian Harland 布莱恩·哈兰德

访谈与通信

Rosemary Baker née Hogg 罗斯玛丽·贝克（何克）	An Wei 安危
Ruth Robins née Thomas 露丝·罗宾（托马斯）	Lü Wanru 吕宛如
Winifred Hunter née Nelson 温妮弗雷德·亨特（尼尔森）	Duan Shimou 段士谋
David Proctor 大卫·普罗克特	Bob Spencer 鲍勃·斯宾塞
Roger Hunter 罗杰·亨特	Courtney Archer 考特尼·阿彻
Nie Guangchun 聂广淳	Walter Illsley 沃尔特·伊尔斯利
Nie Guanghan 聂广涵	Max Wilkinson 马克斯·威尔金森
Nie Guangtao 聂广涛	Alan Green 艾伦·格林
Nie Guangpei 聂广沛	Derek Bryan 德里克·布莱恩
Ren Lizhi 任立之	David Somerset 大卫·萨默塞特

续表

Fu Bin 傅彬（音译）	Tom Newnham 汤姆·纽纳姆
Fan Wenhai 范文海	Elizabeth Frankland Moor 伊丽莎白·弗兰克兰·摩尔

责任编辑：王新明　郑　治
责任校对：陈艳华
装帧设计：胡欣欣

图书在版编目（CIP）数据

原上草：乔治·何克的故事 / 马克·埃尔文·托马斯著；
李琳熙译 . -- 北京 ：人民出版社，2025. 3. -- ISBN 978 - 7 - 01 -
027122 - 4

Ⅰ. K835.615.42

中国国家版本馆 CIP 数据核字第 2025DE9834 号

原上草：乔治·何克的故事
YUAN SHANG CAO QIAOZHI HEKE DE GUSHI

马克·埃尔文·托马斯　著

李琳熙　译

人民出版社 出版发行
（100706　北京市东城区隆福寺街 99 号）

北京汇林印务有限公司印刷　新华书店经销

2025 年 3 月第 1 版　2025 年 3 月北京第 1 次印刷
开本：710 毫米 × 1000 毫米 1/16　印张：23.75
字数：301 千字

ISBN 978 - 7 - 01 - 027122 - 4　定价：78.00 元

邮购地址 100706　北京市东城区隆福寺街 99 号
人民东方图书销售中心　电话（010）65250042　65289539